国家社会科学基金资助项目
湘潭大学碧泉书院资助出版

张栻的思想世界

王丽梅／著

中国社会科学出版社

图书在版编目(CIP)数据

张栻的思想世界 / 王丽梅著. —北京：中国社会科学出版社，2019.12
ISBN 978-7-5203-5026-6

Ⅰ.①张⋯ Ⅱ.①王⋯ Ⅲ.①张栻（1133-1180）—哲学思想—研究 Ⅳ.①B244.99

中国版本图书馆 CIP 数据核字（2019）第 200612 号

出 版 人	赵剑英
责任编辑	韩国茹
责任校对	张爱华
责任印制	张雪娇
出　　版	中国社会科学出版社
社　　址	北京鼓楼西大街甲 158 号
邮　　编	100720
网　　址	http：//www.csspw.cn
发 行 部	010-84083685
门 市 部	010-84029450
经　　销	新华书店及其他书店
印　　刷	北京君升印刷有限公司
装　　订	廊坊市广阳区广增装订厂
版　　次	2019 年 12 月第 1 版
印　　次	2019 年 12 月第 1 次印刷
开　　本	710×1000　1/16
印　　张	16
插　　页	2
字　　数	261 千字
定　　价	98.00 元

凡购买中国社会科学出版社图书，如有质量问题请与本社营销中心联系调换
电话：010-84083683
版权所有　侵权必究

▷ 张栻像（岳麓书院）
▽ 南轩祠（四川绵竹）

◁ 张栻像（清殿藏本）
▽ 张栻题名（桂林隐山）

序

陈寅恪先生曾说："华夏民族之文化，历数千载之演进，造极于赵宋之世。"赵宋一代，儒学复兴，禅宗盛行，全真道蓬勃发展。宋儒在传统儒学的基础上融摄、吸收了大量佛、道思想而发展成为"新儒学"。或因其思想体系的差异，而有气学、理学、性学、心学等，或因其地域不同，而有濂学、洛学、关学、湖湘学、闽学、婺学、江西学、永嘉学，等等；一时间学派林立，蔚为壮观。

湖湘学派，是宋室南渡后的第一个理学派别，以体用合一、经世致用为其鲜明的学术特色，坚守孔孟道统，阐扬儒家伦理，高标民族大义，在当时具有无与伦比的学术影响，时人学子"深以不得卒业湖湘为恨"，黄宗羲称："湖南一派，在当时为最盛"；其流风余韵，对后世湖南人才的培育具有潜移默化的巨大作用。

张栻是湖湘学派的重要代表人物，与朱熹、吕祖谦并称"东南三贤"，他的思想对宋代儒学的发展与完善具有重要的影响。遗憾的是后世研究者多将张栻的思想捆绑于朱熹身上，或者从胡宏的视域解读张栻；尤其是在国学研究刚刚起步阶段，张栻其人其书鲜为人知。以至于我们现在的中国思想史、中国哲学史（教材）中很难看到张栻的名字，甚至后人在评价张栻的思想时，以"只是蠢然随朱子脚跟转而已耳"进行定评，不亦悲乎！张栻与朱熹在长达十余年的学术交往中，对太极、已发未发、心性关系、为学之道等理学重要问题进行了深刻而广泛的交流论辩，有些问题达成了共识，有些问题则各持己见，此乃学术界之"常态"。而且，朱熹思想的成熟与完善，离不开张栻的启发与砥砺，"正因为张栻，朱熹才逐渐成长起来，并最终成长为'足以名于一世'的理学大家"。

"只是蠢然随朱子脚跟转而已耳"的定评对后世学者研究张栻影响很

大，如何理解这种"定评"，在一定程度上直接关系到对张栻思想的客观解读及其思想本身的"独立性"。《张栻的思想世界》一书，作者回归文本，从大量的原始文献出发，展开深入细致的分析，既体现了作者对学术前辈的尊重，又不因循旧说，直抒己见且能多所发明。本书所有研究结论多是作者在认真研读原著，勘查文献的基础上形成的，且思路明晰，观点清新，语言洗练，叙述流畅。由于作者的精心爬梳，宋明思想史中几个思想体系的发展脉络变得更为清晰，呈现出一个以胡宏、张栻为一脉，与"程朱理学""陆王心学"相辉映的"胡张性学"，从而有别于以往的"胡刘一系"说。尽管"胡张性学"一脉在张栻以后，曾一度消落，但仍余波不息，影响及于五百年之后的王船山。

一如多数宋明理学家都有出入佛老的经历，张栻也不例外。那么，张栻又是如何出入佛教的？他与佛教的关系究竟怎样？他为何要批判佛教？他批判佛教与其他理学家又有什么不同？对于这些问题，本书设有专章论述。首先考察了当时的社会历史条件和思想文化背景，并重点考察了张栻本人的家学渊源；其次考察了张栻对佛教的研究与吸收；再次剖析了张栻对佛教的反思与批判；最后揭示了张栻佛教观的价值与意义。作者多视角地呈现了张栻对于佛教及佛学的态度，不仅研究张栻对佛教的批判，同时较为深入地探讨了张栻对佛教的研习和吸收，使得该书能较客观、全面再现张栻的佛教观，应该说这是本书的一个"亮点"！此外，本书对于"太极一元本体论"、工夫论上的"分期"说及义利之辨的政治向度等问题的论述，也颇多创见，这些都为时人研究张栻的思想乃至宋明思想发展史，提供了一个新的视角和维度，具有重要的学术价值。

《张栻的思想世界》一书是作者积数年之力屡次修订完成的，它体现了年轻一代学者慎思笃行的学风。该书即将付梓，作者邀我为它写上几句话，我乐于向学界推介这部著作，是为序。

赖永海
己亥年冬月于南京大学

目 录

绪 论 ……………………………………………………（1）
  一　历史维度中的张栻 ………………………………（1）
  二　学术视野下的张栻 ………………………………（4）
  三　关于张栻研究的几点思考 ………………………（7）
第一章　张栻的生平履历与学术渊源 …………………（10）
 第一节　张栻的生平履历 ………………………………（10）
  一　周旋侍亲 …………………………………………（11）
  二　绅绎儒学 …………………………………………（14）
  三　教化西南 …………………………………………（20）
 第二节　张栻的学术渊源 ………………………………（23）
  一　过庭之训 …………………………………………（24）
  二　早期从学 …………………………………………（26）
  三　问师胡宏 …………………………………………（28）
第二章　太极一元的本体论 ……………………………（32）
 第一节　太极本体论 ……………………………………（32）
  一　太极与无极之关系 ………………………………（34）
  二　太极是万物之本根 ………………………………（37）
  三　太极既超越又内在 ………………………………（38）
 第二节　太极的不同转换使用形式——理、性、心 …（41）
  一　理是万物之所以然 ………………………………（41）
  二　性是万物之本质 …………………………………（44）
  三　心是万物之主宰 …………………………………（47）
 第三节　张栻与朱熹的太极之辩 ………………………（51）
  一　论辩的由来及背景 ………………………………（51）

二　论辩的过程及观点 ……………………………………（53）
　　三　论辩的价值及意义 ……………………………………（59）
第三章　纯粹彻底的性善论 …………………………………………（63）
　第一节　性善之彻底性 ………………………………………（64）
　　一　原物皆善，何独人尔 …………………………………（65）
　　二　朱熹对"性无善恶"之批评 …………………………（67）
　　三　纯粹至善，惟善可名 …………………………………（70）
　第二节　不善之可能性 ………………………………………（73）
　　一　恶之产生 ………………………………………………（74）
　　二　性之差殊 ………………………………………………（77）
　第三节　复善之可行性 ………………………………………（79）
　　一　循性为善 ………………………………………………（80）
　　二　学可复善 ………………………………………………（81）
　　三　尽性成圣 ………………………………………………（83）
第四章　居敬主一的工夫论 …………………………………………（86）
　第一节　察识端倪说 …………………………………………（86）
　　一　察识端倪说之原委 ……………………………………（87）
　　二　察识端倪说之内容 ……………………………………（91）
　　三　朱熹对张栻的欣赏 ……………………………………（94）
　第二节　察识与涵养并进 ……………………………………（97）
　　一　存养省察之功兼备 ……………………………………（98）
　　二　朱熹对张栻的质疑 ……………………………………（101）
　第三节　居敬与穷理互发 ……………………………………（107）
　　一　反省操存 ………………………………………………（108）
　　二　主一无适 ………………………………………………（113）
　　三　格物穷理 ………………………………………………（117）
第五章　独具特色的义利观 …………………………………………（122）
　第一节　义利之辨的标准 ……………………………………（123）
　　一　义利之分途 ……………………………………………（124）
　　二　无所为而为与有所为而为 ……………………………（126）
　　三　援理欲之辨于义利 ……………………………………（130）

第二节　义利相斥相容 ………………………………… (132)
　　　一　义利并存互涉 ……………………………………… (133)
　　　二　理欲同行异情 ……………………………………… (135)
　　第三节　义利之辨的应用 ……………………………… (137)
　　　一　王霸政治分野的理论根据 ………………………… (137)
　　　二　品评历史的依据 …………………………………… (140)
　　　三　经史致用的苦心 …………………………………… (144)
第六章　相须并进的知行观 ………………………………… (148)
　　第一节　张栻知行观的背景 …………………………… (149)
　　　一　知行问题脱节 ……………………………………… (149)
　　　二　学者游谈相夸 ……………………………………… (150)
　　第二节　知行互发并进 ………………………………… (151)
　　　一　知之在先的修正 …………………………………… (151)
　　　二　知行互发的提出 …………………………………… (153)
　　　三　力行践履的提倡 …………………………………… (156)
　　第三节　张栻知行观的意义 …………………………… (158)
　　　一　经世致用的理论依据 ……………………………… (158)
　　　二　知行关系的必经环节 ……………………………… (160)
第七章　吸佛辟佛的佛教观 ………………………………… (164)
　　第一节　张栻佛教观的背景 …………………………… (165)
　　　一　帝王对佛教的重视 ………………………………… (165)
　　　二　士大夫出释入佛 …………………………………… (167)
　　　三　家学佛教渊源深厚 ………………………………… (170)
　　第二节　张栻对佛教的吸收与批判 …………………… (175)
　　　一　张栻与寺僧的交游 ………………………………… (176)
　　　二　张栻对佛教的吸收 ………………………………… (179)
　　　三　张栻对佛教的批判 ………………………………… (186)
　　　四　张栻救佛之弊之措施 ……………………………… (196)
　　第三节　张栻佛教观的意义 …………………………… (203)
　　　一　士大夫出入佛教的典范 …………………………… (203)
　　　二　儒佛冲突的反映 …………………………………… (206)

三　儒佛融合的缩影 …………………………………………（211）
第八章　张栻的影响及地位 ……………………………………（221）
　第一节　张栻思想的特征 ………………………………………（221）
　第二节　张栻在当时的地位 ……………………………………（224）
　第三节　张栻对后世的影响 ……………………………………（231）
参考文献 ……………………………………………………………（236）
跋 ……………………………………………………………………（246）

绪　　论

张栻（1133—1180），字敬夫，又字钦夫，号南轩，宋汉州绵竹（今四川绵竹）人，"中兴名相"张浚长子，南宋时期著名的思想家、教育家、政治家，与朱熹、吕祖谦并称"东南三贤"，时人誉为"一世学者宗师"。宋宁宗嘉定八年（1215），赐谥曰"宣"，后人尊称张宣公；宋理宗景定二年（1261）追封华阳伯，秩于从祀；元仁宗皇庆二年（1313）从祀孔庙。

一　历史维度中的张栻

张栻在中国历史上具有很大的影响，是中国思想史中一颗耀眼的彗星，是不能不被注意的一个重要人物。元朝脱脱主持编撰的《宋史》中，张栻的生平被列入《道学传》；众所周知，在《宋史》中，《道学传》的地位要高于《儒林传》。在《宋元学案》中，黄宗羲专门开列《南轩学案》，叙述张栻的生平和思想，开篇便云："南轩似明道，晦翁似伊川；向使南轩得永其年，所造更不知如何也。"[1] 黄宗羲此语既说明了张栻与朱熹两人思想的区别，又表明了张栻思想的价值。同时代学者陈亮（1143—1194）誉称张栻为"一世学者宗师"[2]，很好地说明了张栻在当时的影响。尤其是他主教岳麓书院期间，天下学者闻风而动，皆以不得卒业湖湘为恨，遂使岳麓书院一时成为全国的学术中心，他提出的"传道济民"的教育宗旨和学贵于行的实践品格对湖湘历史和中国历史都具有深远的影响。在宋代政坛中，张栻高瞻远瞩，慧眼卓识，忠言劝谏，颇受皇

---

[1] 黄宗羲：《南轩学案》，《宋元学案》卷五十，中华书局1986年版，第1609页。
[2] 陈亮：《与张定叟侍郎》，《陈亮集》卷二十一，中华书局1974年版，第322页。

帝赏识，宋孝宗曾与之定"君臣之契"①；居官为任，体恤民隐，深受百姓爱戴，为教化西南做出了不可磨灭的贡献。可以说，张栻在当时是一位上至天子、下至百姓都有口皆碑的重要人物，以至于在他辞世时，皇帝"深为嗟悼"，士大夫"出涕相吊"，百姓挽车哀悼，哭声数十里不绝。

宋代是儒学的大发展时期，也是道德伦理的重建时期，北宋有周敦颐、二程、张载等学者相继崛起称雄；南宋有张栻、朱熹、吕祖谦、陆九渊、陈亮等群儒并立辉映。尤其是南宋，理学的发展巍然壮观，周密（1232—1298）称："伊洛之学行于世，至乾道、淳熙间盛矣。其能发明先贤旨意，溯流徂源，论著讲解卓然自为一家者，惟广汉张氏敬夫、东莱吕氏伯恭、新安朱氏元晦而已……盖孔孟之道，至伊洛而始得其传，而伊洛之学，至诸公而始无余蕴。必若是，然后可以言道学也已。"②引文中提到的广汉张氏敬夫、东莱吕氏伯恭、新安朱氏元晦即张栻、吕祖谦和朱熹，时人称其为"东南三贤"。"三贤"既能发明先贤旨意，又各成一家之言，他们将伊洛之学的精神昭然天下。杜杲（1173—1248）曾说："中兴以来，文公朱先生以身任道，开明人心，南轩先生张氏，文公所敬。二先生相与发明，以续周、程之学，于是道学之升，如日之升，如江汉之沛。"③"二先生"即朱熹和张栻，他们不仅自己潜研理学，参理悟道，而且互相切磋，反复辩论，从而形成了各自的学说特色和思想体系，进而丰富并拓展了宏大精深的理学思想，对南宋理学的发展和繁荣做出了巨大的贡献。

朱熹自认为是从张栻而识"乾坤"④的，在南宋学术派别林立、交相辉映的情况下，他唯独佩服和欣赏张栻，"东莱则言其杂，象山则言其禅，惟于南轩，为所佩服"⑤。朱熹嘉许张栻是"醇儒"，是众多儒者中唯一一位与自己"同道"之人，其"学之所就既足以名于一世"⑥。朱熹在

---

① 脱脱：《宋史》卷四百二十九《张栻传》，中华书局1997年版，第12770页。
② 周密：《齐东野语》卷十一，中华书局1983年版，第202页。
③ 杜杲：《重修建康张栻祠堂记》，《张南轩先生文集》卷七附录（丛书集成本）。
④ 朱子赠南轩诗曰："昔我抱冰炭，从君识乾坤。始知太极蕴，要眇难名论。"（《二诗奉酬敬夫赠言并以为别》，《朱熹集》卷五，四川教育出版社1996年版，第211页。）
⑤ 黄宗羲：《南轩学案》，《宋元学案》卷五十，中华书局1986年版，第1635页。
⑥ 朱熹：《张南轩文集序》，《朱熹集》卷七十六，四川教育出版社1996年版，第3979页。

当时学术界的地位比较高——"举天下无不在下风"①，某种意义上，他对诸儒之评判具有"定位"的性质，正如美国学者田浩所言："朱熹对其同时代儒家的品评影响了宋代以后直至20世纪的学者。"② 黄震（1213—1280）说："乾、淳诸儒议论与晦翁相表里者，先生（张栻）一人而已。晦翁之言，精到开拓，足集诸儒之大成；先生之文，和平含蓄，庶几程氏之遗风。晦翁精究圣贤之传，排辟异说，所力任者在万世之道统；先生将命君父之间，誓诛仇敌，所力任者在万世之纲常。元气胥会，二儒并出，其更相切磨，友谊卓然，又足使千载兴起。呜呼！此其所以为乾、淳之盛欤！"③ 黄东发不仅道出了二人的学术特色及其历史功绩，而且明确指出张栻乃南宋诸儒中唯一一位与朱熹议论相表里之人。

张栻的思想对朱熹产生了很大的影响，朱熹自己坦言："余窃自悼其不敏，若穷人之无归。闻张钦夫得衡山胡氏学，则往从而问焉。钦夫告余以所闻，余亦未之省也。退而沉思，殆忘寝食。一日，喟然叹曰：人自婴儿以至老死，虽语默动静之不同，然其大体莫非已发，特其未发者为未尝发尔。"④ 形象地描绘出自己在未与张栻交流前，"若穷人之无归"，茫然不知所终。在认识张栻后，经过向其请益与其交流，有所省悟，这一年为乾道二年（1166）丙戌年，故称"丙戌之悟"。之后，乾道三年（1167），朱熹亲自赴长沙拜晤张栻，"面究"请学。这次会讲，二人深入地交流和探讨了理学中的诸多问题，并就其中有些问题展开了激烈的辩论。归后，朱子曾屡屡提及此次"面究"之体会："熹此月八日抵长沙，今半月矣。荷敬夫爱予甚笃，相与讲明其所未闻，日有问学之益，至幸至幸。钦夫学问愈高，所见卓然，议论出人意表。近读其语说，不觉胸中洒然，诚可叹

---

① 陈亮：《与林和叔侍郎》，《陈亮集》卷十九，中华书局1974年版，第264页。

② ［美］田浩（Hoyt Tillman）：《朱熹与张栻、吕祖谦互动述略》，《湖南大学学报》2018年第1期。

③ 黄震：《读本朝诸儒理学书·南轩先生文集》，《黄氏日钞》卷三十九，四库全书子部第708册，第30页。李心传亦言："中立传郡人罗仲素，仲素传郡人李愿中，愿中传新安朱元晦。康候传其子仁仲，仁仲传广汉张敬夫。乾道、淳熙间，二人相往来，复以道学为己任，学者号曰晦庵先生、南轩先生。东莱吕伯恭，其同志也。"（李心传：《建炎以来朝野杂记》甲集卷六，中华书局2000年版，第137页。）

④ 朱熹：《中和旧说序》，《朱熹集》卷七十五，四川教育出版社1996年版，第3949页。

服。"① 经过一段时间的吸收和省查，乾道五年（1169）己丑年，朱熹又悟前学为"非"，史称"己丑之悟"。朱熹思想的发展历程由"若穷人之无归"，到欣赏张栻的湖湘学，再到质疑张栻的湖湘学，其成长的脉络清晰可见。这个过程表面上看是朱熹对张栻思想之态度变化，实际上隐含着朱熹思想之曲折成长历程。朱熹思想的发展、成熟乃至其成为理学的集大成者，与和张栻的交流、切磋分不开。某种意义上，没有张栻，便不会有朱熹，便不会有朱熹理学的集大成；正是因为张栻，朱熹逐渐成长起来，并最终成长为"足以名于一世"的理学大家。

毋庸置疑，张栻是南宋乾道、淳熙年间著名的理学家、教育家和政治家。无论是在当时的文献史料中，还是在后世的历史资料中，无论是在宋代的社会政坛中，还是在天下百姓的心目中，张栻都是一个绕不过去的名字，以至于在各种相关史料中，我们随手都可以触及。换言之，无论是在学术领域里，还是在政治生活中，张栻都是重要的甚至是核心的人物，是对理学的发展做出重要而又独特贡献的思想家，其影响绝不在朱熹之下。

二 学术视野下的张栻

目前，学术界有一些张栻的研究成果。蔡方鹿的《一代学者宗师——张栻及其哲学》是目前研究张栻的较早的一部学术专著，对张栻思想进行了比较全面的阐述；侯外庐、邱汉生、张岂之主编的《宋明理学史》则是以教材的形式设专章概要介绍张栻的思想；陈谷嘉的《张栻与湖湘学派》是一部研究张栻与湖湘学派关系的著作；朱汉民、陈谷嘉的《湖湘学派源流》、日本学者高畑常信的《宋代湖南学研究》和楠木正继的《宋明时代儒学思想之研究》是从"湖南学"和"儒学"的角度论及张栻；牟宗三的《心体与性体》将湖湘学派作为宋明理学的一个重要的并且是正宗的学术派别来进行立论和研究。这些成果对张栻的研究毫无疑问是一个巨大的推助，对宋明理学的研究也是一个重大的突破。但是就在牟宗三认为是儒学正宗的湖湘学派中，张栻被批判得一塌糊涂。其他有关中国哲学史、中国思想史的论著或教材中都难以看到张栻的名字，偶有其他著作特别是关于朱熹和胡宏的研究著作中略有涉及张栻者，但研究者

---

① 朱熹：《与曹晋叔》，《朱熹集》卷二十四，四川教育出版社1996年版，第1027页。

或是站在胡宏的立场，或是从朱熹的视域来理解和看待张栻的思想，故其结论大都是：张栻的思想并无特色，多是附和朱熹。那么，张栻的思想到底为何？其与朱熹思想的关系又如何？这是研究宋代理学绕不过去的一个问题，也是应该予以重视的一个问题。

关于张栻的学术会议，截止到目前，只有屈指可数的几次。首届张栻学术研讨会1991年11月5日在四川绵竹召开，2013年10月18日在四川成都举办了张栻思想与现代社会国际论坛，2015年9月26日在四川德阳召开了张栻思想与民族复兴学术研讨会，2018年12月16日在湖南长沙召开了纪念张栻诞辰885周年学术研讨会。另外，岳麓书院在2017年11月4日举办了张栻朱熹与儒家会讲传统——纪念朱张会讲850周年国际学术研讨会。综观这几次学术会议，可以说，对张栻的研究在逐步地扩展和深入，张栻的思想也越来越引起后世研究者的重视。但是作为中国思想史上的大儒，作为"一世学者宗师"，目前学术界对张栻的研究显然是不足和不够的，与其在中国思想史上的地位是极不相称的。张栻是理学中极为重要的一个人物，与诸多理学家有着学术上的内在联系，诸如张栻与周敦颐的关系、张栻与朱熹的交游与论辩、张栻对王阳明和王船山的影响等，学术界对此的研究还比较薄弱，有的甚至还没有论及。我们期待对张栻的研究能够继续和深入下去，期待有关张栻的学术会议能够继续举办下去，以此促进对张栻的研讨，加强对张栻的研究，进而推动中国文化的研究。

张栻对中国思想史影响深远。客观深入地研究张栻，有利于深入了解宋代其他理学家的思想，进而正确把握和梳理宋代理学发展的逻辑进程及其脉络。

张栻与朱熹的"潭州嘉会"开创了今天高校之间学者往来交流的先河，其开放的情怀、自由辩论而又不伤友情的学术精神对当今的学术界具有一定的借鉴和启发意义。张栻又是一位高瞻远瞩的管理者、政治家，更为重要的是他身体力行，在政治、军事等方面做出了辉煌的业绩，为今天的领导者和管理者提供了宝贵的经验。另外，对张栻的研究客观上亦可促进我国旅游业的发展。从而实现以文化拉动经济，推进经济的发展。岳麓书院、南岳、湖南第一师范（城南书院旧址）等地是驰名中外的旅游景点，这些景点都承载着深厚的文化底蕴，并且与张栻有着极为密切的联系。因此，深入和系统地研究张栻不仅具有一定的理论意义，而且具有重要的现实价值。

客观深入地研究张栻，对张栻著作的收集和爬梳至关重要。据沈治宏《南轩著作考》和杨世文《张南轩著作整理的几个问题》，张栻现存的著作主要有《南轩先生文集》（亦称《南轩集》）四十四卷、《南轩论语解》十卷、《南轩孟子说》七卷、《南轩易说》三卷，《汉丞相诸葛忠武侯传》《太极解义》①《张南轩尺牍》《南岳倡酬集》（与朱熹、林用中合著）各一卷，编次《河南程氏粹言》二卷。另外，《南轩先生问答》四卷、《南轩奏议》十卷、《南轩诗说》一卷、《南轩语录》与《中庸解》是残篇；《希颜录》（上、下篇）、《经世纪年》一卷、《通鉴论笃》四卷、《四家礼范》五卷、《洙泗言仁》与《书说》等今未见流传。随着学术研究的深入，冀希张栻的著述有新的发现。总之，张栻的著述非常丰富，但其中相当一部分佚失，这不仅给张栻的研究带来一定的难度和困惑，而且对宋明理学乃至中国思想史都是一个严重的损失，这是一个令人痛惜的遗憾。更为遗憾的是有些著述的佚失是因为当时朱熹个人的"好恶"而未加以收录，如《南轩奏议》，朱熹认为："《南轩文集》方编得略就，便可刊行，最好是奏议文字及往还书中论时事处，确实痛切，今却未敢编入，异时当以奏议自作一书，而附论事书尺于其后，勿令广传，或世俗好恶稍衰，乃可出之耳。"②朱熹未将《南轩奏议》收入《南轩先生文集》中，是考虑

---

① 张栻的《太极解义》，其初本刻于高安，原是单独刊行，宋代各种典籍均有记载，如晁公武撰、赵希弁续辑《郡斋读书志附志》录为《张子太极解义》一卷，并附言曰："张宣公解周元公太极之义"（赵希弁：《郡斋读书志·附志》卷五下，四库全书史部第674册，第355页）；尤袤撰《遂初堂书目》中亦载《南轩太极图解》（尤袤：《遂初堂书目》，四库全书本史部第674册，第460页）。并且张栻所作的《太极图解序》和《太极图解后序》亦散见于各种典籍中，可见当时确有其书。但是由于种种原因，单行本后世不得流传，故学术界一般认为张栻的《太极解义》佚失。20世纪80年代，陈来教授在北京图书馆藏的宋刻本《元公周先生濂溪集》中发现张栻的《太极解义》；最近，四川大学的粟品孝教授和杨世文教授又在明刻本的《濂溪周元公全集》中发现张栻的《太极解义》。可见，张栻的《太极解义》非但没有佚失，而且还有不同的传本。宋本与明本在文字上有一定的出入，本书中所引《太极解义》据宋本。
宋本张栻《太极解义》，参见《北京图书馆古籍珍本丛刊》（第88册），书目文献出版社1998年版，第70—73页；明本张栻《太极解义》，参见杨世文点校的《张栻集》，中华书局2015年版，第1605—1609页；粟品孝的"张栻《太极解义》的完整再现"，《地方文化研究辑刊》2013年第六辑。

② 朱熹：《答胡季随》第2书，《朱熹集》卷五十三，四川教育出版社1996年版，第2655页。

到"世俗好恶"问题。而对于《洙泗言仁》,朱熹则指出:"类聚孔孟言仁处,以求夫仁之说……专一如此用功,却恐不免长欲速好径之心。"①担心学者长"欲速好径之心",从而认为《洙泗言仁》"编得亦未是"②,故未加以收录。尤其是朱熹在整理编订《南轩先生文集》时,认为张栻的有些著述是"未定之论"而予以删除。与其说是"世俗好恶",不如言是"朱子好恶",这完全不应该是一个学者应有的做法。事实上,被朱熹判定的"未定之论"恰恰是张栻思想的特色所在,确而言之是张栻思想与朱熹思想的相异之处,但却被朱熹无情地删掉了,这给张栻著作的流传造成了不可估量的损失,给张栻的研究造成了一定的困难,以至于我们今天很多学者认为张栻的思想并无特色,与朱熹的思想相近或基本上等同于朱熹,并由此导致学术界对张栻的研究着笔不多,力度不够。但是在某种意义上,学术界张栻研究的薄弱,导致了对宋明理学的研究也很难全面深入地进行下去。

张栻现存的著述③,经四川大学古籍所杨世文等人整理为《张栻全集》,长春出版社于1999年出版。该书包括《南轩易说》三卷、《论语解》十卷、《孟子说》七卷、《南轩集》四十四卷、《南轩集补遗》《汉丞相诸葛忠武侯传》以及附录。该版本最大的亮点是《南轩集补遗》,这部分内容是编纂者精心爬梳古籍史料、辨伪存真而收集出来的,是其他任何版本的《南轩集》所不具有的。其后,杨世文先生再次补充完善南轩的著述,于2015年由中华书局出版《张栻集》,该书是迄今为止收录张栻著述最全的一个版本。毋庸置疑,《张栻集》的出版,在一定程度上为张栻的研究打开了新的视野。

三 关于张栻研究的几点思考

张栻著述中,《南轩集》占绝大部分比重,是研究张栻的重要文献。前文已述,《南轩集》由朱熹整理编订,毫无疑问,朱熹对张栻著述的流

---

① 朱熹:《答张敬夫书》第6书,《朱熹集》卷三十一,四川教育出版社1996年版,第1312页。
② 黎靖德编:《朱子语类》卷一百一十八,中华书局1994年版,第2851页。
③ 岳麓书社2010年出版了《张栻集》,该书收录了张栻的《南轩集》《论语解》《孟子说》三种著作。

传功不可没，为后世学者学习研究张栻留下了非常宝贵的资料。换言之，后人对张栻的认识，对张栻思想的解读和了解，基本上是通过朱熹编定的《南轩集》。可以说，正是因为朱熹，我们才没有忘记张栻，也"无法"忘记张栻，这是朱熹的历史功绩。也正是缘于朱熹与张栻二人的密切关系，今天的宋明理学史、中国哲学史、中国思想史才偶或提到张栻，确切地说，是因为朱熹，张栻才被略提了一笔，为此，些许降低了学者对张栻的陌生感。

虽然《南轩集》是张栻著述的重头戏，但是由于朱熹在整理和编订《南轩集》时，根据自己的主观意愿和想法对张栻的作品有所删减，所以后世研究者就要注意这样一个问题：《南轩集》并不能完全客观地反映张栻的思想，或者说，仅依据《南轩集》研究张栻的思想是不够的。要深入、客观、全面地研究张栻，必须对张栻的著述进行爬梳和整理，爬梳和整理的程度决定了研究的广度和深度。除了目前爬梳和发现的著述外，张栻的著述还散存于诸多文献中，需要我们花时间、花力气认真而又耐心地去爬梳。本书除了依据现有的张栻著述，同时还参阅了《朱熹集》《朱子语类》《吕祖谦全集》《胡宏集》《诚斋集》等张栻师友的著述及作品，另外校参时人的笔记史料以及明清的文献资料。即便如此，笔者亦不能穷尽张栻之著述，故对张栻之研究亦是战战兢兢，如履薄冰。确切地说，拙作只是对张栻研读学习的一些体会。

考诸史料，张栻早年的"未定之论"[①] 多是对胡宏思想的继承，也是张栻思想与朱熹思想的相异之处，更是张栻思想的特色所在。朱熹对张栻早年"未定之论"的删除，不仅在一定程度上淡化了张栻思想的特色，更使得后世学者很难看到张栻思想的本来面目，甚至走上两种歧途：或言张栻不能护守师说，或者认为张栻的思想近似于朱熹，台湾学者牟宗三就认为张栻"只是蠢然随朱子脚跟转而已耳"[②]，另有很多学者也认为张栻思想不具有"独立性"，只是"附和"朱熹。独具特色的思想反而成为盲

[①] "遽取观之，盖多向所讲焉而未定之论。而凡近岁以来谈经论事、发明道要之精语，反不与焉。……于是乃复亟取前所蒐辑，参伍相校，断以敬夫晚岁之意，定其书为四十四卷。"（朱熹：《张南轩文集序》，《朱熹集》卷七十六，四川教育出版社1996年版，第3979页。）

[②] "朱子是依其自己之说统而致疑，而南轩则是何说乎？只是蠢然随朱子脚跟转而已耳。"〔牟宗三：《心体与性体》（中），上海古籍出版社1999年版，第400页。〕

从和附和，这不能不说是张栻研究乃至儒学研究中的一个遗憾。加之牟宗三在海内外的影响，某种程度上，其对张栻的评价具有"定位"的性质，导致学术界对张栻的研究和评价很难跳出朱熹的视域以及胡宏的立场。换言之，学术界对张栻的研究往往"捆绑"在胡宏和朱熹之上，而没有"独立"地对张栻的思想进行较为全面深入的考察和研究，这样的研究很难客观地展现张栻的思想。这不能不说是张栻研究中的一个"误区"，从而导致张栻一直被"误读"甚至"忘却"，这种现象应该引起学术界的注意和反思。

张栻的思想具有自己的特色。在继承胡宏性本论的基础上，又有所创造和发展，它虽然有近似于朱熹的理本论，或倾向于陆九渊的心本论，但这并不足为论。值得注意和重视的是张栻从本体论、人性论、工夫论等方面构建了自己的体系，从而使自己的体系既不同于朱熹的理本论，又不同于陆九渊的心本论。这一点被后世一些学者注意到，全祖望曾言："南轩似明道，晦庵似伊川"①，沈家本亦曾言："南轩与朱子为友，而立说不苟同"②等，既说明了二人思想之密切关系，更明确表明了二人思想之不同。爬梳和厘清张栻思想与朱熹思想之异同，是目前学术界研究张栻的重点和难点；厘清张栻与朱熹思想之差殊，便可展现张栻思想之特色，从而亦可以客观上再现张栻思想的原貌。

另外，笔者认为对于张栻思想的研究要由点及面，由点成面，点面结合，这样才能尽可能地展现张栻思想的原貌，从而了解张栻的思想体系，以及张栻在宋明理学史中的地位和中国思想史上的价值。同时，点面结合研究张栻，亦利于把握宋明理学及其发展态势。

总之，尽量充分地占有史料，认真地爬梳张栻的著述，客观地研究张栻，摆脱站在朱熹的角度研读张栻，脱离从胡宏的视阈解读张栻，如实地还原张栻的思想，是学术界研究张栻的一项艰巨而重要的任务。在此，笔者不拟对张栻的思想作褒贬等价值判断，只是尽力从历史的角度和学术的精神客观地解读张栻，希冀为后人了解张栻、研究张栻提供一些参考和依据，真实地再现历史上的张栻，倘若如此，乃吾愿。

---

① 黄宗羲：《南轩学案》，《宋元学案》卷五十，中华书局1986年版，第1609页。
② 沈家本：《南轩易说跋》，转引自《张栻全集》，长春出版社1999年版，第1230页。

第一章　张栻的生平履历与学术渊源

第一节　张栻的生平履历

张栻是南宋时期杰出的思想家、教育家、政治家；父亲魏国公张浚（1097—1164，字德远，号紫岩）是宋代著名的抗金名相，半生转战沙场，几经起伏，以收复中原为毕生夙愿。① 张栻幼年随父侍亲，辗转各地，壮岁以后，或出仕朝廷，或官守州府，或退居长沙，潜研理学，在给弟子陈平甫的信中，他概括了自己大半生的经历：

> 某自幼侍亲来南，周旋三十余年间，又且伏守坟墓于衡山之下，是以虽为蜀人，而不获与蜀之士处，以亲友其仁贤，每以是念。往岁得建安魏元履书，始知足下之名，且闻廷对所陈大略，念足下天资刚毅人也，恨未之识耳。虽然，世故有天资之美者，苟不知进乎学，则终身安于其故而已。盖气质虽美而有限，天理至微而难明，是以君子必贵乎学也。近得犹子然书，复闻足下超然拔出流俗，志于古道，孜孜不舍，则又叹足下于世衰道微之际，能独见自立如此，其进也何可量！则愿见之心益廑。今得足下书并所论著，连缄累牍，伏而读之，

---

① 有关张浚的生平和事迹，参阅朱熹《少师保信军节度使魏国公致仕赠太保张公行状》（《朱熹集》卷九十五上、下），杨万里《张魏公传》（《诚斋集》卷一百十六），脱脱《张浚传》（《宋史》卷三百六十一）。朱熹的《少师保信军节度使魏国公致仕赠太保张公行状》云："手书家事付两子……且曰：'吾尝相国家，不能恢复中原，尽雪祖宗之耻，不欲归葬先人墓左。即死，葬我衡山足矣。'（仲秋）二十八日，疾病，日晡时，命子栻等坐于前，问国家得无弃四郡乎，且命作奏乞致仕。"（朱熹：《少师保信军节度使魏国公致仕赠太保张公行状》，《朱熹集》卷九十五，四川教育出版社1996年版，第4895页。）

无非以讨论问学为事，而果有以知足下之所存，甚幸甚惠！惟是不以仆为不敏，意欲与之共讲斯道，而勉为君子之归，固所愿者。若夫推予期待之过，其实则非所敢当也。仆自惟念，妄意于斯道有年矣，始时闻五峰胡先生之名，见其话言而心服之，时时以书质疑求益。辛巳之岁，方获拜之于文定公书堂。先生顾其愚而诲之，所以长善救失，盖有在言语之外者。然仅得一再见耳，而先生没。自尔以来，仆亦困于忧患，幸存视息于先庐，紬绎旧闻，反之吾身，浸识义理之所存，湘中二三学者时过讲论，又有同志之友自远而至，有可乐者。如是又五载，而上命为州，不得辞，继为尚书郎，猥以戆言，误被简遇，遂得执经入侍，且须都省下士。诚欲自竭，庶几以报，而学力不充，迄亡毫发之补。归来惟自省厉，盖愈觉己偏之难矫，圣学之无穷，而存察之不可斯须忘也。①

在该信中，张栻对自己大半生的经历和活动作了简要的说明，包括："拜之于文定公书堂"的问师求学经历，"息于先庐，紬绎旧闻"的潜研探究理学过程，朱熹来潭交流论辩的场景，以及知守州府、"继为尚书郎"的任职经历，"执经入侍"的开讲经筵情况，退居潭州、反思省厉理学的心得，等等。同时，在这封信中张栻也讲述了自己的心路成长历程："盖愈觉己偏之难矫。""己偏"是其自谦之词，但也充分说明了张栻思想前后发展之变化，这亦为后世的研究者认为其早期继承了胡宏思想、后来又随着朱熹转提供了"佐证"。下面将张栻的生平分三个阶段进行分述。

一　周旋侍亲

宋高宗绍兴三年（1133）冬②，张栻出生于四川阆中。因父亲张浚都

---

① 张栻：《答陈平甫》，《张栻全集》，长春出版社1999年版，第910—911页。据胡宗懋《张宣公年谱》（胡氏梦选楼丛刊本，载《宋人年谱丛刊》，四川大学出版社2003年版），该信作于乾道八年（1172），因此其后的经历没有叙述。

② 张栻的生年学术界存在着争议：据王开琸《张宣公年谱》（《沩宁汤溪张氏九修族谱》卷一）和高畑常信《张南轩年谱》（中京大学文学部纪要，1974年12月），张栻生于绍兴二年（1132）冬，王开琸《张宣公年谱》云："宋绍兴壬子二年十二月生。"但胡宗懋《张宣公年谱》则认为生于绍兴三年（1133）。朱熹所撰《右文殿修撰张公神道碑》是记载张栻的生（接下页注）

督建康时，张栻侍亲读书于建康天喜寺南轩小方丈，学者故称其为南轩先生。绍兴七年（1137），张浚罢右相。次年，秦桧摄相事，力主与金和议，浚则坚决主张抗金，遂被贬斥，辗转迁徙永州（今湖南零陵）、福州（今福建福州）、潭州（今湖南长沙）、连州（今广东连州市）等地，直到绍兴三十一年（1161），宋金和议破裂，才再次被召用，期间去国二十余年。张栻幼年便随父亲辗转流徙，故"虽为蜀人而不获与蜀之士处"，而有"半生落南州，分与岷峨疏"①的感慨。在长期的谪居生活中，张浚不仅自己潜研儒学思想，而且亲自教授张栻。这段时期是张栻思想的初步形成时期，其主要代表作有《悫斋铭》和《希颜录》。《悫斋铭》写于绍兴二十五年（1155），即张栻二十三岁时，在这篇著述中，他提出了"惟实为贵"的重要观点："天下之理，惟实为贵，实不在外，当悫乎己。不震不摇，物孰加之，以此操行，谁曰不宜。古之君子，惟悫之守。"②"惟实为贵"奠定了张栻思想的基础，成为其"实学"③的先声，并成为其后思想发展的基本方向与特征。《希颜录》初编于绍兴二十九年（1159），分为上下篇，十四年之后，即乾道九年（1173），张栻又考究补充，去取伦次，编为一卷，附录一卷。此书是关于颜回言行记录的搜集，不仅反映了张栻为学的基本工夫，而且体现了其为学目标和人生志向："学圣人必学颜子，则有准的。"④胡宏对该书给予了充分的肯定，称其"足见稽考之勤"⑤。其中张栻"下学"与"上达"、理想与现实相结合的学风初露端倪。在张栻思想的发展中，尤其后期思想中，我们可以清晰地看到这两部

（接上页注）平、事迹和学术思想等各方面比较翔实可靠的资料，在碑文中，朱熹虽然没有明确标明张栻的生年，只说"淳熙七年春二月甲申，秘阁修撰、荆湖北路安抚、广汉张公卒于江陵之府舍"，又说"然比召下，以公为右文殿修撰、提举武夷山冲右观，则已不及拜矣。卒时年四十有八"。（朱熹：《右文殿修撰张公神道碑》，《朱熹集》卷八十九，四川教育出版社1996年版，第4544页。）以此推算，则绍兴三年（1133）为张栻的生年。

① 张栻：《子远使君出守广汉始获倾盖诸官赋诗赠别某广汉人也故末章及之》，《张栻全集》，长春出版社1999年版，第568页。

② 杨世文、王蓉贵辑补：《南轩集补遗》，《张栻全集》，长春出版社1999年版，第1192页。

③ "实学"一词转录向世陵《张栻"实"学浅论》，《天府新论》1992年第2期。

④ 张栻：《书相公亲翰》，《张栻全集》，长春出版社1999年版，第1033页。

⑤ 胡宏：《与张敬夫》，《胡宏集》，中华书局1987年版，第133页。

作品影响的痕迹。

绍兴三十一年（1161），张栻与父亲张浚在湖南长沙之妙高峰建立了城南书院。城南书院的匾额是张浚平生的得意之笔，左颜"德配天地"，右颜"道贯古今"，张栻担任书院山长。城南书院是理学的重要基地，张栻于此培养了众多弟子。"潭州嘉会"时，此为张栻与朱熹会讲的地点之一，二人往来于岳麓书院和城南书院之间，经橘子洲头过河，朱熹给两岸渡口各取了一个名字，东岸为"文津"，西岸为"道岸"。后人为纪念潭州会讲，称其为"朱张渡"。同时，城南书院也是私家寓所，张浚谪居湖南期间，张栻侍亲于此。

同年，张栻前往衡山拜师胡宏。然而仅得再见，胡宏病没，遂叹不能问学。关于张栻问师胡宏的情况，在下一节详述。

绍兴三十二年（1162）六月，宋高宗内禅，孝宗即位，决意振兴朝纲，遂招贤纳士，举用良才。张栻以军事入奏："'陛下上念宗社之仇耻，下闵中原之涂炭，惕然于中而思有以振之。臣谓此心之发，即天理之所存也。愿益加省察，而稽古亲贤以自辅，无使其或少息，则今日之功可以必成，而因循之弊可革矣。'孝宗异其言，于是遂定'君臣之契'。"① 张栻首先高度肯定了孝宗皇帝的振兴之志，接着便勉励其坚定此志，持之以恒，则不惟能收复中原，且能革除历史上的诸多弊病，以此王业可成也。此次奏对，为张栻的政治生涯打下了坚实的基础。同年，召除张浚少傅、江淮宣抚使，进封魏国公。隆兴元年（1163）正月，张浚除枢密使，都督建康、镇江府、江州、池州、江阴军军马。张栻以荫补官，辟为宣抚司都督府书写机宜文字，除直秘阁，"以藐然少年周旋其间，内赞密谋，外参庶务，其所综画，幕府诸人皆自以为不及也"②。九月，张栻再次被召见，以内机奏对，与孝宗讲人才。孝宗感叹人才难得，尤其难得仗节死义之臣，张栻对："陛下欲得仗节死义之臣，当于犯颜敢谏中求之。"③ 于"犯颜敢谏"中求得"仗节死义"之臣的人才观非常精辟，子曰"巧言令色，鲜矣仁"，更不用说仗节死义了，知言不谏或不敢谏，在大是大非面

---

① 脱脱：《宋史》卷四百二十九《张栻传》，中华书局1997年版，第12770页。
② 朱熹：《右文殿修撰张公神道碑》，《朱熹集》卷八十九，四川教育出版社1996年版，第4546页。
③ 罗大经：《鹤林玉露》丙编卷六《南轩辨梅溪语》，中华书局1983年版，第346页。

前或生死攸关之际亦难守得住节义，惟犯颜敢谏，才能仗节死义。张栻的睿智与卓识深得宋孝宗的赏识，孝宗多次召其入奏，对时事，讲军机，选人才，体现了张栻非凡的政治才华。

隆兴二年（1164）四月，汤进之为相；张浚再次遭到排挤，出判福州。同年八月，赴任途中，张浚逝世，临终遗嘱曰："吾尝相国家，不能恢复中原，尽雪祖宗之耻，不欲归葬先人墓左。即死，葬我衡山足矣。"① 张浚一生以收复中原为己志，心系国家："捐躯许国忠孝之节，动天地而贯日月……中兴以来一人而已。"② 张栻遵父嘱，于水路护送父灵柩归潭州，十一月，葬父于衡山之下。至此，张栻寓居潭州旧庐，潜心究索理学。

二 绅绎儒学

隆兴二年（1164），张栻归潭州；乾道五年（1169）冬之官严州（今浙江建德）；乾道六年（1170）五月，召为尚书吏部员外郎，十二月，兼权左右司侍立官，侍讲，除左司员外郎；乾道七年（1171）六月，知袁州，十二月，归抵长沙。这段时期，就其思想的全程而言，尤其是为学问道工夫的进程而言，属于早期思想阶段。③ 其间，张栻除居官两年外，绝大部分时间潜研理学，"幸存视息于先庐，绅绎旧闻，反之吾身，浸识义理之所存"。

---

① 朱熹：《少师保信军节度使魏国公致仕赠太保张公行状》，《朱熹集》卷九十五，四川教育出版社1996年版，第4895页。

② 杨万里：《驳配飨不当疏》，《诚斋集》卷六十二，商务印书馆2006年版，第512页。

③ 张栻思想的分期主要依据其观点尤其是其对工夫论的修正而言，基本上他早期主张先察识后涵养，晚期坚持察识与涵养并进；时间上，大致以乾道八年（1172）为限。乾道七年（1171），南轩作《主一箴》云："事物之感，纷纶朝夕。动而无节，生道或息。惟学有要，持敬勿失。验厥操舍，乃知出入。"（《张栻全集》，长春出版社1999年版，第1048页。）在同年答胡广仲的信说："《主一箴》之谕甚荷，但某之意正患近来学者多只是想象，不肯着意下工……故某欲其于操舍之间体察，而居毋越思，事靡它及，乃是实下手处，此正为有捉摸也。"（《答胡广仲》第3书，《张栻全集》，长春出版社1999年版，第926页。）可见，张栻仍坚持先察识后涵养的思想。乾道八年（1172），这种思想有所修正，是年在给吕祖谦的信中云："某读书先庐，粗安晨夕。顾存养省察之功，固当并进。"（《寄吕伯恭》第1书，《张栻全集》，长春出版社1999年版，第891页。）此时张栻认为察识与涵养应当并进。但同时应当注意的是，任何一个思想家的思想前后都是相续的，不可能是截然开的，"分期"只为研究上之方便。

乾道元年（1165），张栻作《胡子知言序》。胡子即胡宏，《知言》是其代表作，该书精湛地诠释并体现了五峰的思想。张栻简明扼要地评述了《知言》的意义与价值："析太极精微之蕴，穷皇王制作之端，综事务于一源，贯古今于一息，指人欲之偏以见天理之全，即形而下者而发无声无臭之妙，使学者验端倪之不远，而造高深之无极。体用该备，可举而行……其言约，其义精，诚道学之枢要，制治之蓍龟也。"① 朱熹誉称该《序》"推明本意，以救末流，可谓有功于此书而为幸于学者矣"②。

乾道二年（1166）正月，张栻作《河南程氏粹言序》，称："若夫子之道，日月其明，泰山其高，江海其大也，岂后学所能形容？"③ 对二程思想充分肯定，并极力表彰。

同年十一月，湖南安抚使刘珙（1124—1178）重修岳麓书院，张栻为之作记。④ 岳麓书院翻修后，刘珙聘请张栻主讲。张栻主教岳麓书院后，对书院进行了全方位的改革，明确提出了"成就人才，传道济民"的教育宗旨："岂特使子群居族谈，但为决科利禄计乎？亦岂使子习为言语文辞之工而已乎？盖欲成就人才，以传道而济斯民也。"⑤

同时，张栻提出了"体夫徐行疾行之间"的为学方法，即察识端倪说的工夫论："论尧舜之道本于孝弟，则欲体夫徐行疾行之间；指乍见孺子匍匐将入井之时，则曰：恻隐之心，仁之端也，于此焉求之，则不差矣。尝试察吾终日事亲从兄、应物处事，是端也，其或发见，亦知其所以然乎？苟能默识而存之，扩充而达之，生生之妙，油然于中，则仁之大体岂不可得乎？"⑥ 这种于日用伦常之间省察本心之发见的为学方法在其罕见的早期著作中都有所论及，如同年所著《静江府学记》中云："使其知所思，则必悚然动于中，而其朝夕所接，君臣、父子、兄弟、夫妇、朋友

---

① 张栻：《胡子知言序》，《张栻全集》，长春出版社1999年版，第755页。
② 朱熹：《答张钦夫》第10书，《朱熹集》卷三十，四川教育出版社1996年版，第1302页。
③ 杨世文、王蓉贵辑补：《南轩集补遗》，《张栻全集》，长春出版社1999年版，第1181页。
④ 张栻：《潭州重修岳麓书院记》，《张栻全集》，长春出版社1999年版，第693页。
⑤ 同上。
⑥ 同上书，第694页。

之际，视听言动之间，必有不得而遁者，庶乎可以知入德之门矣。"① 在乾道四年（1168）所著的《郴州学记》中他又言："今之学者苟能立志尚友，讲论问辩，而于人伦之际审加察焉，敬守力行，勿舍勿夺，则良心可识，而天理自著。"② 这段时期的作品中，张栻都主张体察事物之端倪，然后涵养扩充，即先察识后涵养。这种为学问道的方法对朱熹影响很大，朱熹曾以张栻的《艮斋铭》作为学的。

这段时期最重要的事件是朱熹与张栻的交往。隆兴元年（1163）在临安（今浙江杭州），朱熹与张栻相遇，据史料记载："上初召魏公，先召南轩来。某亦赴召至行在，语南轩云：'汤进之不去，事不可为，莫担负了他底，至于败事！'某待得见魏公时，亲与之说。度住不得，一二日去矣。"③ 当时孝宗新位，锐志振兴朝纲，召求直言。朱熹赴召至行在奏事垂拱殿；张栻当时辟为宣抚司都督府书写机宜文字，除直秘阁，已先被召至行在奏论国事，朱熹在奏事辞归后遇见张栻。《朱子语类》载："张魏公被召入相，议北征。某时亦被召，辞归，尝见钦夫与说……"④ 张栻在朝野颇负盛名⑤，朱熹希冀张栻能够促使孝宗坚定北伐。基于对时政之关心及共同之抗金主张，两人在行在相遇，这是具有历史意义的会面，这次会面为他们以后长达十余年的学术交流揭开了序幕。

隆兴二年（1164）八月，张浚病故于江西余干，张栻护父灵柩回湖南，途经豫章（今江西南昌）。朱熹闻此噩耗，登舟吊唁，并随送至丰

---

① 张栻：《静江府学记》，《张栻全集》，长春出版社1999年版，第678页。此记中云："乾道二年，知府事张侯维又以其地堙陋……侯以书来曰：'愿有以告于桂之士。'"可见此记作于乾道二年（1166），但杨世文、王蓉贵校点的《张栻全集》中，该记下署"乾道六年春二月"，而四库全书本《张南轩文集》中，该记下无有此时间之标署。

② 张栻：《郴州学记》，《张栻全集》，长春出版社1999年版，第683页。

③ 黎靖德编：《朱子语类》卷一百三，中华书局1994年版，第2608页。

④ 黎靖德编：《朱子语类》卷一百三十一，中华书局1994年版，第3152页。

⑤ "南轩出入甚亲密，满朝忌之。一日，往见周葵，政府诸人在，次第逐报南轩来。周指之曰：'吾辈进退，皆在此郎之手。'"（《朱子语类》卷一百三，中华书局1994年版，第2609页。）"南轩以内机人奏，引至东华门。孝宗因论人才，问王十朋如何。……对曰：'十朋天下公论归之，更望陛下照察主张。臣父以为陛下左右岂可无刚明腹心之臣，庶几不至孤立。'上曰：'刚患不忠，奈何？'对曰：'人贵夫刚，刚贵夫中。刚或不中，犹胜于柔懦。'上默然。盖史直翁与张魏公议论不同，梅溪则是张而非史者也。故上因直翁之说而有是言。"（罗大经：《鹤林玉露》丙编卷六《南轩辨梅溪语》，中华书局1983年版，第345页。）

城，与张栻在舟中得三日款。这次重晤，朱熹对张栻印象极好，评价颇高："其名质甚敏，学问甚正，若充养不置，何可量也。"① 此次相见，与上次临安相遇关注时政不同，二人就学术问题展开了充分的交流。此后张栻居长沙，朱熹居崇安，书信往来，交流究索理学中的诸多问题，朱熹遂逐渐认识并得以了解湖湘学。他们这段时间的交往，为朱熹欣赏和服膺湖湘学打下了基础，也为后来的"潭州嘉会"做了思想上的铺垫。朱熹在给罗参议的信中说："钦夫尝收安问，警益甚多。大抵衡山之学只就日用处操存辨察，本末一致，尤易见功。某近乃觉知如此，非面未易究也。"② 在《答何叔京》中曰："钦夫亦时时得书，多所警发，所论日精诣。向以所示《遗说》数段寄之，得报如此。始亦疑其太过，及细思之，一一皆然。有智无智，岂止校三十里也。"③ 当时朱熹苦苦思索已发未发问题，未有所解，通过与张栻的交流，"多所警发"。张栻向朱熹详细地介绍了湖湘学的为学方法，使其悟前学之非，因这一年（乾道二年，1166）为丙戌年，故称"丙戌之悟"，即中和旧说。

乾道三年（1167）九月八日，朱熹在林用中、范念德等人的陪同下，从福建崇安抵湖南潭州拜晤张栻，开启了中国思想史上面究会讲的先河。这次"潭州会讲"，盛况空前，"学徒千余，舆马之众至饮池水立竭，一时有潇湘洙泗之目焉"④。二人就理学的一些重要范畴，如仁、太极、已发未发以及察识与涵养之次序等问题进行了充分的交流和激烈的讨论，"是时范念德侍行，尝言二先生论《中庸》之义，三日夜而不能合，其后先生卒更定其说"⑤。之后，张栻与朱熹等人又倡酬南岳，至十一月二十四日于楮州（今湖南株洲）挥别。归后，朱熹真切地叙述了此次"面究"讲学的情况："熹此月八日抵长沙，今半月矣。荷敬夫爱予甚笃，相与讲明其所未闻，日有问学之益，至幸至幸！敬夫学问愈高，所见卓然，议论出人意表，近读其《语说》，不觉胸中洒然，诚

---

① 朱熹：《答罗参议》，《朱熹集·续集》卷五，四川教育出版社1996年版，第5237页。
② 同上书，第5238页。
③ 朱熹：《答何叔京》第8书，《朱熹集》卷四十，四川教育出版社1996年版，第1860页。
④ 《新修岳麓书院志》，清康熙版，湖南省图书馆藏。
⑤ 王懋竑：《朱熹年谱》，中华书局1998年版，第306页。

可叹服!"① "某去冬走湖湘,讲论之益不少,然此事须是自做工夫于日用间行住坐卧处,方自有见处。然后从此操存,以至于极,方为己物尔。敬夫所见超诣卓然,非所可及!"② 这次走访潭州,朱熹收获颇多,对其思想启发很大。经过一段时间的消化和思考,乾道五年(1169,己丑),朱熹又对前学进行修正,史称"己丑之悟",又称中和新说。对于此次"体悟",朱熹立即书报张栻及湖湘学者,此即《与湖南诸公论中和第一书》。

乾道五年(1169),经刘珙推荐,张栻除知抚州,未上,改知严州。此时,吕祖谦(1137—1181)也在严州,为州学教官。两人"声同气合,莫逆无间"③。乾道六年(1170),张栻被召为吏部员外郎,兼侍讲,除左司员外郎,吕祖谦亦被召为兼国史院编修官,实录院检讨官。两人又相聚于临安,寓舍相望,共为夜课。④

乾道六年(1170),张栻、朱熹、吕祖谦三人共论胡宏《知言》。经过这次切磋和辩论,张栻对胡宏的思想有所修正。这直接引起固守师说的湖湘学者之不满,以及后世研究者之批评,认为其不能固守师说、不能坚守湖湘学的立场而附和朱熹。对此,张栻曾说:"向者元晦有所讲论,其间亦有与鄙见合者,因而反复议论,以体当在己者耳,故吾先生所望于后人之意也……若世俗之人以私意浅量观者,亦无如之何。但此议论只当同志者共绅绎所疑,不当遽泛示,以启见闻者轻妄心也。"⑤ 可见,张栻对问题的讨论以"体当在己者"为标准,"体当在己者"即自己有所体会和省悟,自己有所体会和省悟便是自己做主,而非附和他人。他在《答朱元晦》中又说:"《知言》自去年来看,多有所疑,来示亦多所同者,而其间开益鄙见处甚多,亦有来示未及者,见一一写行,俟后便方得上呈,

---

① 朱熹:《与曹晋叔书》,《朱熹集》卷二十四,四川教育出版社1996年版,第1027页。
② 朱熹:《答程允夫》第5书,《朱熹集》卷四十一,四川教育出版社1996年版,第1920页。
③ 杜海军:《吕祖谦年谱》,中华书局2007年版,第261页。
④ 乾道五年(1169),张栻、吕祖谦同住临安百官宅,过往密切,吕祖谦亦多次提及此事:"八月稍凉,已与张丈约共为夜课,盖日月殊易失耳。"(《吕祖谦全集》,浙江古籍出版社2008年版,第490页。)"某所居乃在旧王承宣园……政与张丈寓舍相望,于讲论甚便。"(第503页)
⑤ 张栻:《答舒秀才周臣》,《张栻全集》,长春出版社1999年版,第929页。

更烦一往复，庶几粗定。"① 此信作于乾道六年（1170）②，而信中所述内容发生在"去年"，即乾道五年（1169），是时，张栻与吕祖谦同官临安，两人已经就《知言》可疑处疏列数十条，"《知言》往在严陵时，与张丈讲论，亦尝疏出可疑者数十条。今观来示，其半亦相类，见与张丈参阅，续当咨请也"③。据此可知，张栻并非因朱熹之疑《知言》才开始怀疑《知言》，而在乾道五年（1169）就"多有所疑"了，朱熹之疑与张栻"亦多所同者"，"其半亦相类"。如言附和，是朱熹附和张栻，并非张栻附和朱熹。究其实，问学无所谓附和，对某一问题或某些问题，学者之间观点相同，这很正常。这次讨论一直持续到乾道七年（1171）④底，至于何时结束，亦无法确考。

乾道七年（1171）二月，张栻开经筵，为孝宗讲《诗经·葛覃》章，借讲经之机陈言："治常生于敬畏，乱常起于骄淫。使为国者每念稼穑之劳，而其后妃不忘织纴之事，则心之不存者寡矣。周之先后勤俭如此，而其后世犹有以休蚕织而为厉阶者，兴亡之效于此见矣。"⑤ 以古鉴今，劝谏孝宗戒骄思危，念稼穑之辛，思百姓之苦，励志图强，振兴国家。

同年三月，张说除签书枢密院事（张说之妻吴氏为太上皇后女弟），士大夫敢怒不敢言，张栻星夜草疏极谏其不可当此任，又亲赴朝堂指责虞

---

① 张栻：《答朱元晦》第5书，《张栻全集》，长春出版社1999年版，第859页。南轩与朱子讨论《知言》的书信如下：《答朱元晦》第5书，《答朱元晦》第7书，《答朱元晦》第8书（《张栻全集》，长春出版社1998年版，第859—862页），《答朱元晦》第9书（《张栻全集》，长春出版社1998年版，第884页）。

② 书中云："祈请竟出疆，颠倒绊悖，极有可忧"，是指范成大为祈请出使金国之事。《孝宗本纪二》（《宋史》卷三十四，中华书局1997年版，第648页）载："戊子，遣范成大等使金，求陵寝地，且请更定受书礼。"戊子，即乾道六年（1170）闰五月，此书作于范成大出使金国不久。

③ 杜海军：《吕祖谦年谱》，中华书局2007年版，第57页。

④ 张栻《答朱元晦》第9书（《张栻全集》，长春出版社1999年版，第884页）云："秋凉行大江，所至游历山川，复多濡滞，今方欲次鄂渚，更数日可解舟。舟中无事，却颇得读《论语》、《易传》、遗书，极觉向来偏处，取所解《孟子》观之，段段不可，意义之难精，正当深培其本耳……《知言》疑义开发尤多，亦有数处当更往复，及后来旋看出者，并俟后便。"与癸巳《孟子解序》所述大同，由该序知此乃张栻乾道七年（1171）由左司员外郎兼侍讲罢归长沙之事，故该信当作于乾道七年底。

⑤ 朱熹：《右文殿修撰张公神道碑》，《朱熹集》卷八十九，四川教育出版社1996年版，第4550页。

允文:"宦官执政,自京、黼始,近习执政,自相公始。"① 并奏曰:"文武诚不可偏,然今欲右武以均二柄,而所用乃得如此之人,非惟不足以服文吏之心,正恐反激武臣之怒。"② 虞允文惭愧不堪,张栻也因此触忤宰相,触动近倖,于是年六月除知袁州(今江西宜春),十二月归抵长沙。

三 教化西南

乾道七年(1171)底,张栻归抵长沙后,退而"家居累年"。这期间,他对自己早期的问学方法和学术思想进行了反思和省察,并进行补充和修正,"归来惟自省厉,盖愈觉己偏之难矫,圣学之无穷,而存察之不可斯须忘也"③。"己偏"是张栻的自谦之词,但他确实对自己以前的思想进行了认真的参究与思考,对察识与涵养之间的关系有了新的认识,认为察识与涵养应相须并进:"某读书先庐,粗安晨夕。顾存养省察之功,固当并进。然存养是本,觉向来工夫不进,盖为存养处不深厚(原注:存养处欠,故省察少力也),方于闲暇,不敢不勉。"④ 他在《答乔德瞻》中说:"存养体察,固当并进。"⑤ 在与其门人及友人的论学中,张栻反复申论了这种思想,即存养与省察相须并进,不可偏废任何一方,否则即是"病痛"。关于此点,将在后文详论。

乾道九年(1173),张栻修改《洙泗言仁录》,并重订《希颜录》;同年,又撰《论语解》和《孟子说》。尤其是《论语解》和《孟子说》的脱稿,标志着张栻思想的成熟,并且形成了深远与平实相结合的思想特色,对此,朱熹曾评价说:"盖玩索讲评,践行体验,反复不置者十有余年,然后昔之所造深者益深,远者益远,而反以得乎简易平实之地。"⑥ 著名文学家杨万里说:"初造深远,卒归乎平易笃实。"⑦ 深远与平实相结

---

① 脱脱:《宋史》卷四百二十九《张栻传》,中华书局1997年版,第12773页。
② 同上。
③ 张栻:《答陈平甫》,《张栻全集》,长春出版社1999年版,第911页。
④ 张栻:《寄吕伯恭》第1书,《张栻全集》,长春出版社1999年版,第891页。
⑤ 张栻:《答乔德瞻》第1书,《张栻全集》,长春出版社1999年版,第930页。
⑥ 朱熹:《右文殿修撰张公神道碑》,《朱熹集》卷八十九,四川教育出版社1996年版,第4545页。
⑦ 杨万里:《张左司传》,《诚斋集》卷一百十五,本引文转引自《张栻全集》,长春出版社1999年版,第1248页。

合的特征贯穿于张栻思想的始终，使得张栻的思想在南宋理学群儒辈出中既有别于朱熹，又不同于陆九渊，而自成一家，别具一格。

淳熙元年（1174）冬，"上复念公"，张栻知静江府，经略安抚广南西路，次年二月到任。"始至，未及有为，专务以访求一道之利病为事。"① 广南西路统辖二十五个州，当时属于荒僻之地，距离朝廷又比较远，各州民族争斗不断，民困财乏，入不支出。张栻到任后，精简州兵，整顿盐法并官卖盐价，解决了财政窘困的状况。② 淳熙二年（1175），张栻奏请申严保伍法，从严治军，强力缉捕盗贼，合理解决民族纠纷，"奏乞选辟邕州提举巡检官以抚洞丁，传令溪洞酋豪，喻以弭怨睦邻，爱惜人命，为子孙长久安宁之计，毋得辄相房掠，仇杀生事"③。又抚喻溪洞蛮夷，使民族关系得到很大改善。经过张栻的治理，广南西路"境内正清，方外柔服"④。

当时朝廷在广南西路横山地区买马，日久弊生，使朝廷与百姓都受到影响和伤害，马又常死于途中。张栻上奏改革马政："究其利病，得凡六十余条，如邕守上边，则濒江有买船之扰；纲马在道，则缘道有执牵之劳；其或道死，则抑卖其肉，重为邻伍之患。是皆无益于马而有害于人，首奏革之。其他如给纳等量支券之奸，以至官校参司名次之弊，皆有以究其根穴而事为之防，由是诸蛮感悦，争以其善马来，岁额率常先期以办，而马无滞留，人知爱惜，遂无复死道路者。"⑤ 经过张栻的改革，不仅马

---

① 朱熹：《右文殿修撰张公神道碑》，《朱熹集》卷八十九，四川教育出版社1996年版，第4551页。

② 朱熹《右文殿修撰张公神道碑》（《朱熹集》卷八十九，四川教育出版社1996年版，第4550—4551页）云："广西去朝廷绝远，诸州土旷民贫，常赋入不支出。故往时立法，诸州以漕司钱设盐鬻之，而以其息什四为州用，以是州得粗给而民无加赋。其后或乃夺取其息之半，则州不能尽运，而漕司又以岁额责其虚息，则高价抑卖之弊生而公私两病矣。公始至，未及有为，专务以访求一道之利病为事。既得其所以然者，则为奏，以盐息什三予诸郡。又因兼摄漕台，出其所积缗钱四十万而中分之，一以为诸仓买盐之本，一以为诸州运盐之费。奏请立法，自今漕司复有多取诸州，辄行抑卖，悉以违制议罪。其敢以资燕饮、供馈饷者，仍坐赃论。诏皆从之。"

③ 张栻：《右文殿修撰张公神道碑》，《朱熹集》卷八十九，四川教育出版社1999年版，第4551页。

④ 同上书，第4552页。

⑤ 同上。

政弊端革除，而且边民欢喜感悦。

孝宗皇帝欣闻静江大治，决定再委以重任。淳熙四年（1177），诏特转承事郎、直宝文阁再任，淳熙五年（1178），除直秘阁修撰、荆湖北路转运副使，改知江陵府，安抚本路。荆湖北路毗邻金国，尤多盗贼，当地官吏经常与其勾结，危害百姓。张栻上任，"一日去贪吏十四人"①，"首劾大吏之纵贼者，捕斩奸民之舍贼者，令其党得相捕告以除罪，群盗皆遁去"②。由此，荆湖北路匪患和盗贼"肃清"，百姓得"安居之乐"。但张栻却忧虑本郡的军伍，当时的军伍不仅官兵不睦，且闲散懒逸，毫无战斗力。张栻锐意改革军政，修义勇法，团教兵卒，利用农隙操练习武，礼遇诸将，慰谕士兵。同时养军以备急需，一户三丁者"籍其一以为义勇副军"，"人给一弩，俾家习之"③。军心由此大振，戎政鼎新，阖境兴宁。

当时辰州（今湖南沅陵）和沅州（今湖南芷江）等地盗贼藏匿"胡奴"，以为劳役，张栻"捕得数人"，并言"朝廷未能正名讨敌，无使疆场之事其曲在我"，于是斩宋人为盗者以殉于境，而缚送"胡奴"归之。金人叹其理直，并曰"南朝有人"④。

张栻居官一任，体恤民瘼，为国谋划，殚精竭虑。当时的广西是蛮荒之地，问题诸多，极难治理；湖北与金国交界，隐患无穷，难于管理。张栻不畏困难，不辱使命，在短短三年时间内，将广西和湖北治理得井井有条，政通人和，深受百姓的拥戴和皇帝的赏识。

这段时间除了从政为官外，张栻亦不辍笔耕⑤，反复修改《论语解》和《孟子说》，并在当地修葺学校，立先贤祠堂，作记刻书，大力宣传理学，使理学在西南地区广为流布，开教化西南之先河。

淳熙七年（1180），"公自以不得其职，数求去，不得；寻以病请，乃得之。然比诏下，以公为右文殿修撰、提举武夷山冲佑观，则已不及

---

① 脱脱：《宋史》卷四百二十九《张栻传》，中华书局1997年版，第12773页。
② 同上书，第12773—12774页。
③ 朱熹：《右文殿修撰张公神道碑》，《朱熹集》卷八十九，四川教育出版社1996年版，第4553页。
④ 脱脱：《宋史》卷四百二十九《张栻传》，中华书局1997年版，第12774页。
⑤ 张栻在这段时期的著述，主要有《袁州学记》《邵州复旧学记》《钦州学记》《雷州学记》《江陵府松滋县学记》《宜州学记》《尧山漓江二坛记》以及《楚忘记》等。

拜矣"①。病重期间，其弟定叟求教，张栻曰："朝廷官职，莫爱他底。"②犹手书劝孝宗皇帝："臣再世蒙恩，一心报国；大命至此，厥路无由；犹有微诚，不能自已。伏愿陛下亲君子，远小人，信任防一己之偏，好恶公天下之理，永清四海，克巩丕图，臣死之日，犹生之年。"③拳拳之心，溢于言表，爱国之情，感撼寰宇。淳熙七年（1180）二月二日，一代学者宗师张栻病殁于江陵府舍。噩耗传出，举国悲戚，孝宗"深为嗟悼"，士大夫"出涕相吊"，百姓恸哭哀号，而"静江之人哭之尤哀"，柩出江陵，老幼"挽车呜恸，数十里不绝"④。

张栻为人"坦荡明白，表里洞然，诣理既精，信道又笃，其乐于闻过而勇于从义，则又奋厉明决，无毫发滞吝意"⑤。他不是一个空谈义理的思想家，而是真正地将理学应用于实践，落实到生活，在政治、经济、军事各个方面都深思筹划，身体力行，精湛地体现了湖湘学派经世致用的学风以及儒学内圣外王相结合的品格。

宋宁宗嘉定八年（1215）诏赐张栻谥曰"宣"，后人尊称张宣公。宋理宗景定二年（1261）追封张栻"华阳伯"，秩于从祀。元仁宗皇庆二年（1313）从祀孔子庙廷。

第二节　张栻的学术渊源

《宋元学案·南轩学案年表》云："紫岩（引者案：张浚）子，五峰（胡宏）、刘氏（刘芮）、王氏（王大宝）门人，龟山（杨时）、和靖（尹焞）、谯氏（谯定）、武夷（胡安国）得全再传，二程（程颢、程颐）、元城（刘安世）、子文（邵伯温）三传，安定（胡瑗）、泰山（孙复）、

---

① 朱熹：《右文殿修撰张公神道碑》，《朱熹集》卷八十九，四川教育出版社1996年版，第4554页。

② 胡宗懋：《张宣公年谱》卷下，胡氏梦选楼丛刊本，载《宋人年谱丛刊》，四川大学出版社2003年版，第6329页。

③ 张栻：《遗奏》，《张栻全集》，长春出版社1999年版，第664页；又见《张敬夫遗表》，载李心传《建炎以来朝野杂记》（上）卷八，中华书局2000年版，第164页。

④ 朱熹：《右文殿修撰张公神道碑》，《朱熹集》卷八十九，四川教育出版社1996年版，第4554页。

⑤ 同上。

濂溪（周敦颐）、涑水（司马光）、百源（邵雍）四传。"① 此年表清晰地交代了张栻的学术渊源及学统脉络：远承周敦颐、二程，近取张浚、胡宏。究其实，宋代的理学家几乎都把自己的学术渊源追溯到周敦颐和二程，这一方面源于宋代理学从某种意义上可以说都是对周敦颐和二程思想的继承、诠释与提扬；另一方面是为自己的学说确立学统，在当时学术派别林立的阵营中树立自己学术的正宗性和正统性。此年表中可以看出，张栻的学术渊源十分深厚，具备正宗理学的背景和性质，下面对其进行详细阐明。

一　过庭之训

张浚不仅是"中兴名相"、著名的抗金将领，而且"身兼文武之全才，心传圣贤之绝学"②，据《宋元学案·赵张诸儒学案》，他是谯定门人，伊川、东坡再传。全祖望称，由于赵鼎、张浚的倡导，"伊洛之学从此得昌"③。同时又师承眉山苏氏，其学统为：苏洵—苏轼—苏元老—张紫岩。谯定"少喜学佛，析其理归于儒"④，"苏氏处于纵横之学而亦杂于禅"⑤，因此张浚的学术既秉承儒学之精神，又深受佛学之熏陶。这两方面均对张栻产生了重要的影响。

张浚对儒家经典，尤其是对易学颇为精通，《宋史》载："学遂于《易》，有《易解》及《杂说》十卷，《书》、《诗》、《礼》、《春秋》、《中庸》亦各有解。"⑥朱熹有言："每训诸子及门人曰：'学以礼为本，礼以敬为先'，又曰：'学者当清明其心，默存圣贤气象，久久自有见处。'"⑦由此可见张浚的儒学造诣非常深厚，张栻自幼随父侍亲，"忠献公（张

---

① 黄宗羲：《南轩学案》，《宋元学案》卷五十，中华书局1986年版，第1605页。
② 杨万里：《驳配飨不当疏》，《诚斋集》卷六十二，商务印书馆2006年版，第511页。
③ 黄宗羲：《赵张诸儒学案》，《宋元学案》卷四十四，中华书局1986年版，第1411页。
④ 脱脱：《宋史》卷四百五十九《谯定传》，中华书局1997年版，第13460页。
⑤ 黄宗羲：《荆公新学略》，《宋元学案》卷九十八，中华书局1986年版，第3237页。
⑥ 脱脱：《宋史》卷三百六十一《张浚传》，中华书局1997年版，第11311页。
⑦ 朱熹：《少师保信军节度使魏国公致仕赠太保张公行状》，《朱熹集》卷九十五，四川教育出版社1996年版，第4900页。

浚）爱之。自其幼学，而所以教者莫非忠孝仁义之实"①。张浚在官场上几次沉浮，其中有二十余年的谪居生涯，但无论是居庙堂还是处江湖，他都非常重视对张栻的教育和培养，《行状》云："独挈子侄往……日夕读《易》，精思大旨，述之于编，亲教授其子栻。"② 因此朱熹说："自其幼壮，不出家庭而固以得夫忠孝之传。"③ 可见，张栻从小就受到良好的儒学熏陶，具有良好的儒学素养，《鹤林玉露》载："高宗尝问张魏公：'卿儿想甚长成？'魏公对曰：'臣子栻年十四，脱然可语圣人之道。'"④ 张浚精于君子小人之辨，明确提出"治道之本莫大于辨君子小人之分"，并对君子和小人作了五个方面的区分："大抵不私其身，慨然以天下百姓为心，此君子也；谋身之计甚密，而天下百姓利害我不顾焉，此小人也。志在于为道不求名而名自归之，此君子也；志在于为利，掠虚美，邀浮誉，此小人也。其言之刚正不挠，无所阿徇，此君子也；辞气柔佞，切切然伺候人主之意于眉目颜色之间，此小人也。乐道人之善，恶称人之恶，此君子也；人之有善，必攻其所未至而掩之，人之有过，则欣喜自得如获至宝，旁引曲借，必欲开陈于人主之前，此小人也。难进易退，此君子也；叨冒爵禄，篾无廉耻，此小人也。"⑤ 这一点对张栻影响很大，他秉承父学，亲君子，远小人⑥，"君子小人趣向之异，故所怀不同，大抵公私之分而已。怀德怀刑，好善恶恶之公心也；怀土怀惠，苟安务得之私意也"⑦。并且屡劝孝宗皇帝："今日君子小人之消长，治乱之势，有所未定，皆在陛下之如何耳。若陛下之心严恭兢畏，常如祠之际，则君子小人终可分，治道终可成，强敌终可灭，当如祠事，终得成礼。"⑧ 同时，张

---

① 朱熹：《右文殿修撰张公神道碑》，《朱熹集》卷八十九，四川教育出版社1996年版，第4545页。

② 朱熹：《少师保信军节度使魏国公致仕赠太保张公行状》，《朱熹集》卷九十五，四川教育出版社1996年版，第4859页。

③ 朱熹：《张南轩文集序》，《朱熹集》卷七十六，四川教育出版社1996年版，第3978页。

④ 罗大经：《鹤林玉露》丙编卷一《高宗眷紫岩》，中华书局1983年版，第242页。

⑤ 李心传：《建炎以来系年要录》卷八十五，中华书局2000年版，第316页。

⑥ 《张栻传》载："其远小人犹严。为都司日，肩舆出，遇曾觌，觌举手欲揖，栻急掩其窗棂，觌惭，手不得下。"（脱脱：《宋史》卷四百二十九，中华书局1997年版，第12775页。）

⑦ 张栻：《论语解·里仁篇》，《张栻全集》，长春出版社1999年版，第94页。

⑧ 胡宗懋：《张南轩年谱》卷上，胡氏梦选楼丛刊本，载《宋人年谱丛刊》，四川大学出版社2003年版，第6292页。

栻将君子小人之分深入、拓展到义利之辨，以"无所为而为"和"有所为而为"进行义利分判。在宋代理学中，张栻的义利观独具特色，朱熹对此评价非常高。由于张栻的义利观在后文详述，此不赘述。

家学对张栻影响之另一方面则是佛学。全祖望在《宋元学案·赵张诸儒学案》中案："魏公惑于禅宗"。魏公即张浚，张浚不仅有佛学的渊源与师承，而且与禅僧尤其是与圆悟克勤、大慧宗杲交游密切。圆悟、大慧是宋代佛门龙象，尤其是大慧，法席之盛，冠于一时，朱熹说他"能鼓动一世"[①]。据《释氏资鉴》《大慧年谱》等记载，张浚尝问道于圆悟，圆悟勉之曰"公辅相之日，勿忘护教"，并以弟子宗杲荐之。这种家学背景，张栻也深受熏染。遗憾的是，朱熹认为张栻与禅僧的交往及其佛学思想属于"未定之论"，加之朱熹本人对佛教的排斥，因此在编订《南轩集》时对张栻论佛之文字几乎未加收录，以至于我们今天很难看到张栻本人与佛教的直接关系，也给研究张栻的佛学思想带来一定的难度。目前，我们只能通过朱熹与张栻及其同时代师友的文集和书信等史料，去考察张栻的佛学思想。《宋元学案·五峰学案》载："初，南轩见先生，先生辞以疾。他日，见孙正孺而告之，孙道五峰之言曰：'渠家学佛，宏见他说甚！'南轩方悟不见之因。于是再谒之，语甚相契，遂授业焉。南轩曰：'栻若非正孺，几乎迷路。'"[②] "几乎迷路"说明张栻对佛教不是一般的喜好和了解，这一点，从张栻本人后来对佛教的总结和批判中也可以看出。

家学确实对张栻影响很大，对此，张栻若干年后曾回忆说："学圣人必学颜子，则有准的。颜氏之所以为有准的，何也？以其复也。复则见天地之心成位乎中，而人道立矣。然而欲进于此奈何？其惟格物以至之，而克己以终之乎！呜呼！此先公之所以教某者，今并以告陈子。"[③]

二　早期从学

《南轩学案》年表中提到刘芮和王大宝。刘芮（1108—1178），字子

[①] 黎靖德编：《朱子语类》卷一百二十六，中华书局1994年版，第3029页。
[②] 黄宗羲：《五峰学案》，《宋元学案》卷四十二，中华书局1986年版，第1383页。
[③] 张栻：《书相公亲翰》，《张栻全集》，长春出版社1999年版，第1033页。

驹，宋东平（今山东东平）人，南渡后，居湘中。"张魏公卜居长沙之二水，授先生室，宣公兄弟严事之。"① 据《宋元学案·泰山学案》，刘芮是孙伟门人，其师承为：司马光—刘安世—孙伟—刘芮。另据《宋元学案·涑水学案》，刘芮是胡安国门人，其师承为：孙复—朱长文—胡安国—刘芮。全祖望评价其说："元城之得统于温公，大抵不出'刚健笃实'一语。元城门下，其最显者为李庄简公泰发，其厄于下寮者为先生（引者案，孙伟），其骨力皆得之元城……先生之高弟曰刘芮。"又说："先生（引者案，刘芮）学于孙奇甫，其后遍游尹和靖、胡文定之门，所造粹然。"② 可见，刘芮既继承了司马光"刚健笃实"的学风，又传承了胡安国经世致用的学风。绍兴十二年（1142，张栻十岁），张浚谪居长沙，命张栻兄弟从学刘芮。从张栻的学术风格与思想特征来看，可能刘芮对其产生过一定之影响。

王大宝（1094—1170），"字元龟，海阳（今广东潮安）人，建炎初，廷试第二。……赵丰公谪潮，先生从之游，日讲《论语》"③。据《宋元学案·赵张诸儒学案》，王大宝是赵鼎之门人，其师承为：邵雍—邵伯温—赵鼎—王大宝。绍兴十六年（1146，张栻十四岁），张浚谪居连州；明年，大宝知连州，张浚"命其子栻与讲学"④。但是，王大宝对张栻的影响无法详查和考证。

值得一提的是史尧弼对张栻的影响。据《莲峰集》，史尧弼（1118—?），字唐英，眉州（今四川眉山）人，以诗闻名。绍兴十一年（1141），张浚寓潭州，史尧弼"雅闻其名，欲一见之，莲峰乃以《古乐府》、《洪范》等论贽之。魏公得其文，以示南轩曰：'此东坡先生之学也。'留馆于潭。明年，试湖南漕，莲峰第一，南轩第二。莲峰因以文章正宗示南轩，而尝曰：'文章一小技耳。'盖每开以正大之学，引而不发也。是以南轩平生尊敬东坡先生，不忘莲峰"⑤。由此可见，张栻青少年

---

① 黄宗羲：《元城学案》，《宋元学案》卷二十，中华书局1986年版，第839页。
② 同上书，第834页。
③ 黄宗羲：《赵张诸儒学案》，《宋元学案》卷四十四，中华书局1986年版，第1423页。
④ 《王大宝传》载："（大宝）知连州，张浚亦谪居，命其子栻与讲学。"（脱脱：《宋史》卷三百八十六，中华书局1997年版，第11856页。）
⑤ 任清全：《莲峰集》序，四库全书集部第1165册，第1—2页。

时期酷爱文章之学，这一点从史尧弼给张栻的书信中亦可看出。[①] 史尧弼认为文章之学为"小技"（盖其以前亦重视文章之学），遂以"正大之学"鼓励张栻："今岁来绵竹，五收所惠书，三收所著文，眷眷于我厚甚，累年别来无如此慰满也。……近与仲随数数款晤，具言钦夫夙夜孝友，上奉重亲，外接事物，酬酢一切周旋且至之状。……益充此心，放之四海，何往而不可也。文字真小计哉！愿益勉之，不倦不息，深所望者。"[②] 张栻不负所望，后来终于成为一代学者宗师。由文章之学到儒者之学的转变历程在其早年所作的《双凤亭记》中有清晰的记载："古之所为文者，非特言语之工、诵读之博而已也，盖将以治其身，使动率于礼，在内者粹然，而在外者彬彬焉。故其本不过于治身而已，而其极可施用于天下，此之谓至文。"[③] 张栻对"文"的理解不仅仅是"言语之工、诵读之博"，而且赋予了理学的"内以治身""外以用天下"之意。这个转变，为日后形成"深远与平实相结合"的思想特征奠定了一定的基础。南宋后期，"文辞"蔚然成风，士大夫耽于其中而昧于明道，张栻对此进行了整顿和纠偏，在一定意义上起到了扭转学风的作用。

三 问师胡宏

胡宏（1105—1161），字仁仲，宋建宁崇安（今福建武夷山）人，因避战乱随父迁徙至湖南，长期优游南岳五峰（祝融、天柱、芙蓉、紫盖、石廪）山，潜心儒学，授徒讲论，学者称其为"五峰先生"。胡宏一生无意仕途，"优游南山之下余二十年，玩心神明，不舍昼夜，力行所知，亲切至到"[④]。在南宋理学派别林立、学术争鸣的时代，胡宏鲜明地提出了以性为万物之本根的观点："性，天下之大本也"[⑤]，"性也者，天地之所以立也"[⑥]，为性赋予本体意义和宇宙意义，这是其思想的一个创造。同

[①] 史尧弼在给张栻的书信中说："今岁来绵竹，五收所惠书，三得所著文，眷眷于我厚甚，累年别来无如此慰满也。""三得所著文"说明张栻青少年时对文章之学的喜爱。

[②] 史尧弼：《与张丞相子钦夫》，《莲峰集》卷十，四库全书集部第1165册，第771页。

[③] 该文作于绍兴二十四年（1154），南轩二十二岁，详见杨世文、王蓉贵辑补《南轩集补遗》，《张栻全集》，长春出版社1999年版，第1172页。

[④] 张栻：《胡子知言序》，《张栻全集》，长春出版社1999年版，第755页。

[⑤] 朱熹：《胡子知言疑义》，《朱熹集》卷七十三，四川教育出版社1996年版，第3858页。

[⑥] 同上书，第3862页。

时，胡宏提出察识良心苗裔的为学工夫："齐王见牛而不忍杀，此良心之苗裔，因利欲之间而见者也。一有见焉，操而存之，存而养之，养而充之，以至于大，大而不已，与天同矣。此心在人，其发见之端不同，要在识之而已。"① 因利欲之间发现良心之苗裔，即先察识后涵养的工夫论，此种方法被朱熹列为《知言疑义》的"八端"之一。另外，胡宏对理欲关系亦进行了新的思考，进而提出："天理人欲，同体而异用，同行而异情。"② 不仅缓解了天理和人欲的紧张和对立，而且贯通了二者之间的内在联系。胡宏是一代名儒，从学杨时，又有很多自己的体悟和创造。全祖望曾说"绍兴诸儒所造莫出五峰之上"③，牟宗三判其思想为儒家之正宗④，皆在不同程度上说明了胡宏思想的成就和影响。

绍兴三十一年（1161，张栻二十九岁）春，张栻禀父命，从胡宏问河南程氏学，拜师于文定公书堂："仆自惟念，妄意于斯道有年矣，始时闻五峰胡先生之名，见其话言而心服之，时时以书质疑求益。辛巳之岁，方获拜之于文定公书堂。先生顾其愚而诲之，所以长善救失，盖有在言语之外者。"⑤ 自述中，张栻道出了拜师的曲折历程：时时以书求教，但辛巳之岁才拜师胡宏门下。《宋元学案》载："初，南轩见先生，先生辞以疾。他日，见孙正孺而告之，孙道五峰之言曰：'渠家好佛，宏见他说甚！'南轩方悟不见之因，于是再谒之，语甚相契，遂授业焉。"⑥ 起初，由于张栻家学中有佛学背景，所以胡宏拒见。但张栻心诚语契，后经孙正孺引见，方得以授业胡宏门下。魏了翁亦言："南轩先生受学于五峰，胡子久而后得见，犹未与之言也。泣涕而请，仅令思忠、清未得为仁之理，盖往返数四而后予之。"⑦ "往返数四"不一定是实指，但至少说明张栻拜师的经历比较坎坷，多次往见胡宏，胡宏发现其"不可以浅局量"，才终

---

① 朱熹：《胡子知言疑义》，《朱熹集》卷七十三，四川教育出版社1996年版，第3865页。
② 同上书，第3859页。
③ 黄宗羲：《五峰学案》，《宋元学案》卷四十二，中华书局1986年版，第1366页。
④ 参见牟宗三《心体与性体》（上）第一章第四节"宋、明儒之分系"，上海古籍出版社1999年版，第47页。
⑤ 张栻：《答陈平甫》，《张栻全集》，长春出版社1999年版，第910页。
⑥ 黄宗羲：《五峰学案》，《宋元学案》卷四十二，中华书局1986年版，第1383页。
⑦ 魏了翁：《跋南轩所与李季允帖》，《鹤山先生大全文集》卷六十一，商务印书馆2006年版，第500页。

于在绍兴三十一年将张栻正式收入门下。拜师成功后,"宣公欣然归,与人曰:'如拔除九泉之下,而升之九霄之上。'"① 胡宏则"一见知其大器,即以所闻孔门论仁亲切之指告之"②,同时在给门人的信中称赞道:"敬夫特访陋居,一见真如故交,言气契合,天下之英也。见其胸中甚正且大,日进不息,不可以浅局量也。河南之门,有人继起,幸甚!幸甚!"③ 张栻受业以后,益自奋励,蚤夜观省,日进不息。对于胡宏给他的指教与鼓励,张栻自己曾说:"某向者受五峰先生之教,浃于心腹,佩之终身,而先生所造精微,立言深切,亦岂能尽窥其藩?"④ 遗憾的是,张栻受业时间不长,而五峰病殁,"仅得一再见耳,而先生没",张栻自己也非常痛惜地慨叹道:"某所恨在先生门阑之日甚少,兹焉不得以所疑从容质扣于前,追怅何极!"⑤

张栻虽然师事胡宏的时间不长,但胡宏的思想却对他产生了很大的影响。黄宗羲称:"南轩受教于五峰之日浅,然自一闻五峰之说,即默体实践,孜孜勿释;又其天资明敏,其所见解,初不历阶级而得之。五峰之门,得南轩而有耀。"⑥ 张栻吸收了胡宏的性本论,也认为"性"是具有本体意义和宇宙意义的一个范畴;同时,吸收了胡宏的"察识良心之苗裔"的为学工夫,他早期主张"察识端倪说"便是对胡宏为学方法的坚守;另外,张栻的人性论、理欲观等都不同程度地具有胡宏思想影响的痕迹。张栻思想与胡宏思想的内在联系在其为五峰《知言》所作序中可窥见一斑:"析太极精微之蕴,穷皇王制作之端,综事务于一源,贯古今于一息,指人欲之偏以见天理之全,即形而下者而发无声无臭之妙,使学者验端倪之不远,而造高深之无极。体用该备,可举而行。"⑦ 因此朱熹说:"敬夫说本出胡氏。胡氏之说,惟敬夫独得之,其余门人皆不晓,但云当

---

① 刘壎:《南轩契合》,《隐居通议》卷三,四库全书子部第 866 册,第 28 页。
② 朱熹:《右文殿修撰张公神道碑》,《朱熹集》卷八十九,四川教育出版社 1996 年版,第 4545 页。
③ 胡宏:《与孙正孺书》,《胡宏集》,中华书局 1987 年版,第 147 页。
④ 张栻:《答舒秀才周臣》,《张栻全集》,长春出版社 1999 年版,第 929 页。
⑤ 张栻:《答胡伯逢》,《张栻全集》,长春出版社 1999 年版,第 899 页。
⑥ 黄宗羲:《南轩学案》,《宋元学案》卷五十,中华书局 1986 年版,第 1635 页。
⑦ 张栻:《胡子知言序》,《张栻全集》,长春出版社 1999 年版,第 755 页。

守师之说。"① 朱熹此言不仅说明了张栻对胡宏思想的继承和坚守,同时表明了张栻对胡宏思想的发展和创新。可以说,朱熹的评价是比较中肯的。

---

① 黎靖德编:《朱子语类》卷一百三,中华书局1994年版,第2606页。

第二章　太极一元的本体论

本体论主要探究宇宙万物之起源及其发展变化之终极根据。本体论在一个思想家的思想体系中占据关键地位，起决定作用，具有重要意义，决定一个思想家其他方面之思想的发展向度。本体论是任何一个哲学家、思想家都不能回避的重要问题，古今中外的哲学家、思想家都在思考、追问该问题。在中国思想史上，尤其在宋明理学时期，对本体论的探究成为一个鲜明的特色，各思想家、各学术派别都在追问和探讨这一问题。周敦颐以太极为万物的本根，朱熹将"理"规定为万物的根源，胡宏认为性立天下之大本，陆九渊直言吾心便是宇宙，等等，不一而足，可以说，有宋一代，各家殊唱本体论。在此问题上，张栻则直承周敦颐，将太极作为宇宙万物的生化之根，并以太极为始基，以理、性、心为太极的不同转换使用形式，建构了极为缜密的太极一元本体论。

第一节　太极本体论

"太极"是中国历史上最古老、最重要的范畴之一，《易》云："易有太极，是生两仪，两仪生四象，四象生八卦。"此后，"太极"就一直被后世的文人学者所重视，并不断地解读和演绎。汉儒以"气"说太极，郑玄曰："极中之道，淳和未分之气也。"[①] 晋代韩康伯则以"无"解太极："夫有必始于无，故太极生两仪也。太极者，无称之称，不可得而名，取有之所极，况之太极者也。"[②] 唐代孔颖达曰："太极，天地未分之

---

① 郑玄：《郑氏周易注》卷下，中华书局1985年版，第51页。
② 孔颖达：《周易正义》卷七，中华书局1991年版，第82页。

第二章　太极一元的本体论

前，元气混而为一，即是太初、太一也。故老子云道生一，此即太极是也。"① 可见，太极的发展经历了以气定质、以无定性、以有定实的过程。到了宋代，理学鼻祖周敦颐对太极进行了精致的论述："无极而太极，太极动而生阳，动极而静，静而生阴，静极复动。一动一静，互为其根。分阴分阳，两仪立焉。阳变阴合，而生水火木金土。五气顺布，四时行焉。五行一阴阳也，阴阳一太极也，太极本无极也。"② 太极既是万物存在的根源，又是万物大化流行之几，是故太极既存有又活动。存有说明其是超越的先验本体，活动说明其具有生化功能。正因为太极具有生化功能，才为主体之行为与活动提供了道德源泉和价值依据。周敦颐在进一步申论时，又提出了"诚"："诚者，圣人之本，'大哉乾元，万物资始'，诚之源也；'乾道变化，各正性命'，诚斯立焉。纯粹至善者也。故曰：'一阴一阳之谓道，继之者善也，诚之者性也。''元亨'，诚之通，'利贞'，诚之复。大哉《易》也，性命之源乎！"③ 诚是太极之体性，是天道之流行，天道以生化为内容，生生不已便是天道之流行，故《中庸》曰："诚者，天之道，诚之者，人之道。"天之道即自然而又如实之道，诚为生化之源，天地本性，人人具有，惟人不能直下上贯此诚体，而需修养工夫以复之，故属人之道。而经由修养工夫以复之，即"诚之"。天之道以诚为体，人之道以诚为工夫。故曰"自诚明谓之性，自明诚谓之教"，"乾道变化"只不过是一诚体之流行，此是儒家智慧之根源。诚是道德自觉之豁醒、道德主体之挺立的标志，进而人生自作主宰，并将人之生命润化为宇宙之生命，宇宙之生命内化为人之生命。借太极引人道，从本源论下开成德论，以工夫论上贯本体论，从而实现了天道与人道的圆融统一。可见，周敦颐对天道本体有真正的契悟，从天道性命的高度言"太极"的生化不已，从人道践履的向度论"诚"的修为体证，从而实现了人道与天道的贯通和圆融。

尽管周敦颐默契道妙，以太极说本体，以诚论工夫，但上贯与下开未免不足，或曰周子只简练大要地勾勒了太极生化的钢骨，至于太极的性

---

① 孔颖达：《周易正义》卷七，中华书局1991年版，第82页。
② 周敦颐：《太极图说》，《元公周先生濂溪集》卷一，书目文献出版社1998年版，第26页。
③ 《周敦颐集·通书》，中华书局1990年版，第13页。

状、太极与无极的关系等并未详细深入地展开。张栻首先肯定了周敦颐了不起的贡献："惟先生崛起于千载之后，独得微旨于残编断简之中，推本太极，以及乎阴阳五行之流布，人物之所以生化，于是知人之为至灵，而性之为至善。"① 赞叹其"推本太极"："于惟先生，绝学是继，穷原太极，示我来世。"② 不惟如此，张栻精研周敦颐的著述，尤其是《太极图说》，认为："某尝考先生之学渊源精粹，实自得于其心，而其妙乃在太极一图。穷二气之所根，极万化之所行，而明主静之为本，以见圣人之所以立人极，而君子之所当修为者，由秦汉以来盖未有臻于斯也。"③ 同时，他还撰写了大量表彰周敦颐的文章。④ 尤为值得一提的是，张栻在肯定和推尊周敦颐的同时还吸收并发展了周敦颐的思想，接着周敦颐的太极本根论继续讲，并对太极进行了深入系统的探讨。

一 太极与无极之关系

"无极"是与太极最为密切的一个范畴，见于《老子》二十八章："常德不忒，复归于无极。"此处无极指的是一种玄妙深奥而又自然如如的状态，也是道德修养的最高的无为之境界。与"太极"一样，"无极"亦不断地被后世学者所演绎和解读。不同的学者站在不同的立场或角度对无极的理解也不尽相同；即便同一个学者在不同的语境下解读无极，其含义也有所不同。自周敦颐提出"无极而太极"这一划时代的命题之后，无极与太极便紧密地联结在一起，进而产生了千丝万缕的联系，二者之间的关系亦成为学者关注和讨论的焦点问题。

"无极而太极"一语是朱熹校定本《太极图说》首句原文，在当时的其他版本中，其首句与此不同，九江故家本首句为"无极而生太极"，洪迈宋史本首句为"自无极而为太极"。朱熹认为这两个版本有文字上之问

---

① 张栻：《南康军新立濂溪祠记》，《张栻全集》，长春出版社1999年版，第706页。
② 张栻：《三先生画像赞·濂溪先生》，《张栻全集》，长春出版社1999年版，第1050页。
③ 张栻：《濂溪周先生祠堂记》，《张栻全集》，长春出版社1999年版，第705页。
④ 张栻表彰和推尊周敦颐的著述有：《太极图解序》《太极图解后序》《永州州学周先生祠堂记》《道州重建濂溪祠堂记》《濂溪周先生祠堂记》《邵州复旧学记》《跋濂溪先生帖》《通书后跋》等。

第二章　太极一元的本体论

题，易产生歧义①，他根据延平本将首句校定为"无极而太极"，并对其进行了诠释②，体现了其理学的基本思想和观点。张栻同意朱熹校定的版本，但是在具体的理解方面，二人仍存在着一定的分歧。

张栻认为无极是绘太极之质，状太极之性，"此太极之体，至静也，冲漠无朕，而无不遍该"③。太极之性是至静、冲漠无朕、无不遍该，此即无极。换言之，无极即是至静、冲漠无朕、无不遍该，但无极并不等于至静、冲漠无朕、无不遍该，至静、冲漠无朕、无不遍该是无极质状之描述；无极远比至静、冲漠无朕、无不遍该深奥广袤得多，惟此，方可绘太极之质，状太极之体。但此体并非实体，而是虚体。因此，张栻认为无极与太极本是一事，非谓太极之外复有无极："所谓无极者，非谓太极之上复有所谓无极也。太极本无极，故谓之至静，而至静之中，万有森然，此天命之所以无穷，而至诚之所以无息也。"④ 张栻在回答彭龟年⑤问及"无极而太极"一语时说："此语只作一句玩味，无极而太极存焉，太极本无极也，若曰自无生有，则是析为二体矣。"⑥ "此语只作一句玩味"，是技巧之玩味，意境之玩味，意味着无极与太极是一而二、二而一的关

---

① 对于九江故家本，朱熹说："临汀杨方得九江故家传本，校此本不同者十有九处，然亦互有得失。其两条此本之误，当从九江本。其三条，九江本误，而当以此本为正。如太极说云：'无极而太极'，'而'下误多一'生'字。"（参阅朱熹《太极图通书后序》，《元公周先生濂溪集》卷四，书目文献出版社1998年版，第115页。）对于宋史本，朱熹说："此说本语首句但云'无极而太极'，今传所载，乃云'自无极而为太极'，不知其何所据而增此'自'、'为'二字也。夫以本文之意亲切浑明白如此，而浅见之士犹或妄有讥议，若增此字，其为前贤之累，启后学之疑，益以甚矣。谓当请而改之，而或者以为不可。"（参阅朱熹《记濂溪传》，《朱熹集》卷七十一，四川教育出版社1996年版，第3694—3695页。）

② "'无极而太极'，只是一句。如'冲漠无朕'，毕竟是上面无形象，然却实有此理。""'无极而太极'，只是无形而有理。周子恐人于太极之外更寻太极，故以无极言之。既谓之无极，则不可以有底道理强搜寻也。""'无极而太极'，不是太极之外别有无极，无中自有此理。又不可将无极便做太极。'无极而太极'，此'而'字轻，无次序故也。"（黎靖德编：《朱子语类》卷九十四，中华书局1994年版，第2365、2366、2367页。）

③ 张栻：《太极解义》，转引自《元公周先生濂溪集》卷三，书目文献出版社1998年版，第70页。

④ 同上。

⑤ 彭龟年（1142—1206），字子寿，号止堂，胡宏门人。江西清江人，《宋史》有传，著有《止堂集》十八卷。

⑥ 张栻：《答彭子寿》第2书，《张栻全集》，长春出版社199年版，第982页。

系，并非二分两体之关系。

张栻进一步援引道家思想解读"无极而太极"，认为此语相当于道家的"无为之为"。此观点见于朱熹给陆九渊的书信："无极而太极，犹曰'莫之为而为，莫之致而至'，又如曰'无为之为'，皆语势之当然，非谓别有一物也（自注：向见钦夫有此说，尝疑其赘。今乃正使得著，方知钦夫之虑远也）。"[①] 朱熹在与陆九渊讨论无极与太极的关系时曾转录张栻"无为之为"来支撑自己的阐释和论述，并认为此语足见南轩之"虑远"。"无为之为"不是"无为"，归根到底还是"为"，问题是如何"为"？以"无为"的方式去"为"；"无为之为"虽然是"为"，但是并不等于"为"，二者之含义、深刻程度都不一样。如此，无极和太极的关系便更加明了，无极仅是太极之修饰语，说明太极之性状，并非太极之上另有一实然之存有。太极则必有无极，惟此方可穷尽太极之超越性。正如吴康先生所言："太极即绝对，即宇宙之本体或第一原理，亦即最高之命。此绝对或本体亦第一原理，为周遍，为遍在，而不可指言为某一物，某一事，故亦曰无极。"[②]

张栻对无极与太极关系的诠释，不仅有机地统一了无极与太极，使"无"与"有"完美地结合起来，而且凸显了其理学观点和基本思想。"无极而太极"使太极不沦于虚无，"太极本无极"使太极不定于实有，如此，本源更具有形上性和超越性。这样，既肯定了儒家伦理道德的存在及其合理性，又使儒家伦理道德的存在有了宇宙论和本体论上的根据，道德之存在既是必然又是当然便是情理之中了。另外，张栻的诠释与解读，不仅使无极与太极的关系更加明确和清晰，客观上也扩大了周敦颐在当时的影响。更为重要的是，对该问题的探讨，不是简单的分与合，也不是单纯地厘清太极与无极，更不是头上安头，它展示了人类探寻宇宙万物本原奥义的智慧，以及宋儒为儒家伦理道德追寻宇宙论和本体论根据的精神。

---

① 朱熹：《答陆子静》第11书，《朱熹集》卷三十六，四川教育出版社1996年版，第1577页。据陈来《朱子书信编年考证》，朱子此书作于淳熙十六年（1189，己酉）。但徐居父所录朱子语录云："问：南轩说'无极而太极'，言'莫之为而为之'，如何？曰：'他说差。'道理不可将初见便把做定。"（黎靖德编：《朱子语类》卷九十四，中华书局1994年版，第2369页。）此文盖由徐居父录于淳熙十六年以前。

② 吴康：《宋明理学》，华国出版社1955年版，第39页。

二 太极是万物之本根

在宇宙万物的起源问题上，张栻规定太极是天地万物的生化之根，天地万物皆由太极所生发："太极混沦，生化之根，阖辟二气，枢纽群动，惟物由乎其间而莫之知，惟人则能知之矣。"① "太极动而二气形，二气形而万物化生，人与物俱本乎此者也。"② "盖何莫而不由于太极，何莫而不具于太极，是其本之一也。然有太极，则有二气五行氤氲交感其变不齐，故其发见于人物者，其气禀各异，而有万之不同也。虽有万之不同而其本之一者，亦未尝不各具于气禀之内。"③ 根据录引文献，我们可以看出，太极不仅是万物产生的根据，而且是万物变化发展的根源。为更好地说明万物之产生、发展、变化，张栻简练地勾画了一幅宇宙生成图："夫万物本乎五行，五行本乎阴阳，阴阳本乎太极，而太极本无极也。则原始之义其趣味，岂有穷始乎？始终一理也。"④ 即万物←五行←阴阳←太极（无极）。显然，此图源于周敦颐，值得注意的是，此图的最后一个环节，即太极与无极的关系并非太极←无极。如前文所述，张栻认为无极与太极本是一事，无极绘太极之质，状太极之性，太极本无极是为了说明宇宙本原不具有任何规定性，强化本原的形上性和超越性。

张栻坚持无极与太极的统一，坚持无与有的统一，认为有中有无，无中有有，有无不两分，因此在道器关系上，他反对道器分离，而曰道不离器，器不离道："道也者，不可须臾离也，可离非道也。道无往而不存。《遗书》中所谓道外无物，物外无道，即父子而父子在所亲，即君臣而君臣在所敬是也，如何离得？"⑤ 张栻在坚持有无统一、道器不离的同时，对道家的"有无相生"之观点和佛教的"离物谈道"的主张进行了批判："道不离形，特形而上者也，器异于道，以形而下者也。试以天地论之，阴阳者形而上者也，至于穹窿磅礴者乃形而下者欤，离形以求道，则失之

---

① 张栻：《扩斋记》，《张栻全集》，长春出版社1999年版，第722页。
② 张栻：《存斋记》，《张栻全集》，长春出版社1999年版，第719页。
③ 张栻：《孟子说·告子上》，《张栻全集》，长春出版社1999年版，第427页。
④ 张栻：《太极解义》，转引自《元公周先生濂溪集》卷三，书目文献出版社1998年版，第73页。
⑤ 张栻：《答吴晦叔》第3书，《张栻全集》，长春出版社1999年版，第824页。

恍惚不可为象，此老庄所谓道也，非《易》之所谓道也。《易》之论道器，特以一形上下而言之也。"① 他认为老庄之道玄妙缥缈无法言说，缺乏形而下的具体的东西。而佛教的离物谈道则将道物分离，陷于臆度冥想："逐影而迷真，凭虚而含实，拔本披根，自谓直指人心，而初未尝识心也。"② 值得一提的是，张栻在论述道器（有无）不两分时，特以形而上、下言之，"形而上曰道，形而下曰器，而道与器非异体也"③。"形而上者之道，托于器而后行；形而下者之器，得其道而无弊。圣人悟《易》于心，觉《易》于性，在道不泥于无，在器不堕于有，微妙并观，有无一致。故化而裁之者明于道器，穷而能变也；推而行之者察乎道器，变而能通也。"④ 形而上者本于太极，形而下者亦本于太极，如果将形而上与形而下分离，其弊将无穷："形而上者与形而下者不相管属，其为弊盖有不胜言矣。"⑤ 张栻引入形而上、形而下之概念，不仅说明了有无的差异性，同时亦表明道器的统一性。究根而论，是申论无极与太极的统一性，形而上本于太极，形而下源于太极，太极是天地万物统一的根据。形而上、形而下是方便权说，开权显实，旨在论述太极本体的超越性和统一性。这是张栻阐述本体论的技巧，亦是其思想的最大特色，并决定了其工夫论及知行观等相关思想。

三 太极既超越又内在

张栻认为太极不仅具有太极之理，而且具有之所以为太极之理，换言之，太极不仅是存有，而且是生化之真几，具有流行之实，因此，太极既为超越的本体，又具有流行万化的功用，是故即存有即活动⑥，即体即用：

---

① 张栻：《南轩易说》卷一，《张栻全集》，长春出版社1999年版，第16页。
② 张栻：《答陈择之》，《张栻全集》，长春出版社1999年版，第904页。
③ 张栻：《论语解·子罕篇》，《张栻全集》，长春出版社1999年版，第138页。
④ 张栻：《南轩易说》卷一，《张栻全集》，长春出版社1999年版，第17页。
⑤ 张栻：《论语解·子张篇》，《张栻全集》，长春出版社1999年版，第231页。
⑥ "即存有即活动"，此处笔者借用牟宗三之语，参见《心体与性体》（上），上海古籍出版社1999年版，第354页。

第二章　太极一元的本体论

太极本无极，故谓之至静，而至静之中，万有森然，此天命之所以无穷，而至诚之所以无息也。①

然太极不能不动。动极而静，静极复动，此静对动者也。有动静，则有形器。故动则生阳，静则生阴，一动一静，互为其根。盖动则有静，而静所以有动也，非动之能生静，静之能生动也。动静者，两仪之性情；而阴阳者，两仪之质也。分阴分阳，两仪立矣。有一则有两，一立则两见矣，两故所以为一之用也；一不可见，则两之用或几乎息矣。②

太极所以形性之妙也，性不能不动，太极所以明动静之蕴也。极乃枢极之义，圣人于易特名"太极"二字，盖示人以根抵，其意微矣。若只曰"性"，而不曰"太极"，则只去未发上认之，不见功用；曰"太极"，则性之妙都见矣。体用一源，显微无间，其太极之蕴欤！③

从以上所录原典中可以看出，张栻认为太极即体即用，体用合一。就体而说发用流行，流而不流，行而不行，故曰无流相无行相也。惟其生生不已地流行，因此天地万象是其於穆不已之呈现，故曰有流相有行相，此乃气之流行。可见，张栻对太极之契悟不仅符合太极之本义，亦直贯儒家生命之发展方向。周敦颐曾在《通书·动静》章云："动而无静，静而无动，物也。动而无动，静而无静，神也。动而无动，静而无静，非不动不静。物则不通，神妙万物。"④ 南轩深契濂溪之妙意，认为"太极不能不动"，而其体"至静"，即太极静而无静，动而无动。静而无静，则既静又动，动而无动，则既动又静，此非不动不静，故曰"太极所以明动静之蕴也"。换言之，太极不仅是宇宙生化的本根，同时也是天地万物活动的根源，因此太极既是体又是用，体用合一："体用一源，显微无间，其太极之蕴欤！"而"体用一源"也凸显了太极的妙义精蕴："易有太极而体用一

---

① 张栻：《太极解义》，转引自《元公周先生濂溪集》卷三，书目文献出版社1998年版，第71页。
② 同上。
③ 张栻：《答吴晦叔》第1书，《张栻全集》，长春出版社1999年版，第822页。
④ 周敦颐：《周敦颐集》，中华书局1990年版，第27页。

源可见矣。"① 有体故超越，有用才内在，因此太极既超越又内在。

我们再看朱熹的理解："'五行一阴阳也，阴阳一太极也，太极本无极也。'此当思无有阴阳而无太极底时节。若以为止是阴阳，阴阳却是形而下者；若只专以理言，则太极又不曾与阴阳相离。正当沉潜玩索，将图象意思抽开细看，又复合而观之。某解此云：'非有离乎阴阳也；即阴阳而指其本体，不杂乎阴阳而为言也。'此句自有三节意思，更宜深考。《通书》云：'静而无动，动而无静，物也。动而无动，静而无静，神也。'当即此兼看之。"② 有阴阳便有太极，而太极亦不离乎阴阳，阴阳与太极两者不离不杂，故曰"兼看"；"静而无动，动而无静，物也。动而无动，静而无静，神也"，细案其语脉，即有阴阳才有太极，才有动静；无阴阳，其他则无从谈起。"兼看"，实际上是兼看阴阳与太极，兼看已经表明了阴阳与太极的分离，从而太极仅仅是理，对于动而言便有动之理，对于静而言便有静之理，其本身不具有流行之义，亦没有动静之实，故其体用分离。

太极即体即用，故而张栻强调体用并举："有体必有用，太极之动，始而亨也。动极而静，利而贞也。动静之端立，则阴阳之形著矣。一动一静，互为其根，动为静之根，而静复为动之根。非动之能生静，静之能生动。动而静，静而动，两端相感，太极之道然也。故曰一阖一辟谓之变，往来不穷为之通。语其体，则无极而太极，冥漠无朕，而动静阴阳之理无不具于其中。循其用，则动静之为阴阳者，阖辟往来变化万物，而太极之体各全其形器之内，此易之所以为易也。"③ 此语乃是对《太极图说》中"太极动而生阳，动极而静，静而生阴。静极复动。一动一静，互为其根；分阴分阳，两仪立焉"之诠释。此段释文乃明版的张栻《太极解义》，与宋版的张栻《太极解义》在文字上有一定的出入，但对太极的理解上并无二致。有体必有用，张栻从体和用两个方面言太极，既要"语其体"，又要"循其用"，如此方能全尽太极之义。

朱熹对太极之理解与张栻不同，从其与弟子之答问中更见明了，（弟

---

① 张栻：《答吴晦叔》第5书，《张栻全集》，长春出版社1999年版，第825页。
② 黎靖德编：《朱子语类》卷九十四，中华书局1994年版，第2368页。
③ 真德秀：《西山读书记》卷一，四库全书子部第705册，第48页。

子）问："动静，是太极动静？是阴阳动静？"（朱熹）曰："是理动静。"问："如此，则太极有模样？"曰："无。"问："南轩云'太极之体至静'，如何？"曰："不是。"问："又云'所谓至静者，贯乎已发未发而言'，如何？"曰："如此，则却成一不正当尖斜太极！"① 可见，朱熹不仅明确反对张栻的观点，并且对张栻的观点提出了委婉的批评。实际上，两人对太极的理解存在着一定的分歧，而且曾就太极问题进行过深刻的交流和激烈的讨论（此待后文详述）。

综上所述，张栻论太极与朱熹不同，朱熹认为太极只是理，因此太极寂而非感，只超越不内在，只是一超越的本体，不具有内在之功用。张栻认为太极既是理，又具有理之几，因此太极既寂又感，既超越又内在；既是超越的本体，同时具有内在之功用。朱熹对太极的认识只是从本体论层面上赋之以存有义，而却抽调了其深厚丰富的创生义。张栻对太极之理解既在本体论层面上赋之以存有义，同时又在本体层面上赋之以创生义。二人对太极体会与理解的不同，我们要注意区分和甄别，此既是对先贤的尊重，亦是对学术的负责，也是学术研究的重点所在。

第二节 太极的不同转换使用形式——理、性、心

张栻不仅将太极规定为具有本体意义和宇宙意义之范畴，同时认为理、性、心等范畴亦具有本体意义和宇宙意义。这样，在本体论上，张栻便提出了太极、理、性、心等一系列范畴，由此导致很多学者认为张栻的本体论思想比较驳杂。实际上，张栻之所以提出一系列本体意义和宇宙意义之范畴，其旨在构建极为缜密的太极本体论。由此，理、性、心等范畴便成为太极在不同场合下的不同使用转换形式。

一 理是万物之所以然

张栻以太极说明天地万物存在的根据，紧接着便以"理"说明这种根据的所以然："事事物物，皆有所以然。其所以然者，天之理也。"② 即

---

① 黎靖德编：《朱子语类》卷九十四，中华书局1994年版，第2375页。
② 张栻：《孟子说·告子上》，《张栻全集》，长春出版社1999年版，第442页。

理是说明事物"所以然"的问题。知其然,更要知其所以然,否则不可能达到对事物之深刻认识,"天下之事,莫不有所以然,不知其然而作焉,皆妄而已"①。而且这种"所以然"之理,是天之理,"所谓天者,理而已"。如言太极是说明天地万物是什么的问题,理则是说明天地万物为什么的问题。那么理与太极之关系又是如何呢?

太极是理,在张栻思想中是不成问题的,但是太极并不等于理。太极是最抽象、最绝对的范畴,理则是进一步诠释太极的一个范畴,其超越程度与抽象程度不及太极深刻,在此,张栻借用"理一分殊"来说明理与太极之密切关系:"理一而分殊者,圣人之道也。盖究其所本,则固原于一,而循其所推,则不得不殊。"②"其所以为万殊者,固统乎一,而所谓一者,未尝不各完具于万殊之中也。"③张栻认为太极是万物存在的根据,是万物存在之理底,理是万物存在之规则,是万物存在之理表;"统乎一""原于一"之"一"即太极,也就是说统于太极、原于太极。太极乃万物所本,故为总理,"循其所推"即循太极所推,则为殊,此殊即多,实为分理。太极之中有万理,万理之中具太极,太极是理于天地万物之内则,理是太极于天地万物上之呈现,实际上二者之间的关系是太极一而理殊,是一与多之关系。

理不仅是天地万物之理,亦是人道伦常之理,在理学家看来,后者往往是理之重要内容,是理之于人的表现形式,是一种道德原则:"所谓礼者,天之理也,以其有序而不可过,故谓之礼。"④"盖三纲五常,人之类所赖以生,而国之所以为国者也,上无礼则失是理矣。"⑤张栻将礼视为理,视为天之理,"礼者,理也"⑥,把儒家伦理道德合情合理地上升到天的高度,从而为儒家伦理道德确立了宇宙论和本体论的根据,并进一步对其作了宇宙论和本体论的精辟论证:"天地奠位,而人生乎其中。其所以为人之道者,以其有父子之亲,长幼之序,夫妇之别,而又有君臣之义,

---

① 张栻:《论语解·述而篇》,《张栻全集》,长春出版社1999年版,第125页。
② 张栻:《孟子说·尽心上》,《张栻全集》,长春出版社1999年版,第492页。
③ 同上书,第480页。
④ 黄宗羲:《南轩学案》,《宋元学案》卷五十,中华书局1986年版,第1618页。
⑤ 张栻:《孟子说·离娄上》,《张栻全集》,长春出版社1999年版,第347页。
⑥ 张栻:《论语解·八佾篇》,《张栻全集》,长春出版社1999年版,第83页。

朋友之交也。是五者，天下所命，而非人之所能为。"①

众所周知，在朱熹思想体系中，理是具有绝对本体意义的范畴："未有天地之先，毕竟也只是理。有此理，便有此天地；若无此理，便亦无天地，无人无物，都无该载了！有理，便有气流行，发育万物。"② 显然，朱熹认为理先天地而本然地存在，是宇宙万物存在的本源，是属于形而上的本体："理形而上者，气形而下者。自形而上下言，岂无先后！理无形，气便粗，有渣滓。"③ 而且理是永恒不变的，"要之，也先有理，只不可说是今日有是理，明日却有是气；也须有先后。且如万一山河大地都陷了，毕竟理却只在这里"④。此处之"有先后"，非是理先气后之意，而是说理具有先在性，它不以气为对待。或曰理先气后只是方便说教，目的是说明理的绝对性和先验性。但如若承认理先气后之说，不仅不足以说明理的先验性和超越性，而且理之先验性和超越性亦有所减杀。是故，对于"理先气后"的问题，朱熹答曰"不消如此说"，"理与气本无先后之可言"⑤。

张栻之理亦具有永恒性和先验性，他说"世有先后，理无古今"⑥，"世有今古，而理之所在，不可易也"⑦。理虽然具有永恒性和先验性，但在思想体系中，理却不是一个终极范畴，只是天道之一部分。换言之，张栻之理仅仅是万物之所以然，非万物之所必然，不是天道之全部，故曰理是事物之所以然；而朱熹之理既具涉万物之所以然，又具涉万物之所必然，是天道之全部，故曰有此理才能有万物，有此理必然有万物。质言之，理在朱熹思想体系中和在张栻思想体系中的地位是不同的。在张栻思

---

① 张栻：《困范序》，《张栻全集》，长春出版社1999年版，第749页。
② 黎靖德编：《朱子语类》卷一，中华书局1994年版，第1页。
③ 同上书，第3页。
④ 同上书，第4页。
⑤ 或问："先有理后有气之说。"曰："不消如此说。而今知得他合下是先有理，后有气邪；后有理，先有气邪？皆不可得而推究。然以意度之，则疑此气是依傍这理行。及此气之聚，则理亦在焉。盖气则能凝结造作，理却无情意，无计度，无造作。只此气凝聚处，理便在其中。……但有此气，则理便在其中。"或问："理在先，气在后。"曰："理与气本无先后之可言。但推上去时，却如理在先，气在后相似。"（黎靖德编：《朱子语类》卷一，中华书局1994年版，第3页。）
⑥ 张栻：《孟子说·万章下》，《张栻全集》，长春出版社1999年版，第423页。
⑦ 张栻：《孟子说·滕文公上》，《张栻全集》，长春出版社1999年版，第319页。

想体系里,太极是最高的终极范畴,理是太极之下的一个本体范畴,是太极的转换使用形式,理之超越意义和深刻程度都不及太极;在朱熹思想体系中,理是最高的终极范畴,是绝对的抽象本体,是存在的终极根源。

二 性是万物之本质

张栻继承了胡宏"万物皆性所有"的思想,把性同样看成是具有本体意义的哲学范畴:"盖物之气禀虽有偏,而性之本体则无偏也。观天下之物,就其形气中,其生理何尝有一毫不足者乎?此性之无乎不在也。"① 性不仅具有本体性,而且具有普遍性,是万物固有的内在规定性,是故有性才有物:"其赋是形以生者,盖以其具是性也"②,"有太极则有物,故性外无物;有物必有则,故物外无性"③。张栻对性的重视程度以及对性本体意义之规定,受胡宏之影响很大。湘学研究专家陈代湘教授说:"胡宏哲学的核心和基石是以性为宇宙万物的本体,在这一点上,张栻是毫不含糊地坚守师门之说,并加以发展,而与朱熹截然不同的。"④ 张栻从胡宏问学,继承了胡宏的性论,在坚守这一根本性原则的同时,他对性之理解与胡宏有所不同。在胡宏思想体系中,性是最高之概念,是宇宙万有之根源:"性,天下之大本也"⑤,"性也者,天地之所以立也"⑥。在张栻思想体系里,性是万物之本质,是描述万物质状的一个范畴,而万物之本质、万物之质状即是善:"原物之始,亦岂有不善者哉?其善者天地之性也。而孟子道性善,独归之人者何哉?盖人禀二气之正,而物则其繁气也。人之性善,非被命受生之后而其性旋有是善也。性本善,而人禀夫气之正,初不隔其全然者耳;若物则为气所昏而不能以自通也。"⑦ 天地万物的本质都是善的,只是由于物禀其浊气而自蔽不通,因此其善性无法彰显,也就是说,性本纯善,不善是后天形成的。性是天地万物之本质的终

---

① 张栻:《答胡伯逢》,《张栻全集》,长春出版社1999年版,第956页。
② 张栻:《思终堂记》,《张栻全集》,长春出版社1999年版,第739页。
③ 张栻:《孟子说·告子上》,《张栻全集》,长春出版社1999年版,第432页。
④ 陈代湘:《朱熹与张栻的思想异同》,《湖湘论坛》2010年第1期。
⑤ 朱熹:《胡子知言疑义》,《朱熹集》卷七十三,四川教育出版社1996年版,第3858页。
⑥ 同上书,第3862页。
⑦ 张栻:《存斋记》,《张栻全集》,长春出版社1999年版,第719页。

极概括，而天地万物的本质又都是善的，故曰性即善。或曰张栻之性是太极之下的一个概念，太极生化万物，性言万物之本质，而万物之本质即是善，是故善是先验的。

性善具有先验性，旨在为儒家道德伦理寻求和确立一种先天之根据，既然万物本质皆善，那么道德本善是必然的推理结论，进而可曰道德即善，张栻说："仁义者，性之所有而万善之宗也，人之为仁义，乃其性之本然，自亲亲而推之至于仁，不可胜用；自长长而推之至于义，不可胜用；皆顺其所素有，而非外取之也。若违乎仁义，则为失其性矣。……盖仁义性也，而曰以人性为仁义，则是性别为一物，以人为矫揉而为仁义，其失岂不甚乎？"① 仁义不仅为性必有之内容，而且是万善之宗主，性善是先天的，所以仁义亦是先天的善，也就是说道德是先天的善，因此，人们应当自觉遵守道德原则。故曰"以人为矫揉而为仁义，其失岂不甚乎？"仁义等道德伦理既是先验的存在，又是自然而然、合情合理的存在。这样，践履道德不仅意味着善性之展现，而且是"替天行道"。可见，张栻对性之规定与论证，不仅推助了人们遵守道德的自律意识，同时提高了人们践履道德之自觉性。把仁义等道德伦理上升到性之层次，上升到天之高度，这样道德秩序便成了宇宙秩序，由道德的向度对一切存在作本体论的说明和价值论的陈述，从而道德具有了先验性和普遍性。

朱熹亦论性，并且其性亦是具有本体意义的一个范畴，但是朱熹讲性与张栻不同。首先，性在二人思想体系中之地位不等，在朱熹的思想体系中，性即是理，而且也是善的："性即理也。当然之理，无有不善。"② "性只是此理。"③ 如前文所述，朱熹以理为最高范畴，同时又规定性即理，因此，性亦是最高之范畴；换言之，性是理在不同场合的使用转换形式。在张栻思想体系里，性只是宇宙万物本质的抽象概括，它是说明太极之性质的一个范畴，因此，性不是最高的范畴。其次，朱熹的"性"只是一个事实的实然陈述，不仅人有此性，枯槁亦有此性，事事物物皆有此性；这里的"有此性"，是指有此理，有此存在之理。张栻的"性"是一

---

① 张栻：《孟子说·告子上》，《张栻全集》，长春出版社1999年版，第425页。
② 黎靖德编：《朱子语类》卷五，中华书局1994年版，第67页。
③ 同上书，第83页。

个理想的价值描述，他也讲性遍及万物，非独人，包括无情物、有情物都具有性，但此处的"性"指天地万物的本质，天地万物的本性都是善，故性即是善。虽然朱熹讲性即理，认为性是善的，但他更侧重理善："性即理也。当然之理，无有不善。"最后，张栻的性具有妙化万物之创生义，是动态的、活泼泼的；而朱熹的性只是一个静态的、超越的预设。如前文所述，宋儒论性、论理，皆在为伦理道德寻找宇宙论和本体论的根据，旨在论述道德的至上性和先验性以及遵守道德的自律性和自觉性。张栻无疑成就了道德的自律性，而朱熹则成就了道德的他律性。

既然性同样具有本体意义，那么性与太极之关系又为何呢？对此，张栻进行了精辟的论证："太极所以形性之妙也，性不能不动，太极所以明动静之蕴也。"① 太极是客观的实然本体，性是描述太极之质状，是太极本体之当然呈现。由此太极与性便是"一而殊"之关系："论性之本，则一而已矣；而其流行发见、人物之所禀，有万之不同焉。盖何莫而不由于太极，何莫而不具于太极，是其本之一也。然有太极，则有二气五行氤氲交感其变不齐，故其发现于人物者，其气禀各异，而有万之不同也。虽有万之不同而其本之一者，亦未尝不各具于其气禀之内，故原其性之本一，而察其流行之各异；知其流行之各异，而本之一者，初未尝不完也，而后可与论性矣。"② 性之本即太极，而其发用流行则各具太极，此在人物即为性。此性因后天之流行发见而有差异，故为殊，需圣人立人极以作为社会之道德垂范，以此故，便可言太极即性："太极不可合言，太极，性也。惟圣人能尽其性，人极之所以立也。"③ 可见，性虽然是宇宙万物的共同本质，但具体到人物又有差异。太极与性，从理论的维度而言，是一与殊的关系；从现实的角度而言，是统一性与多样性的关系。也就是说，禀性之不同是人与物、人与人差异的理论根据。

张栻通过"性"这一范畴，上达天道，下贯人道。在天为太极，为理，在人则为性，尤其是太极与性的深刻而又微妙关系，既把太极这个纯粹宇宙论之概念牵拉至心性论，又将性之概念上升至宇宙论，充分反映了

---

① 张栻：《答吴晦叔》第1书，《张栻全集》，长春出版社1999年版，第822页。
② 张栻：《孟子说·告子上》，《张栻全集》，长春出版社1999年版，第427页。
③ 张栻：《答周允生》，《张栻全集》，长春出版社1999年版，第976页。

南宋理学从宇宙论和本体论向心性论之发展维度，这种发展趋势表明了理学重心的转移。这样，不仅完成了由天道至人道的自然过渡，而且确立了人道形而上的超越的根据，因此道德及其践行便具有了先验性和普遍性，人伦道德的价值意义和普世意义便彰显出来，也为人们践履道德行为的自觉性作了一个本原的而又应然的回答。这种回答，既是一个理性的回应，更是一个感性的召唤，充分体现了张栻等前贤美好善良的愿望和崇高至洁的理想。

三 心是万物之主宰

"心"是人道之核心范畴，是道德主体之挺立、道德意识之豁醒的真正标志，张栻对心之理解亦具有本体意义："夫人之心，天地之心也，其周流而该遍者，本体也。"① 心是万物之主宰，有"心"，万物存在的价值和意义才得以彰显，心以体物明理，故物不废理不紊："人为天地之心，盖万事具万理，万理在万物，而其妙著于人心。一物不体则一理息，一理息则一事废。一理之息，万理之紊也，一事之废，万事之隳也。心也者，贯万事、统万理而为万物之主宰者也。"② 因此，心是"万事之宗"③。张栻心宰万物的思想受胡宏之启发，胡宏言："心也者，知天地，宰万物，以成性者也。"④ 胡宏心性对举，而且在心性关系中，性是主导、是核心，心则辅助以成性。张栻吸收胡宏心之主宰义，但其重点关注心与物之关系，其中，心是主导、是核心，心以应物，尽心才能见理："心本虚，理则实，应事物，无辙迹，来不迎，去不留，彼万变，我日休。"⑤ 究其实，张栻这一观点是对大程子"只心便是天，尽之便知性，知性便知天，当处便认取，更不可外求"⑥思想的继承与发扬。"心"的提出，既是张栻思想发展的必然要求，亦是道德主体挺立之当然需要。有了"心"，人道

---

① 张栻：《桂阳军学记》，《张栻全集》，长春出版社1999年版，第685页。
② 张栻：《敬斋记》，《张栻全集》，长春出版社1999年版，第724页。
③ "事有其理而著于吾心。心也者，万事之宗也。"参见张栻《静江府学记》，《张栻全集》，长春出版社1999年版，第678页。
④ 朱熹：《知言疑义》，《朱熹集》卷七十三，四川教育出版社1996年版，第3858页。
⑤ 张栻：《虚舟斋铭》，《张栻全集》，长春出版社1999年版，第1043页。
⑥ 程颢、程颐：《河南程氏遗书》卷二，《二程集》，中华书局1981年版，第15页。

才有主宰，天道才有践履的可行性，天道与人道才能贯通圆融。张栻从天道逐步论述至人道，旨在开出道德主体，从而为道德实践寻求可能性和必然性，而心是道德主体挺立之标志、道德践履之必然主体。心与物之关系，即道德主体在万事万物上之呈现便是仁，从此种意义上说，心即仁，仁即心，"仁，人心也，率性立命，知天下而宰万物者也"①。"盖礼义本于天而著于人心。"② 实际上，张栻仁即心的思想源于孟子，孟子将仁视为人人具有的道德本心和良心，仁即恻隐之心，仁合未发之心（性）与已发之心（情）于一体。张栻继承了孟子这一观点，首先将心视为仁之体，并且此仁体即性即情，故即体即用。如前文所述，理学发展至南宋，便已将重心转移到心性论领域。张栻将心理解为仁，不仅将人的本质淋漓尽致地展现了出来，而且凸显了人们在现实生活中的价值理想。

尽管张栻讲心重心，但是与陆九渊③论心不同。陆九渊把心作为天地万物存在的终极根据，是最高之存有，是绝对最后之存在，"万物森然于方寸之间，满心而发，充塞宇宙，无非此理"④。"宇宙便是吾心，吾心即是宇宙。东海有圣人出焉，此心同也，此理同也；西海有圣人出焉，此心同也，此理同也；南海、北海有圣人出焉，此心同也，此理同也。千百世之上至千百世之下，有圣人出焉，此心此理亦莫不同也。"⑤ 张栻虽然也从本体的高度说心，但心却是太极之下的一个范畴，其超越程度和抽象程度都不及太极深刻，太极是最抽象的绝对范畴，是超越的终极存在。因此，象山与张栻虽然都引入"气"之范畴，但张栻之气是形而上、形而下之分际，心将形而上与形而下一体贯通："口、耳、目丽乎气，故有形者皆得其同，而心则宰之者也，形而上者也。"⑥ 也就是说，张栻以气说明形而上与形而下之区别，以心为形而上与形而下之间的内在联系。象山

---

① 张栻：《潭州重修岳麓书院记》，《张栻全集》，长春出版社1999年版，第693页。
② 张栻：《孟子说·离娄下》，《张栻全集》，长春出版社1999年版，第371页。
③ 陆九渊（1139—1193），字子静，学者称象山先生，江西金溪人。学无师承，自称读《孟子》有得。朱熹曾评价其思想说："陆子静之学，只管说一个'心'。本来是好底物事，上面著不得一个字，只是人被私欲遮了。若识得一个心了，万法流出，更都无许多事。"（黎靖德编：《朱子语类》卷一百二十四，中华书局1994年版，第2981页。)
④ 陆九渊：《语录上》，《陆九渊集》卷三十四，中华书局1980年版，第423页。
⑤ 陆九渊：《年谱》，《陆九渊集》卷三十六，中华书局1980年版，第483页。
⑥ 张栻：《孟子说·告子上》，《张栻全集》，长春出版社1999年版，第434页。

则以气阐说心之蒙尘与陷溺,当心陷于物欲而蔽于物欲时才有气禀之概念:"惟夫陷溺于物欲而不能自拔,则其所贵者类出于利欲,而良贵由是以浸微。"① 可见,象山以气说明心的游走和放失。简言之,在象山思想体系里,心通形而上与形而下,形而上与形而下一体直贯,心之蒙尘与陷溺才有气;在张栻思想体系中,心虽通形而上与形而下,但形而上与形而下是二而一、一而二,气是其中之分际。但是无论象山还是张栻,心与理都合而为一的:"心与理一,不待以己合彼,而其性之本然、万物之素备者皆得于此。"② 这种"一"是自然、自发之合一,其关键就在于心与理都属于形而上之范畴,都具有本体意义,是故无论是"心即理"③ 还是"心贯万事统万理",都将心与理视为一物,将天地万物乃至伦理道德直接诉之于心。

张栻论心又不同于朱熹,在朱熹思想体系里,心与理(性)并非一物。首先,理是天理,属形而上范畴,心是气,属形而下范畴;"心者,气之精爽"④。其次,理是先天地而存在,未有天地之前,已有此天地之理(性),但却不提心;再次,无情之物有性(理)而未有心,把心只限于人,限于有情之物,也就是说事物有性却未有心:"草木枯槁,则又并与其知觉者而亡焉,但其所以为是物之理则未尝不具耳。若如所谓才无生气便无此理,则是天下乃有无性之物,而理之在天下乃有空阙不满之处也,而可乎?"⑤ 以此心与理实为二物。当然此并非朱熹之本意,朱熹在主观上极力论证心与理的统一性⑥,但这种"统一"只是一指涉性的、象征性的统一,"一"只是认知论上的摄具之一。虽然张栻和朱熹都讲人心与道心,但张栻重在求放心,"'人心惟危,道心惟微',心岂有二乎哉?放之则人心之危无有极也。知其放而求之,则道心之微,岂外是哉?故贵

---

① 陆九渊:《天地之性人为贵论》,《陆九渊集》卷三十,中华书局1980年版,第347页。
② 张栻:《孟子说·尽心上》,《张栻全集》,长春出版社1999年版,第467页。
③ 陆九渊曰:"盖心,一心也;理,一理也。至当归一,精义无二,此心此理,实不容有二。"(《与曾宅之》,《陆九渊集》卷一,中华书局1980年版,第4页。)
④ 黎靖德编:《朱子语类》卷五,中华书局1994年版,第85页。
⑤ 朱熹:《答余方叔》,《朱熹集》卷五十九,四川教育出版社1996年版,第3066页。
⑥ 朱熹认为心与理本来贯通为一,故当弟子问:"心是知觉,性是理,心与理如何得贯通为一?"曰:"不须去著实通,本来贯通。"(黎靖德编:《朱子语类》卷五,中华书局1994年版,第85页。)

于精一之而已"①。朱熹则重视以道心主宰人心，强调人心与道心之对立："只是这一个心，知觉从耳目之欲上去，便是人心；知觉从义理上去，便是道心。人心则危而易陷，道心则微而难著。"②"必使道心常为一身之主而人心每听命焉，则危者安、微者著，而动静云为自无过不及之差矣。"③简言之，张栻言心，主观上更强调心之道德性（毫无疑问，张栻讲心亦具有认知作用）；朱熹论心，客观上更倾向于心之认知性④（虽然朱熹主观亦言心之道德作用）。在张栻之思想体系中，心与理之统一是在本体论上的当然之统一，是真正实现了统一；朱熹之心与理一是在认知论上的摄具之统一，实际上，心与理是析而为二。

有太极才有物，有物必有心，有心能识仁。否则物昧而不明；物昧而不明，则仁而无仁，太极之体便不立。"人之所以能知者，以其天地之心，太极之动，发见周流，备乎己也。然则心体不既广大矣乎？道义完具，事事物物无不该、无不遍者也。"⑤ 如言太极确立了道德及其主体行为的必然先天根据，那么心则论述了道德及其主体行为的当然现实根据，由此，践履道德的行为便具有了可行性。

综上所述，张栻提出了太极、理、性、心等一系列具有本体论意义和宇宙论意义的范畴，但是其本体程度和抽象程度是不同的。太极的本体程度和抽象程度最高，理、性、心是太极的不同转换使用形式，其本体程度和抽象程度逐渐减弱："理之自然，谓之天命，于人为性，主于性为心。天也、性也、心也，所取则异，而体则同。"⑥ 张栻通过太极、理、性、心等范畴层层精致地建构了非常缜密的太极本体论，太极是天地万物之必然，理是天地万物之所以然，性是天地万物之所当然，心以主宰言。这样就在本源处规定了天地万物生生不息的创发性，并克服了太极、理、性、心相分的倾向，确立了太极一元本体论。因此，张栻的太极本体论是其思

---

① 张栻：《孟子说·告子上》，《张栻全集》，长春出版社1999年版，第439页。
② 黎靖德编：《朱子语类》卷七十八，中华书局1994年版，第2009页。
③ 朱熹：《中庸章句序》，《朱熹集》卷七十二，四川教育出版社1996年版，第3994页。
④ 朱熹说："心者，人之所以主乎身者也，一而不二者也，为主而不为客者，命物而不命于物者也。"（《观心说》，《朱熹集》卷六十七，四川教育出版社1996年版，第3540页。）
⑤ 张栻：《扩斋记》，《张栻全集》，长春出版社1999年版，第722页。
⑥ 张栻：《孟子说·尽心上》，《张栻全集》，长春出版社1999年版，第464页。

想体系发展之必然需要，并不是为了调和程朱的理本论和陆王的心本论，也并非为标新立异，其思想虽近于程朱理本论或倾向于陆王心本论，但并不重要，意义也不大。重要的是张栻通过太极等范畴层层相递、环环相扣地建构了非常严密的太极一元本体论，从而实现了天道与人道的圆融贯通。究其实，张栻从《易传》入手，与《中庸》结合，论归《论语》《孟子》，继承并发展了周敦颐的观点，在本体论上绕过了胡宏而直承周敦颐视太极为宇宙本体的思想。

第三节　张栻与朱熹的太极之辩

张栻与朱熹都是南宋乾、淳时期著名的理学家、思想家，两人既是挚友，又是"同道"，学术交往长达十余年之久，曾就理学中的很多重要问题进行过探讨和交流，"太极"便是他们交流和辩论的主要问题之一。

一　论辩的由来及背景

张栻与朱熹的太极之辩在一定程度上是在二人对周敦颐思想的推崇尤其是对其《太极图说》重视的基础上而展开的。张栻撰写了大量表彰周敦颐的文章，如《永州州学周先生祠堂记》《道州重建濂溪周先生祠堂记》《濂溪周先生祠堂记》《邵州复旧学记》《跋濂溪先生帖》等文，在《南康军新立濂溪祠记》中他说："惟先生崛起于千载之后，独得微旨于残编断简之中，推本太极，以及乎阴阳五行之流布，人物之所以生化，于是知人之为至灵，而性之为至善。万理有其宗，万物循其则，举而措之，则可见先王之所以为治者，皆非私知之所出。孔孟之意，于以复明。"[①] 同时他深研周敦颐的《太极图说》，并给予了高度的肯定："某尝考先生之学渊源精粹，实自得于其心，而其妙在太极一图。穷二气之所根，极万化之所行，而明主静之为本，以见圣人之所以立人极而君子之所当修为者，由秦汉以来，盖未有臻于斯也。"[②] 除了撰写《太极图解序》《太极图解后序》外，张栻还撰写了《太极解义》。朱熹也撰写了很多推崇周敦

---

① 张栻：《南康军新立濂溪祠记》，《张栻全集》，长春出版社1999年版，第706页。
② 张栻：《濂溪周先生祠堂记》，《张栻全集》，长春出版社1999年版，第705页。

颐的记文，如《隆兴府学濂溪先生祠记》《韶州州学濂溪先生祠记》《邵州州学濂溪先生祠记》等，文中称："先生之精，立图以示，先生之蕴，因图以发，而其所谓无极而太极云者，又一图之纲领，所以明夫道之未始有物，而实为万物之根柢也。"① 而且他精研周敦颐的《太极图说》，认为："盖先生之学，其妙具于太极一图。《通书》之言，皆发此图之蕴，而程先生兄弟语及性命之际，亦未尝不因其说。观《通书》之〈诚〉、〈动静〉、〈理性命〉等章，及程氏书之〈李仲通铭〉、〈程邵公志〉、〈颜子好学论〉等篇，则可见矣。"② 除了撰写《周子太极通书后序》《再定周子太极通书后序》外，朱熹还撰写了《太极图解》《太极图说辩》《太极图说注后记》。张栻和朱熹都认为周敦颐是千载之后承续孔孟道统的继承者，张栻称："世之学者，为考论师友渊源，以孔孟之遗意复明于千载之下，实自先生发其端。"③ 朱熹云："有濂溪先生者作，然后天理明而道学之传复续。盖有以阐夫太极、阴阳、五行之奥，而天下之为中正仁义者，得以知其所自来。"④ 由此可见，张栻和朱熹对周敦颐不仅重视，而且非常推崇。

那么，张栻和朱熹为何如此推崇周敦颐？为何如此重视其《太极图说》？对此问题的考察，我们需简要交代一下当时的社会背景。宋代社会，经过隋唐佛教的冲击以及唐末五代十国的战乱，儒家伦理纲常遭到严重的冲击与破坏，孔孟道统坠地。承续孔孟道统，重整儒家伦理，为儒家伦理寻找和确立本体论上的根据，是摆在宋代儒者面前一项历史性的艰巨任务。理学开山祖周敦颐的《太极图说》，不仅精练地勾画了一幅宇宙生生不息的宏大图景，更为儒家道德伦理"立人极"。但是北宋诸儒对周敦颐及其《太极图说》都未引起足够的重视，张载、二程为回应佛教主要致力于儒家伦理的恢复与重建，忽略从宇宙论和本体论方面对儒家伦理的

---

① 朱熹：《邵州州学濂溪先生祠记》，《朱熹集》卷八十，四川教育教育出版社1996年版，第4142页。
② 朱熹：《周子太极通书后序》，《朱熹集》卷七十五，四川教育出版社1996年版，第3942页。
③ 张栻：《道州重建濂溪周先生祠堂记》，《张栻全集》，长春出版社1999年版，第698页。
④ 朱熹：《韶州州学濂溪先生祠记》，《朱熹集》卷七十九，四川教育出版社1996年版，第4105页。

探索与论证。迄及南宋，这项艰巨的历史任务落在了胡宏、张栻、朱熹等学者的肩上。胡宏、张栻、朱熹等学者以一种高度的自觉性和强烈的责任感担当起了时代使命，从宇宙论和本体论方面为儒家伦理进行了深入的探索和精致的论证，从而高度重视周敦颐及其《太极图说》并进行了广泛的讨论。他们一致认为周敦颐的《太极图说》为儒家伦理确立了先天的理论依据，但是，在对太极以及《太极图说》问题的具细理解上，二人却不免存在着分歧。

二 论辩的过程及观点

张栻与朱熹曾就太极问题进行过长期的研究和探讨，从隆兴二年（1164）朱熹得以与张栻"舟中三日款"，到乾道三年（1167）八月，朱熹亲赴长沙访问张栻，逗留两月有余，之后，张栻与朱熹书信不断。两人就太极、未发、已发等问题进行了深入的思考和激烈的争论。张栻在给朱熹的诗中云："遗经得抽绎，心事两绸缪。超然会太极，眼底无全牛。惟兹断金友，出处宁殊谋。南山对床语，匪为林壑幽。"① 朱熹复诗曰："昔我抱冰炭，从君识乾坤。始知太极蕴，要眇难名论。谓有宁有迹，谓无复何存？惟应酬酢处，特达见本根。"② 在诗中，两人精练地概括了讨论辩学的体会与收获，朱熹认为认识张栻才"识乾坤"，才知太极之意蕴。当然，这可能是朱熹的自谦之辞以及对好友之敬重，但是足以说明两人对太极问题进行过深入而广泛的切磋与争论，因此，张栻说"超然会太极，眼底无全牛"。清代洪嘉植《朱熹年谱》云："以二诗观之，则其往复深相契者，太极之旨也。"③ 暂且不问两人在太极问题上是否相契，洪本年谱至少给我们提供了这样一个信息：张栻与朱熹二人曾就太极问题进行过深入的讨论。对于洪本所言两人太极之旨深相契者，王懋竑则持有异议："洪本所云深契太极之旨，此以赠行诗与答诗臆度之耳。朱子自甲申后与南轩往复，皆讲未发之旨，而以心为已发，性为未发，盖以未发为太极。诗所云'太极'，则指未发而言也，专言太极，则不识其意矣。心为已

---

① 张栻：《诗送元晦尊兄》，《张栻全集》，长春出版社1999年版，第533页。
② 朱熹：《二诗奉酬敬夫赠言并以为别》，《朱熹集》卷五，四川教育出版社1996年版，第211页。
③ 转录王懋竑《朱熹年谱》，中华书局1998年版，第306页。

发,性为未发,两先生于此无异论,至潭州当必共讲之。中和旧说序云:'亟以书报敬夫,及当日同为此论者',则至潭州与南轩同为此论,灼然可证,而谓未发之旨未相契者,真妄说也。"① 王懋竑的说法颇具一定之道理,后世研究者也大都同意王懋竑的看法。笔者认为,王懋竑的说法具有商榷处,据王懋竑,"心为已发,性为未发,两先生于此无异论,至潭州当必共识之",即张栻与朱熹两人在"未发之性为太极"上达成共识(所云"太极",则指未发而言也)。实际上,两人对太极的理解在很多方面并未相契,《朱子语类》载:"(问)南轩云'太极之体至静',如何?"(朱熹)曰:"不是。"问:"又云'所谓至静者,贯乎已发未发而言',如何?"曰:"如此,则却成一不正当尖斜太极!"② 另外,王懋竑认为张栻与朱熹两人讨论之重心为已发未发问题,太极只是由此连带而出,亦即太极之提出只是用以解决已发未发之需。太极、已发未发及其二者之间关系问题颇为密切和复杂,因此,张栻与朱熹讨论太极,必然涉及已发未发及其二者之间关系等问题;讨论已发未发,亦必然涉及太极问题,这是很自然的事情。

对于太极与无极的关系以及"无极而太极"的理解,张栻与朱熹就存在着分歧。如前文所述,"无极而太极"一语是朱熹校定本《太极图说》首句原文,在当时的其他版本中,其首句与此不同,朱熹根据延平本将首句校定为"无极而太极",并对其进行了诠释:"'无极而太极',只是一句,如'冲漠无朕',毕竟是上面无形象,然却实有此理。"③"'无极而太极',只是无形而有理。周子恐人于太极之外更寻太极,故以无极言之。既谓之无极,则不可以有底道理强搜寻也。"④ "'无极而太极',不是太极之外别有无极,无中自有此理。又不可将无极便做太极。'无极而太极',此'而'字轻,无次序故也。"⑤ 朱熹认为无极与太极只是一句,不可看作两截,但无极又不等同于太极。张栻同意朱熹校订的版

---

① 王懋竑:《朱熹年谱》,中华书局1998年版,第306—307页。
② 黎靖德编:《朱子语类》卷九十四,中华书局1994年版,第2375页。此语由郑可学录于绍熙二年(1191)。
③ 黎靖德编:《朱子语类》卷九十四,中华书局1994年版,第2365页。
④ 同上书,第2366页。
⑤ 同上书,第2367页。

本，也同意朱熹关于无极与太极关系的理解，但在对太极本身的理解上，却存在着一定的分歧。张栻认为"无极而太极"，"此语只作一句玩味，无极而太极存焉，太极本无极也，若曰自无生有，则是析为二体矣"。"所谓无极者，非谓太极之上复有所谓无极也。太极本无极，故谓之至静，而至静之中，万有森然，此天命之所以无穷，而至诚之所以无息也。"①"此语只作一句玩味"，是意蕴之玩味，意味着无极即太极，太极即无极，而非太极与无极为二；太极本无极，所以"至静"，但静中又"万有森然，至诚无息"。可见二人对太极与无极关系的诠释，既有联系，又有区别，这种联系与区别体现了他们理学的基本观点和思想特色。

乾道六年（1170），朱熹《太极图解》初稿脱手。之后，朱熹便将之寄予张栻。张栻阅后提出如下意见：第一，"无极"与"二五"不可混说；第二，"无极之真"合属上句，置于"各一其性"之下。②"无极"与"二五"是属于不同层次的概念，"无极"是形上之本体论范畴，"二五"是形下之气之范畴。因此"无极之真"与"二五之精"其含义便不同，"无极之真"是太极，太极是形性之妙，或言太极即是性（太极，性也），"二五之精"则是气，"无极之真"与"二五之精"存在着性与气的本质差别，不可混说。"无极之真"（性）与上句"各一其性"具有相同之意义，应该合而言之。

朱熹则对张栻的意见提出异议："盖若如此，则'无极之真'自为一物，不与'二五'相合，而'二五'之凝，化生万物，又无与乎太极也。如此，岂不害理之甚？"③如果把"无极之真"与"二五之精"分开，那么太极便无法参与万物的化生，这岂不是害天下之大理？朱熹认为只有"无极之真"与"二五之精"相合，才可以圆满地说明万物生生不息之过程。对此，张栻进一步解释说："非'无极之真'为一物，与'二五之

---

① 张栻：《答彭子寿》第 2 书，《张栻全集》，长春出版社 1999 年版，第 982 页。
② 朱熹《答张敬夫》第 3 书："《太极解》后来所改不多，别纸上呈，未当处更乞指教。但所喻无极二五不可混说，而'无极之真'合属上句，此则未能无疑。"（《朱熹集》卷三十一，四川教育出版社 1996 年版，第 1308 页。）
③ 朱熹：《答张敬夫》第 3 书，《朱熹集》卷三十一，四川教育出版社 1996 年版，第 1308 页。

精'相合也，言'无极之真'未尝不存其中也。"① "无极之真"与"二五之精"不能相混说，并非说"无极之真"与"二五之精"是两个不相关的事物，二者并不是截然分开的，"无极之真"内在于"二五之精"中。张栻亦主张"无极之真"与"二五之精"相合，但二者如何相合，张栻与朱熹看法不同，张栻认为"无极之真"是性，"二五之精"是气，同时"二五之精"各具其性，亦即性内在于气中。朱熹认为"无极之真"是理，"二五之精"是气，理与气之关系是不杂不离，亦即理外在于气中。

张栻在给朱熹的信中说："但某意却疑仁义中正分动静之说，盖是四者皆有动静之可言，而静者常为之主。必欲于其中指二者为静，终有弊病，兼恐非周子之意。周子于主静字下注云：'无欲故静'，可见矣。如云仁所以生，殊觉未安。生生之体即仁也，而曰仁所以生，如何？周子此图固是毫分缕析，首尾洞贯，但此句似不必如此分。仁义中正，自各有义，初非浑然无别也。"② 张栻认为仁义中正四者虽各自有义，但皆有动静，而静常为之主。笔者认为张栻对仁义中正之理解契合周子之原意，正如其所云"周子于主静字下注云：'无欲故静'，可见矣"，"无欲故静"便意味着有动在其中，故曰主静。因此《太极图说》中"圣人定之以中正仁义"之"中正仁义"均各有动静，并以静为之主。对张栻此番提议，朱熹则存疑，表面上接受③，但在《太极图解附辩》中说："仁义中正，同乎一理者也，而析为体用，诚若有未安者。然仁者，善之长也；中者，嘉之会也；义者，利之宜也；正者，贞之体也。而元亨者，诚之通也；利贞者，诚之复也。是则安得谓无体用之分哉！"④ 针对张栻的仁义中正不分体用，朱熹认为仁义中正虽同乎一理，却有体用之分。

乾道七年（1171）正月，张栻给朱熹复信说："《太极图解》析理精

---

① 真德秀：《天命之性》，《西山读书记》卷一，四库全书子部第705册，第51页。又见《答田副使第三书》，《吴文正集》卷三，四库全书集部第1197册，第31页。真德秀、吴澄在讨论太极时，多处引用南轩的太极思想。

② 张栻：《答朱元晦秘书》第4书，《张栻全集》，长春出版社1999年版，第832页。

③ "太极中、正、仁、义之说，若谓四者皆有动静，则周子于此更列四者之目为剩语矣。但熟玩四字指意，自有动静，其于道理极是分明。"（《答张敬夫》第7书，《朱熹集》卷三十一，四川教育出版社1996年版，第1315页。）

④ 朱熹：《太极图解附辩》，《朱熹遗集》卷三，四川教育出版社1996年版，第5668页。

第二章　太极一元的本体论

详，开发多矣，垂诲甚荷。向来偶因说话间妄为它人传写，想失本意甚多。要之言学之难，诚不可容易耳。《图解》须子细看，方求教，但觉得后面亦不必如此辩论之多，只于纲领处捏出，可也。不然，却只是骋辩求胜，转将精当处混汩耳。"① "后面亦不必如此辩论之多"是就朱熹的《太极图解附辩》而言。《太极图解》初稿脱手后，朱熹不仅向张栻请教，还与吕祖谦、汪应辰等进行讨论。在《太极图解附辩》中，朱熹一一驳斥了他人的不同看法——以继善成性分阴阳；以太极阴阳分道器；以仁义中正分体用；言一物各具一太极；体用一源，不可言体立而后用行；仁为统体，不可偏指为阳动；仁义中正之分，不当反其类等②——并重新申明了自己的观点，可见，两人对该问题之理解始终未能达成共识。张栻在给吕祖谦的信中说："元晦数通书讲论，比旧犹好。……但仁义中正之论，终执旧说。濂溪自得处浑全，诚为二先生发源所自。然元晦持其说，句句而论，字字而解，故未免反流于牵强，而亦非濂溪本意也。"③ 从各自的书信中可以看出两人分歧很大，张栻认为朱熹的"仁义中正"之论过于分解，无"浑全"之感，故不得濂溪本意。所以，在乾道八年（1172），张栻撰写了《太极解义》阐明自己的观点和思想，为《太极图说》正义。换言之，两人在太极问题上的不同理解是张栻撰写《太极解义》的直接原因。

《太极解义》的问世表明张栻和朱熹关于太极问题的辩论暂时落下帷幕，同时表明二人对太极问题的解读有很大不同，即朱熹的《太极图解》和张栻的《太极解义》都是对周敦颐《太极图说》的注解，但是，二者却存在着很大的分歧。究其实，分歧源于对太极的理解不同。首先，张栻认为太极既静又动："太极不能不动。动极而静，静极复动，此静对动者也。"④ "太极者，所以生生者也。"⑤ 即太极动而无动，静而无静，非不动不静；动而无动，则既动又静，静而无静，则既静又动，故曰"太极

---

① 张栻：《答朱元晦秘书》第9书，《张栻全集》，长春出版社1999年版，第862页。
② 朱熹：《太极图解附辩》，《朱熹遗集》卷三，四川教育出版社1996年版，第5668页。
③ 张栻：《寄吕伯恭》第1书，《张栻全集》，长春出版社1999年版，第891页。
④ 张栻：《太极解义》，转引自《元公周先生濂溪集》，书目文献出版社1998年版，第71页。
⑤ 张栻：《答吴晦叔》第5书，《张栻全集》，长春出版社1999年版，第825页。

所以明动静之蕴也"。其次，张栻认为太极既体又用，体用合一："有太极而体用一源可见矣。"① "体用一源，显微无间，其太极之蕴欤！"② 再次，张栻以"性"诠释太极："太极所以形性之妙也，性不能不动，太极所以明动静之蕴也。极乃枢极之义，圣人于易特名'太极'二字，盖示人以根柢，其意微矣。若只曰性，而不曰太极，则只去未发上认之，不见功用；曰太极，则性之妙都见矣。"③ 朱熹则认为太极静而不动，动的是气，太极因气动而动，本身并无动静："太极理也，动静气也。气行则理亦行，二者常相依而未尝相离也。太极犹人，动静犹马。马所以载人，人所以乘马。马之一出一入，人亦与之一出一入。盖一动一静，而太极之妙未尝不在焉。"④ "太极者如屋之有极，天之有极，到这里更没去处，理之极致者也。阳动阴静，非太极动静，只是理有动静。理不可见，因阴阳而后知，理搭在阴阳上，如人跨马相似。"⑤ 其次，朱熹认为太极之体静而其用动，动静分开，体用分离："太极自是涵动静之理，却不可以动静分体用。盖静即太极之体也，动即太极之用也。"⑥ 同时我们可以看出朱熹以"理"诠释太极（太极，理也）。虽然朱子亦言"太极之有动静是天命之流行也"，但这里的"流行"，非是太极之流行，而是气之流行，理之流行是以气之流行来实现的，气之一动一静，呈现为流行之实，而理定然涵具之。因此，当弟子问："太极：'原始反终，故知死生之说。'南轩解与先生不同，如何？"曰："南轩说不然，恐其偶思未到。周子《太极》之书如《易》六十四卦，一一有定理，毫发不差。自首至尾，只不出阴阳二端而已。始处是生生之初，终处是已定之理。始有处说生，已定处说死，死则不复变动矣。"⑦ 可见，二人对太极理解之差异。要而言之，张栻认为太极既静又动，既是万物存在之理，又是万物活动之几，即太极不仅具有动静之理，而且明动静之蕴，故太极有体有用，体用一源。朱熹认

---

① 张栻：《答吴晦叔》第5书，《张栻全集》，长春出版社1999年版，第825页。
② 张栻：《答吴晦叔》第1书，《张栻全集》，长春出版社1999年版，第823页。
③ 同上。
④ 黎靖德编：《朱子语类》卷九十四，中华书局1994年版，第2376页。
⑤ 同上书，第2374页。
⑥ 同上书，第2372页。
⑦ 同上书，第2386页。

为太极只静不动,只是万物存在之理,不具有万物活动之几,即太极只是涵动静之理,不具有动静之实,故太极只见其体,不明其用。陈代湘曾言:"张栻的太极具有'体'和'用'两个方面的意思,用胡宏的概念来说,具有'性'和'心'两方面的意蕴,朱熹讲太极是理,不讲太极是心,张栻则既讲太极是性,又讲太极是心,太极要实现对宇宙世界的支配和主宰,必须通过'心'。"[①]究其实,张栻以性诠释太极,朱熹以理解读太极,这是导致二人对太极的理解存在歧义之根源所在。

三 论辩的价值及意义

张栻与朱熹的太极之辩充分说明二人对太极的理解存在着明显的差异。由于张栻研究资料的缺乏和佚失,加之留存下来的《南轩集》经过朱熹删定——朱熹在编订《南轩集》时,删掉了张栻早年的"未定之论",给张栻的研究带了一定的困难,从而使学术界对于张栻的研究存在一定的偏颇,绝大多数学者认为张栻的思想并无特色,与朱熹思想相近甚至等同。海外新儒家牟宗三就认为张栻不能护守师说,只是"随着朱子的脚跟转"。加之牟宗三在学术界的影响,所以其对张栻的评价某种程度上具有"定位"的性质,使得学术界对张栻的研究很难独立地、客观地进行。但究其实,张栻在中国历史上和中国思想史上都具有重要的作用和影响,应该引起研究者的重视。在《宋史》中,张栻的传记被列入远比《儒林传》高得多的《道学传》中;黄宗羲《宋元学案》中专辟《南轩学案》,介绍张栻的思想和生平;陈亮将其与朱熹、吕祖谦并称"东南三贤"。张栻主教岳麓书院、创建城南书院时,提出的"传道济民"的教育宗旨和经世致用的岳麓学风影响了近千年的湖湘历史。在宋代政坛中,张栻密谋参赞,忠言进谏,深得皇帝赏识,孝宗皇帝与之定"君臣之契";为官一任,深得百姓的拥护和爱戴。《宋史》载,张栻逝世时,皇帝深为"嗟悼",士大夫皆相吊涕,百姓哭声数十里不绝。所以,我们应该尊重历史,对张栻实事求是地"独立"地进行研究,而不是"捆绑"于朱熹或其他思想家进行研究。张栻思想有自己的体系和特色,实际上,张栻做《太极解义》就已表明其不同意朱熹的《太极图解》,不同意朱熹对太极

---

① 陈代湘:《朱熹与张栻的思想异同》,《湖湘论坛》2010年第1期。

的理解;而朱熹又做《太极图解附辩》再次驳斥了张栻等人的观点。可见二人各持己见,以至于朱熹都感慨张栻"执之尚坚"。一"尚"字即已说明张栻不仅在与朱熹讨论之前与其观点不同,而且在与朱熹交流论辩之后仍坚持己见。实际上,张栻与朱熹对理学的很多范畴之理解都不尽相同,需要根据史料认真地爬梳,这也是研究张栻的重点和难点。

张栻与朱熹的交流与辩论促进了他们各自思想的成长与成熟。朱熹思想的成长和成熟是与不同学者尤其是与张栻的交流、辩论分不开的,甚至从某种意义而言,没有张栻,便不会有朱熹,便不会有朱熹思想的集大成。众所周知,朱熹思想的成长经历了两次比较大的转折和变化,即丙戌之悟和己丑之悟,而这两次"省悟"都与和张栻的交流切磋密切相关,确切地说,是朱熹在与张栻的交流论辩中"省悟"的,所以朱熹感叹:"余窃自悼其不敏,若穷人之无归。闻张钦夫得衡山胡氏学,则往从而问焉。钦夫告余以所闻,余亦未之省也。退而沉思,殆忘寝食。一日喟然叹曰:人自婴儿以至老死,虽语默动静之不同,然其大体莫非已发,特其未发者为未尝发尔。"① 在此,朱熹形象地描绘出自己未与张栻交流前,"若穷人之无归",茫然不知所措,经过向张栻请益及一番思考而有所悟,这一年为乾道二年(1166)丙戌年,故称"丙戌之悟"。之后,即乾道三年(1167),朱熹亲自赴潭访问张栻,"面究"问学,两人就理学中的诸多问题进行了深入的探讨和激烈的辩论,归后,他曾多次谈及此次会讲的感受:"熹此月八日抵长沙,今半月矣。荷敬夫爱予甚笃,相与讲明其所未闻,日有问学之益,至幸至幸!钦夫学问愈高,所见卓然,议论出人意表。近读其语说,不觉胸中洒然,诚可叹服!"② 经过一段时间的消化省察,乾道五年(1169),朱熹又悟前学之非,并开始质疑湖湘学,这一年为己丑年,故称"己丑之悟"。朱熹思想的发展由"若穷人之无归",到欣赏张栻的湖湘学,再到质疑张栻的思想,其成长的脉络清晰可见。这个过程表面上是朱熹对张栻思想的态度变化,实际上隐含着朱熹思想的成长历程。

同样,张栻思想的成长也离不开与朱熹的交流辩论。张栻受业于胡宏

---

① 朱熹:《中和旧说序》,《朱熹集》卷七十五,四川教育出版社1996年版,第3949页。
② 朱熹:《与曹晋叔》,《朱熹集》卷二十四,四川教育出版社1996年版,第1027页。

门下，他的思想尤其是早期思想受胡宏的启发很大。经过与朱熹的切磋探讨，张栻不断地修正和完善自己的思想，这种修正和完善有些是扬弃了胡宏的观点，有些是近似朱熹的思想，从而使学界认为张栻背叛了师说而转向了朱熹。究其实，张栻既没有背叛胡宏，也没有转向朱熹。如言"转向"，是朱熹转向张栻："朱子初焉说太极与南轩不同，后过长沙谒南轩，南轩极言其说之未是，初亦未甚契；既而尽从南轩之说，有诗谢南轩曰：'我昔抱冰炭，从君识乾坤，始知太极蕴，要妙难名论。'"① "尽从南轩之说"，不仅说明了朱熹对张栻思想的推尊，而且说明了其跟随南轩之说，引领自己成长。张栻对自己早期思想的修正和完善，是在更高的层面上继承并发展了胡宏的思想，其虽与朱熹思想有相似乃至相同之处，也并不意味着张栻转向朱熹，因为这是张栻经过深思熟虑的结果，并非盲目被动地附和朱熹。对同一问题甚至几个问题不同的学者有相似甚至相同的看法，这很正常，我们不能简单地以此判定其为盲目附和；更不能过多着眼于相似点和相同处而忽略差异性，甚至将相似点和相同处盲目扩大以至于淹没差异性。学术研究更应着眼于差异性，我们更应该注意到张栻与朱熹思想的不同之处，这不同之处，不仅仅是辩论"三日夜不能合"的问题，这不同之处恰是张栻思想的特色所在，它更体现了张栻思想的独立性与独特性。

张栻与朱熹关于太极的讨论，客观上推动了周敦颐思想在当时的传播，使周敦颐的影响越来越大。究其实，周敦颐在当时的学术影响并不大，被尊为理学开山鼻祖是在南宋时。胡宏率先提出"北宋五子"②的说法，然后经张栻、朱熹等人对周敦颐思想的研究与表彰，才使得周敦颐的影响如日中天。同时，这种交涉与辩论亦丰富了太极的含义，使太极与无极的关系更加深刻精微，而且对理学的发展与成熟具有重要的作用。从某种意义上说，宋代是中国思想史上的第二次百家争鸣的时代，当时著名的学者有周敦颐、张载、二程、胡宏、张栻、朱熹、陆九渊、吕祖谦、陈亮等人，具有影响的学术派别有濂学、关学、洛学、湖湘学、闽学、江西学、婺学等，可以说是人才辈出，学派林立。不同学者之间、不同学术派别之间不断地进行交流、会讲、辩论，诸如张栻与朱熹的潭州嘉会、朱熹

---

① 吴澄：《答田副使第三书》，《吴文正集》卷三，四库全书集部第1197册，第31—32页。
② 北宋五子即周敦颐、张载、程颢、程颐、邵雍。

与陆九渊的鹅湖之会、朱熹与陈亮的王霸之辩等。这些辩论与会讲不仅加强了各个学术派别之间的互动，而且推动了宋代学术和思想的发展、完善乃至繁荣。

第三章 纯粹彻底的性善论

人性问题是中国思想史上各个思想家关注和争论的主要问题之一。孟子认为人性善，"四德"为我所固有，"非由外铄"，因此提出"良知""良能"的观点。荀子认为人性恶，"其善者，伪也"，因此主张"隆礼义"而使之向善。告子认为性无善与恶，如湍水，"决诸东方则东流，决诸西方则西流"。但是无论孟子、荀子，还是告子等其他先哲，论性基本上是就人而言，物性基本上是被排除在外的（偶尔提及物性亦是为论证人性之善恶服务的）。在此后之发展中，孟子的性善论在中国人性论史中占有重要地位，甚至是中国人性论的主流，虽然受到了来自荀子、韩非子等各方面的质疑与批判，但始终没有被压下去。究其原因在于性善论是人类精神生活和道德理想的寄托。人一旦有了目标和理想，生活便有了信心和希望。另外，在传统社会里，要想维护"公道"，必须依靠"天理"和"良心"，也只能依靠"天理"和"良心"来震慑统治者。因为"法律"是统治者制定的，必然为统治者服务。所以，人们对法律无所寄望，反而把希望寄托在道德上。以此故，性善论一直被承扬。降及汉代，董仲舒以阴阳论性，认为性是阳之所生，从而就理，故为善；情是阴之所生，从而就欲，故曰恶，但显然缺乏本体论之根据。

宋儒开始为儒家伦理道德寻找本体论和宇宙论方面的客观依据。周敦颐以太极之质论性，提出"惟人也，得其秀而最灵"的精辟论断，在为道德伦理寻找宇宙论的根据方面迈出了关键性的一步，确立了性善论的宇宙论根据。张载以"太虚"气化言性①，较周敦颐进一步规定了性的来源，提出天命之性和气质之性；既规定了性之本源的至纯至善，又解决了现实生活中人性恶之产生问题。二程"体贴"出"天理"，将理视为天之本然，所以理之为善，这是毫无疑问的；天命于人为性，性即是理②，"禀之在我之谓性"③，故性善是题中应有之意④。程颢提出"生之谓性"，"人生而静"以上不容说⑤。即人生以后，性有善有恶，但此是"生之谓性"之性。"人生而静"以上之性是本然之性，"不容说"意即此性是至纯、至清、至善的，不与善恶为对的，故亦可曰是无善无恶的，无须论说。可见，二程论性较之张载在理论上更具有彻底性，在本源处提出并规定了性善论的理论模式。周、张、程等都从宇宙论的高度对性的来源及其属性进行了规定，但仍不彻底和纯粹，从本源处上，不能说明和保证性是至纯至善的，也有恶之可能。归根到底是未将性作为宇宙万物的本源和道德行为的先天根据提出来并加以论证，只是将性视作太极或气的流行运作模式或表现形式来加以阐明。但是从周敦颐的太极、张载的太虚，到二程的天理的发展脉络中，性的地位逐渐在上升，到胡宏则达到无以复加之地步。

第一节 性善之彻底性

胡宏明确提出性是天地万物之本源和道德行为之先天根据并加以论证："大哉性乎！万理具焉，天地由此而立矣。世儒之言性者，类指一理

---

① "合虚与气，有性之命。"（《正蒙·太和》，《张载集》，中华书局1978年版，第9页。）"天授于人则为命（原注：亦可谓性），人受于天则为性（原注：亦可谓命）。"（《张子语录》，《张载集》，中华书局1978年版，第324页。）

② "性即理也。所谓理，性是也。"（《河南程氏遗书》卷二十二，《二程集》，中华书局1981年版，第292页。）

③ 程颢、程颐：《河南程氏遗书》卷六，《二程集》，中华书局1981年版，第91页。

④ "性无不善，而有不善者，才也。"（《河南程氏遗书》卷十八，《二程集》，中华书局1981年版，第204页。）

⑤ "'生之谓性'，性即气，气即性，生之谓也。人生气禀，理有善恶，然不是性中元有此两物相对而生也。有自幼而善，有自幼而恶，是气禀有然也。善固性也，然恶亦不可不谓之性也。盖'生之谓性'、'人生而静'以上不容说；才说性时，便已不是性也。"（《河南程氏遗书》卷一，《二程集》，中华书局1981年版，第10页。）

而言之尔，未有见天命之全体者也。"① 万物万理尽在性中，性是天命之全体，从而在本源处确立了性之绝对至上的地位，并规定了其本体意义，克服了论性中可能出现的二元化倾向。以此故，性超越善与恶，不与善恶为对待："性也者，天地鬼神之奥也，善不足以言之，况恶乎？……孟子道性善云者，叹美之辞也，不与恶对。"② 胡宏不仅规定了性的先验性，而且认为此性是至善无恶的。张栻受胡宏的启发很大，他继承了胡宏性至善无恶的思想，并从宇宙论的角度和本体论的高度对性进行了规定和论证，但论性之重点与方法和胡宏有所不同。胡宏对性之关注主要集中在本体论领域，并采用"遮诠"之方法论性的至善无恶；张栻对性之关注主要侧重于人性论领域，以"表诠"之方法论性之纯粹至善。

一　原物皆善，何独人尔

张栻认为性是一个描述天地万物内在本质的范畴，这个内在本质是先验的善，从而在本源处规定了性的至纯至善，确立了善的至高地位，这样天地万物的本质以及人的道德行为的根据便不可撼动。性作为天地万物的共同本质，既是至上的又是至善的，既是普遍的又是永恒的，没有任何恶之可能，这就决定了性善的彻底性，从而为在形而下领域中论性提供了形而上的理论根据。张栻云：

> 原人之生，天命之性，纯粹至善而无恶之可萌者也。孩提之童，莫不知爱其亲，及其长也，莫不知敬其兄，以至于饥食渴饮，其始亦莫非善也。推此则可见矣，何独人尔？物之始生，亦无有不善者，惟人得二气之精，五行之秀，其虚明知觉之心有以推之，而万善可备，以不失其天地之全。故性善之名独归于人，而为天地之心也。然人之有不善，何也？盖有是身，则形得以拘之，气得以汩之，欲得以诱之，而情始乱。情乱则失其性之正，是以为不善也，而岂性之罪哉！告子以水可决而东西，譬性之可以为善，可以为不善，而不知水之可决而东西者，有以使之也。性之本然孰使之邪？故水之就下，非有以

---

① 胡宏：《知言》，《胡宏集》，中华书局1987年版，第28页。
② 朱熹：《胡子知言疑义》，《朱熹集》卷七十三，四川教育出版社1996年版，第3862页。

使之也，水之所以为水，固有就下之理也。若有以使之，则非独可决而东西也，搏之使过颡，激之使在山，亦可也。此岂水之性哉？搏击之势然也。然搏击之势尽，则水仍就下也，可见其性之本然而不可乱矣。故夫无所为而然者性情之正，乃所谓善也；若有以使之，则为不善。故曰：人之可使为不善。然虽为不善，而其秉彝终不可殄灭，亦犹就下之理不泯于搏击之际也。①

由上，张栻提出了性善之普遍性，不仅人性之本质是善的，物性之本质也是善的："何独人尔？物之始生，亦无有不善者。"性是万善之宗，是故不惟人，不惟有情物，草木等无情物之本性也是善的，这是张栻论性超出前人的地方。以往论性皆局限在"人"上，"物"是被排除在外的，或者说无情物是无所谓性善与不善的。张栻则明确提出："太极动而二气形，二气形而万物化生，人与物俱本此者也，原物之始，亦岂有不善者哉？其善者天地之性也，而孟子道性善，独归之人者，何哉？"② 推此而论，不仅人性，以至于物性，甚至飞禽走兽的本性都是善的，这是张栻性论中隐含的必然结论。也就是说，从渊源而论，不仅人性善，物性亦善，飞禽走兽之本性亦善。既然如此，那为何将性善独归之于人呢？张栻紧接着阐明了其中之原因："惟人得二气之精，五行之秀，其虚明知觉之心有以推之，而万善可备，以不失其天地之全。故性善之名独归于人，而为天地之心也。"即人得二气之精，五行之秀，而又有虚明知觉之心，故得天地之全，所以性善。性善之名虽然独归于人，但并不意味着仅仅人之性是善的，人只是独得性善之名而已；物虽未得性善之名，但并不表明其性是不善的，性善与性善之名二者没有必然之联系。毫无疑问，张栻言性善的遍在性是从源上讲，从体上说，而并非从流上讲，从用处说。从流上讲、从用处说，性则复杂得多，即便性善，其层次和高度也不一样，同时亦有性之不善的问题。如何解释性之不善，张栻将之归于气："然人之有不善，何也？盖有是身，则形得以拘之，气得以汩之，欲得以诱之，而情始乱。情乱则失其性之正，是以为不善也，而岂性之罪哉！"即不善是气使

---

① 张栻：《孟子说·告子上》，《张栻全集》，长春出版社1999年版，第426页。
② 张栻：《存斋记》，《张栻全集》，长春出版社1999年版，第719页。

然，与性无关，并以水就下之理不泯于搏击之际为喻，说明性之本然至善，不善乃人为使然，非性之本然。这样，张栻不仅论证了性善之普遍性，同时又圆满地解决了性之不善问题。从理论上而言，论述性善之普遍性，必须解决性之不善问题，必须对性之不善有一个合理的必然的交代。此亦是张栻从另一个角度、从反面补充论证了性善之普遍性，从而使性善的遍在性更加彻底。

中国传统哲学对性之关注与探讨之重点是性之于人的表现与特征，故论"性"便定格于人之性，善恶基本上是就人性而言。张栻则将性推广至整个宇宙天地万物，不仅讨论性之于人的表现与特征，同时关注性之于物的表现与特征，突破了论性之善恶仅定格于人的框架和范围。究其实，人与天地万物是一体两面的关系，人面对天地万物才能体现其价值，天地万物于人才具有其意义。换言之，从人的角度审视天地万物之存在、判断天地万物之善恶，这样，便把人之性投射到天地万物，反过来，又以天地万物之性判断人之性。此种判断必然是一种应然判断、一种价值判断，充分表明了张栻博大的宇宙情怀和至纯的道德理想。

二 朱熹对"性无善恶"之批评

乾道六年（1170），朱熹致信正在知严州的张栻，就胡宏的《知言》提出数十条批评意见，与张栻交流讨论；当时，吕祖谦亦在严州，作州学教官，张栻亦与吕祖谦切磋交流《知言》。于是，张栻和朱熹、吕祖谦就《知言》的一些观点展开交流和讨论。三人书信往来，讨论《知言》之种种意见，后经朱熹整理编辑为《知言疑义》，"大端有八"：性无善恶，心为已发，仁以用言，心以用尽，不事涵养，先务知识，气象迫狭，语论过高。[①] 现笔者只就其中"性无善恶"条进行探讨与分析，以助解读和考察张栻的性论。

《知言疑义》第五条云："或问性。曰：'性也者，天地之所以立也。''然则孟轲氏、荀卿氏、扬雄氏之以善恶言性也非欤？'曰：'性也者，天地鬼神之奥也，善不足以言之，况恶乎哉？'或又曰：'何谓也？'曰：'宏闻之先君子曰，孟子所以独出诸儒之表者，以其知性也。宏请曰，何

---

① 朱熹：《胡子知言疑义》，《朱熹集》卷七十三，四川教育出版社1996年版，第3858页。

谓也？先君子曰，孟子道性善云者，叹美之词，不与恶对。'"① 性是天地鬼神之精奥，善都不足以表达其中之奥妙，更不消说恶了。孟子言性善，只是叹美之词，不与恶为对待。所谓不与恶为对待，即言此善是超越善恶之上的，故善不足以表达之。可见，胡宏并不否定善恶是性，在其看来，善恶是气禀之性，而超越善恶之上的性是本然之性。本然之性至善无恶，故曰"不与恶对"。胡宏虽然将性分为本然之性与气禀之性，但并不认为存在"两个性"，而是言性的两个层面。天下只有一个性，万物皆性所有，"观万物之流行，其性则异；察万物之本性，其源则一"②。"源一"即"本性"是一个，本性即本然之性，此性是宇宙万物之形上根据。发用于天地万物，流行于日用之间，则性表现为或善或恶。现实生活中或善或恶之性是相对待而言的，既然是相对，故不可能完满，因此不是至纯至善。究其实，善恶相对之性是"流"，而非"源"，既是流，便有污与不污，即有所欠缺，而本然之性是体，体则完满圆融，故善恶不可言之。

朱熹对此则质疑，《朱子语类》卷一百一称："某尝辨之云，本然之性故浑然至善，不与恶对，此天之赋予我者也。然行之在人，则有善有恶：做得是者为善，做得不是者为恶。岂可谓善者非本然之性？只是行于人者，有二者之异，然行得善者，便是那本然之性也。若如其言，有本然之善，又有善恶相对之善，则是有二性矣！方其得于天者，此性也；及其行得善者，亦此性也。只是才有个善底，便流入于恶矣。此文定之说，故其子孙皆主其说，而致堂、五峰以来，其说益差，遂成有两个性：本然者是一性，善恶相对者又是一性。他只说本然者是性，善恶相对者不是性，岂有此理！然文定又得于龟山，龟山得之东林常总。总，龟山乡人，与之往来，后住庐山东林。龟山赴省，又往见之。总极聪明，深通佛书，有道行。龟山问：'孟子道性善，说得是否？'总曰：'是。'又问：'性岂可以善恶言？'总曰：'本然之性，不与恶对。'此语流传自他。然总之言，本亦未有病。盖本然之性是本无恶。及至文定，遂以'性善'为赞叹之辞；到得致堂、五峰辈，遂分成两截，说善底不是性。若善底非本然之性，却

---

① 朱熹：《胡子知言疑义》，《朱熹集》卷七十三，四川教育出版社1996年版，第3862—3863页。

② 胡宏：《知言》，《胡宏集》，中华书局1987年版，第14页。

那处得这善来？既曰赞叹性好之辞，便是性矣。若非性善，何赞叹之有？如佛言'善哉！善哉！'为赞美之辞，亦是说这个道好，所以赞叹之也。"① 朱熹认为胡宏论性有二分之嫌疑：本然之善是一性，善恶相对之善又是一性，遂成两个性。依此，便对胡宏性"善不足以言之，况恶乎"之说展开批评。如前文所述，胡宏的"善不足以言之""不与恶对"是指本然之性，善恶相对是就气禀之性言之。本然之性与气禀之性是性的两个不同层次，并非两个性，并且胡宏对性如此界定和理解有一定之理论根据，即程颢之"人生而静"之性和"生之谓性"之说。程颢称：

> "生之谓性"，性即气，气即性，生之谓也。人生气禀，理有善恶，然不是性中元有此两物相对而生也。有自幼而善，有自幼而恶，是气禀有然也。善固性也，然恶亦不可不谓之性也。盖"生之谓性"，"人生而静"以上不容说；才说性时，便已不是性也。凡人说性，只是说"继之者善"也，孟子言人性善是也。夫所谓"继之者善"也者，犹水流而就下也。皆水也，有流而至海，终无所污，此何烦人力之为也？有流而未远，固已渐浊；有出而甚远，方有所浊。有浊之多者，有浊之少者。清浊虽不同，然不可以浊者不为水也。如此，则人不可以不加澄治之功。故用力敏勇则疾清，用力缓怠则迟清。及其清也，则却只是元初水也。亦不是将清来换却浊，亦不是取出污来置于一隅也。水之清，则性善之谓也。故不是善与恶在性中为两物相对，各自出来。②

程颢认为善与恶都是性："善固为性也，然恶亦不可不谓之性也"，但此性是气禀之性，"人生气禀，理有善恶"。既然善恶是气禀之性，是后天形成的，故非性中原有之物："然不是性中元有此两物相对而生也。"此处之"性"是本然之性，即"人生而静"以上不容说之性；善恶之性是气禀之性。胡宏的"善不足以言之"之性相当于程颢"人生而静"以上不容说之性；"才说性时，便已不是性"，意即性至净至善、至纯至美，

---

① 黎靖德编：《朱子语类》卷一百一，中华书局1994年版，第2585页。
② 程颢、程颐：《河南程氏遗书》卷一，《二程集》，中华书局1981年版，第10页。

无法言表,落实于语言文字,便具有相对性和局限性,故曰"已不是性"。前文已述,胡宏并不否认善与恶是性,但此性与"善不足以言之"之性的层次不同。朱熹批评胡宏性分"两截""两个性",在一定程度上是混淆了胡宏论性的层次性。胡宏的"善不足以言之""不与恶对",并非性无善无恶,而是性超越善恶,此两种语句之内涵是完全不同的。朱熹批评胡宏论性,确实是抓住了胡宏性论之内容,但未能真正深入体悟胡宏言性之精神,从而误解了胡宏论性之内涵与意义。

三 纯粹至善,惟善可名

张栻认为性具有普遍性和彻底性,那么他又是如何理解胡宏之性呢?对于朱熹的质疑,以胡大时为代表的湖湘诸儒坚守胡宏之说,同朱熹进行辩驳。那么,张栻对此又是什么态度呢?据朱熹门人李辉记录,张栻在一封致朱熹的信中主张"性善者叹美之辞"[1],这是南轩赞同五峰性论的一个证明。但在现存《南轩集》中,没有该信。由于此观点与朱熹思想相悖,很可能朱熹在编订《南轩集》时删掉了该信。如前文所述,张栻早期在一定程度上继承了胡宏的思想,但问题的关键是张栻后来对胡宏思想之态度以及对该问题的理解,我们可以通过爬梳《南轩集》与《朱熹集》等相关资料来考察。

《知言疑义》载张栻之言曰:"论性而曰'善不足以名之',诚为未当,如元晦之论也,夫其精微纯粹,正当以至善名之。……夫专善而无恶者,性也。"[2] 张栻认为胡宏论性"善不足以言之"诚为不当;他认为性之精微纯粹,正应当用"至善"来描述,并且认为只有"善"才可以表达性之本质:"盖性之渊源,惟善可得而名之耳"[3],"以其渊源纯粹,故谓之善,盖于此无恶之可萌也"[4]。并且此"善"是无"恶"的,故曰

---

[1] "问:'南轩与先生书,说性善者叹美之辞,如何?'曰:'不必如此说。善只是自然纯粹之理。今人多以善与恶对说,便不是。大凡人何尝不愿为好人,而怕恶人!'"(黎靖德编:《朱子语类》卷一百三,中华书局1994年版,第2606页。)记录者李辉(字晦父)为朱熹晚年门人,其与朱子问学之书信主要集中于庆元元年(1195)前后。
[2] 朱熹:《胡子知言疑义》,《朱熹集》卷七十三,四川教育出版社1996年版,第3861页。
[3] 张栻:《答吴晦叔》第2书,《张栻全集》,长春出版社1999年版,第823页。
[4] 张栻:《孟子说·尽心下》,《张栻全集》,长春出版社1999年版,第507页。

"专善"。张栻明显体会到性善之难言难尽，但并不能因为难言而不言，难言亦要言，难尽亦要尽，否则便会使人迷茫；所以只能以"善"言之，唯有"善"可以言之。在给胡大原的信中，张栻说："垂谕性善之说，详程子之言，谓'人生而静'以上更不容说，才说性时便已不是性，继之曰凡人说性只说'继之者善也'，孟子言人性善是也。但请详味此语，意自可见。大抵性固难言，而惟善可得而名之，此孟子之言所以为有根柢也。但所谓善者，要人能名之耳，若曰'难言'而遂不可言，曰'不容说'而遂不可说，却恐渺茫而无所止也。《知言》之说，究极精微，固是要发明向上事，第恐未免有弊，不若程子之言为完全的确也。"[1] 张栻欣赏程颢之性论，却不解胡宏之性论，而程颢之性论正是胡宏之性论的主要理论来源，赞同程颢之性论必然肯定胡宏之性论，然而张栻于此却陷入理论的两难境地。究其实，主要在于程颢论性由体达用，于体上言性，必为本然之性，故曰至纯至善；于用上说性，则为气禀之性，故可善可恶。胡宏论性则立足于体，体立则用见；于体上说性，故不与善恶相对而超越善恶，并对性之渊源於穆不已，极尽赞美，才有"善不足以言之，况恶乎"的感叹。张栻亦对性之渊源充满了敬仰，认为惟有"善"字才能形容，唯有"善"字才能表达。在给吴翌的书中他再次申明了此观点："伯逢来书，亦说及善不足以名之之说。某所答曾见否？大抵当时《知言》中如此说，要形容人生而静以上事却似有病。故程子云：'天命之谓性，人生而静以上更不容说；才说性时便已不是性。凡人说性，只是说得继之者善也。'斯言最为尽之。盖性之渊源，惟善可得而名之耳。"[2] 应该说张栻确实看到了程颢论性与胡宏论性之不同，而且亦注意到二人之性论与孟子之性论之间的关系，尤其是内在的必然联系："或曰：程子谓善故性也，恶亦不可不谓之性也，然则与孟子有二言乎？曰：程子此论，盖为气禀有善恶言也。"[3] 但是对他们性论的区别却产生了误解，以至于对胡宏的性"善不足以言之"提出质疑。实际上，胡宏的性"善不足以言之"，正是说明性是纯粹至善、超善恶之意，即其本身是圆融自足、於穆不已的，因

---

[1] 张栻：《答胡伯逢》，《张栻全集》，长春出版社1999年版，第899页。
[2] 张栻：《答吴晦叔》第2书，《张栻全集》，长春出版社1999年版，第823页。
[3] 张栻：《孟子说·告子上》，《张栻全集》，长春出版社1999年版，第427页。

此用语言才无法表达,当然用"善"字亦无法表达。而张栻的性"惟善可得而名之",正是因为其渊源纯粹,是纯然彻底的善,无恶之可萌,故只有"善"字才能够表达,"性之'难言'或'不容说',并不等于不能言说,正是'善'之一字可以称谓。'善'附着在'性'上,性能够被发现,而善也才有了根柢"①。由此可见,二人对性之体会是完全相同的,只是表达方式不同而已。换言之,胡宏从反面(善不足以言之)间接论性,张栻则从正面(惟善可得而名之耳)直接论性;一是遮诠论性善,一是表诠论性善,文字表面上似有矛盾,其表达的内涵却完全相同。实际上,"张栻并未违背胡宏的意愿,而是对胡宏的理论有所发展"②。在一定程度上张栻吸收并继承了胡宏性无善无恶的思想,但由于他们论性善之方法不同,仅仅拘于文字之表达,则不免产生歧义,甚至连张栻本人也难免产生了误解,因此与朱熹、吕祖谦共议胡宏之《知言》。

张栻是性善论者,并且是彻底的纯粹的性善论者,对人性之渊源充满了赞叹和景仰。性善是纯粹的、彻底的,即性是纯善、至善,故其不与恶为对待,也不与善为同属:"夫善恶相对之辞,专善则无恶也。犹是非相对之辞,曰是则无非矣。性善云者,言性纯是善,此'善'字乃有所指。若如彼善于此之善,则为无所指,而体不明矣。而云如彼善于此之善,非止于至善之善,不亦异乎?且至善之外,更有何善?而云恐人将理低看了,故特地提省人,使见至善之渊源,无乃头上安头,使人想象描貌而愈迷其真乎?"③"纯善"是指体而言,以体言,故是至善;而"善恶相对之善"是就用而论,以用论,故有善有恶。张栻之所以区分善恶相对之善与纯善,旨在提醒人纯善是至善,不可低看,要从本体上渊源上而论;渊源玄奥,内涵深厚,故为难名,强之曰"善";正因其渊源纯粹,纯净无污,无恶之可萌,故惟以"善"字之。因此,只一"善"字,其他任何言语都难以言尽其奥妙:"孟子所以道性善者,盖性难言也,其渊源纯粹,可得而名言者,善而已。"④ 可见,张栻对孟子人性论的体会和把握

---

① 向世陵:《张栻的"性善"论说》,《湖南大学学报》2014年第1期。
② 钟雅琼:《张栻对胡宏思想的传承及调整》,《孔子研究》2014年第3期。
③ 张栻:《答胡广仲》第3书,《张栻全集》,长春出版社1999年版,第926页。
④ 张栻:《孟子说·滕文公上》,《张栻全集》,长春出版社1999年版,第311页。

与胡宏对孟子人性论的体悟和理解是相同的，都认为"性"不可以善恶是非分，是超越善恶之上的，并且其本身就是圆融自足、於穆不已的，故极尽感叹和赞美之情。

当然，张栻论性与胡宏论性亦有不同之处，胡宏立足于本体论领域，重点考察性之宇宙论意义和本体论意义，故性超越善恶，无善无恶；张栻立足于人性论领域，重点论述性之道德意义和价值意义，故性纯粹至善，纯净无污。但需要注意的是，二人论性之"不同"，并不表明二人之性论有相抵牾之处。解读张栻言性与胡宏论性，只有将其性论置于宋代理学发展史中，全面地把握他们性论之内容及其论性之目的，才能得出较为合理之评判。胡宏与张栻性论的差异在一定程度上反映了宋代理学从本体论向人性论发展的必然趋势。

第二节　不善之可能性

张栻是彻底的纯粹的性善论者，他认为性至纯至善、於穆不已，无恶之可萌。但是，在现实社会中，在实际生活中，人性有善有不善，人性与物性有异，圣人与凡人又有别。如何解决这一问题，确而言之，如何回应现实生活中"不善"之问题，并对其进行合情合理的解释与说明，这是一个关系到性善之纯粹性和彻底性的十分重要的问题，也是性善之纯粹性之必然内在要求，即必须对"不善"之可能性做出一个正面之回答，否则，性善之纯粹性和彻底性便无法确立。

宋代理学家在不同程度上对此问题都给予了一定之关注和解答。理学的开山祖周敦颐提供了解决此问题的一个基本蓝图，并在宏观上说明了善恶之产生以及人的先天优越性。[1] 张横渠提出天命之性和气质之性，认为天命之性是善，气质之性可善可恶[2]，为解决人性不善的产生问题提供了

---

[1] "万物生生，而变化无穷焉。惟人也，得起秀而最灵。形既生矣，神发知矣，五性感动，而善恶分，万事出矣。"（周敦颐：《太极图说》，《元公周先生濂溪集》卷一，书目文献出版社1998年版，第29页。）

[2] "形而后有气质之性，善反之，则天地之性存焉。故气质之性，君子有弗性者焉。人之刚柔缓急，有才与不才，气之偏也。"（张载：《正蒙·诚明篇》，《张载集》，中华书局1978年版，第23页。）

可贵的探索方案。程明道将性分为本然之性和气禀之性，本然之性是"人生而静"以上之性，此性至清无污；气禀之性即人生以后之性，此性有善有恶，善恶取决于气禀过程。明道明确指出：善是性，恶亦是性，但此性皆是气禀之性："天下善恶皆天理，谓之恶者非本恶"①；更为重要的是，明道指出气禀之性如加"澄治之功"，则可以复起初而再现本然之性，此前文已述。张栻在前贤的基础上，进一步深刻地论述了性之"不善"产生的可能性及其原因，从而贯彻了彻底的性善论。

一 恶之产生

张栻认为性纯粹至善，无任何恶之可萌；不善非性之本然，此乃气禀使之："或谓有性善，有性不善，此以气禀为性者也。性无分于善不善之说，孟子既辨之于前矣，若谓可以为善可以为不善乎？不知其可以为善者，固性也；而其为不善者，是岂性也哉？"② 即禀气之清与浊、正与偏之不同，决定了性之有善有恶；禀气之清、禀气之正则为善，禀气之浊、禀气之偏则为恶。禀气之清、禀气之正则能全其性而自通，禀气之浊、禀气之偏则滞于气而不通。

> 若以为有性善、有性不善乎？不知其善者乃为不失其性，而其不善者因气禀而汩于有生之后也。盖有生而钟其纯粹之最者，亦有偏驳者，亦有偏驳之甚者。其最粹者固存其本然之常性，不待复而诚，此所谓生知圣人也；若其偏驳者，其为不善，必先就气所偏而发，此固可得而反也；若偏驳之甚，则有于其生也，而察其声音颜色而知其必为不善……盖所禀之昏明在人各异，而其不善者终非性之本然者也。③

张栻指出，性之不善是因气禀而汩于有生之后；有生之后，由于所禀气之清浊偏驳之异，故有不善之可能。不善发生在有生之后，而有生之

---

① 程颢、程颐：《河南程氏遗书》卷二，《二程集》，中华书局1981年版，第14页。
② 张栻：《孟子说·告子上》，《张栻全集》，长春出版社1999年版，第431页。
③ 同上。

前，即性之本然，则是纯粹至善的。换言之，性之渊源至善至纯，性之发用或善或恶，此乃是习成之故，血气所为："以其渊源纯粹，故谓之善，盖于此无恶之可萌也。至于为不善者，是则知诱物化动，于血气有以使之，而失其正。"① "人之有不善，皆其血气之所为，非性故也。"② 血气故出于性，但血气有所偏，因此有不善："夫血气固出于性，然因血气之有偏而后有不善，不善一于其偏也。"③ 有生之前，即本然之性，因为没有人为之故，所以是纯粹至善的，而有生之后，即气禀之性，由于人为的原因，因此才有不善的可能。张栻以水为喻，性犹水，性之善犹水就下之理，如果没有外力的作用，此理不会改变；但是在外力的作用下，水之就下之理就会发生改变，搏而跃之可使过颡，激而行之可使在山；即便如此，但此非水之为，更非水之性，而是人之为、人之欲。可见，水之就下之理与人之为具有强烈之反差，故曰水之性与人之为相悖相逆："性无有不善，其为善而欲善，犹水之就下然也。若所谓不善者，是其所不为也，所不欲也。亦犹水也，搏而跃之使过颡，激而行之使在山者然也。虽然，其所不为而人为之，其所不欲而人欲之，则为私欲所动，而逆其性故耳。"④ 水之所以为水，故有就下之理。水之就下，乃性之本然，非有以使之；如有以使之，一旦搏击之势尽，则水仍就下也，而见其性之本然自见。因此，性之本然是无所为而然者，人为则可使之不善。张栻说：

　　然人之有不善，何也？盖有是身，则形得以拘之，气得以汩之，欲得以诱之，而情始乱。情乱则失其性之正，是以为不善也，而岂性之罪哉！告子以水可决而东西，譬性之可以为善，可以为不善，而不知水之可决而东西者，有以使之也。性之本然孰使之邪？故水之就下，非有以使之也，水之所以为水，固有就下之理也。若有以使之，则非独可决而东西也，搏之使过颡，激之使在山，亦可也。此岂水之性哉？搏击之势然也。然搏击之势尽，则水仍就下也，可见其性之本然而不可乱矣。故夫无所为而然者性情之正，乃所谓善也；若有以使

---

① 张栻：《孟子说·尽心下》，《张栻全集》，长春出版社1999年版，第507页。
② 张栻：《孟子说·滕文公上》，《张栻全集》，长春出版社1999年版，第311页。
③ 张栻：《答胡伯逢》，《张栻全集》，长春出版社1999年版，第956页。
④ 张栻：《孟子说·尽心上》，《张栻全集》，长春出版社1999年版，第473页。

之，则为不善。故曰：人之可使为不善。然虽为不善，而其秉彝终不可殄灭，亦犹就下之理不泯于搏击之际也。……谓恶亦不可不谓之性者，言气禀之性也。①

张栻不否认恶是性，但此性是"气禀之性"，纯粹至善之性是"本然之性"。换言之，纯粹至善之性是"源"，气禀之性是"流"；"源"则至清至纯，"流"则或清或浊，"故就气禀言之，则谓善固性也，恶亦不可不谓之性也，则可；即其本源而言之，则谓不善者，性之所不为，乃所以明性之理也"②。善与恶，关键在于气化过程。气化过程，实际上就是一个人为的过程。人为可使之为善，亦可使之为不善，因此，究根而论，善与恶，实际上就在于人如何为。人如果为私欲而为，感于物而动，好恶无节，必流为不善；此即失性之理而为一己之私，故曰人欲。《礼记·乐记》云："人生而静，天之性也。感于物而动，性之欲也。物至知知，然后好恶形焉。好恶无节于内，知诱于外，不能反躬，天理灭矣。夫物之感人无穷，而人之好恶无节，则是物至而人化物也。人化物也者，灭天理而穷人欲者也。"③张栻释之曰："静者，性之本然也。然性不能不动，感于物则动矣，此亦未见其不善，故曰性之欲是性之不能不动者然也。然因其动也，于是而始有流为不善者。盖物之感人无穷，而人之好恶无节，则流为不善矣，至此，岂其性之理哉，一己之私而已。于是而有人欲之称，对天理而言，则可见公私之分矣。譬诸水，泓然而澄者，其本然也，其水不能不流也，流亦其性也；至于因其流激，汩于泥沙，则其浊也，岂其性哉！"④本然之性是静，性之欲则是动；动而无节则流于恶，此即一己之私，故为人欲。亦如水，其源泓然而澄，此水之性；然水不能不流，其流则或清或浊，此亦是水之性。以此，性之本然是至纯至善，而性之欲动而后则或善或恶。性之欲动即是情，性之欲有节则是情之正，性之欲无节则是情之乱，情乱则必为不善："夫专善而无恶者，性也。而其动则为情，情之发有正有不正焉。其正者性之常也，而其不正者物欲乱之也。于是而

---

① 张栻：《孟子说·告子上》，《张栻全集》，长春出版社1999年版，第426—427页。
② 张栻：《答胡伯逢》，《张栻全集》，长春出版社1999年版，第956页。
③ 《礼记·乐记》，《四书五经》下卷，北京古籍出版社1993年版，第866页。
④ 张栻：《答吴晦叔》第8书，《张栻全集》，长春出版社1999年版，第827页。

有恶焉，是岂性之本哉？"① 简而言之，性是专善无恶，情是性之发；循其性而发则为善，逆其性而发则为不善。张栻将本然之性与气禀之性对举，性情对扬，一方面是为了说明本然之性的纯粹性，一方面是为了阐释气禀之性（性或善或恶）的可能性。本然之性与气禀之性对举，性情对扬，实际上是体用并行，以体达用，以用见体。就体而言，性至善无污；就用而论，性则有善恶之别。这样，就有本然之性和气禀之性之分，但二者并非两个独立并存的实体，亦不处于同一个逻辑层次。张栻将天命之性和气禀之性对举，并非言有"两个性"，或性可一分为二，或如某些学者所说的"二重人性论"。本然之性纯粹至善，既是普遍的，又是永恒的；气禀之性是气化过程中而形成的性。所以，本然之性是体、是源，气禀之性是用、是流，二者属于不同的异质层次，是源与流、体与用之关系。

二 性之差殊

性是万善之宗，是天地万物的共同本质，但是由于气禀之故，人性与物性有别，人与人之间亦存在差异，圣人与凡人又有不同。换言之，性不仅是人与物统一之根据，亦是人与物区别之根据，前者是本然之性，后者是气禀之性。张栻说：

> 论性之本，则一而已矣。而其流行发见，人物之所禀，有万之不同焉。……然有太极则有二气五行，氤氲交感、其变不齐，故其发见于人物者，其气禀各异，而有万之不同也。虽有万之不同，而其本之一者亦未尝不各具于其气禀之内，故原其性之本一，而察其流行之各异；知其流行之各异，而本之一者初未尝不完也，而后可与论性矣。故程子曰：论性而不论气，不备；论气而不论性，不明。盖论性而不及气，则昧夫人物之分，而太极之用不行矣；论气而不及性，则迷夫大本之一，而太极之体不立矣。用之不行，体之不立，焉得谓之知性乎？……告子"生之谓性"之说，以言夫各正性命之际则可也；而告子气与性不辨，人物之分混而无别，莫适其所以然。……告子以为然，是告子以人物之性为无以异也。以人物之性为无以异，是不察夫

---

① 朱熹：《胡子知言疑义》，《朱熹集》卷七十三，四川教育出版社1996年版，第3862页。

流行所变之殊,而亦莫知其本之所以为一者矣。则其所谓"生之谓性"者,语虽似而意亦差也。……故太极一而已矣,散为人物而有万殊,就其万殊之中而复有所不齐焉,而皆谓之性。①

张栻首先肯定性之本"一",此乃人与物统一之基础,也是论性之基本前提;但是在流行发用的气化过程中,由于阴阳二气的氤氲交感、五行的相生相荡,导致人与物之禀赋不同。物禀天地之浊,受其繁,人则禀天地之精,五行之秀:"原性之理,无有不善,人物所同也。论性之存乎气质,则人禀天地之精,五行之秀,固与禽兽草木异。"②"盖人者,天地之正气,而异类,其繁气也。"③ 正因为如此,人则能"通",物则为其繁气所昏而不能自通:"盖人禀二气之正,而物则其繁气也。人之性善,非被命受生之后,而其性旋有是善也。性本善,而人禀夫气之正,初不隔其全然者耳,若物则为气所昏,而不能以自通也。惟人全乎天地之性,故有所主宰,而为人之心所以异于庶物者,独在于此也。"④ 全其性,则能通,故可推矣,推己及人,推己及物;隔于形气,则不能通,故不可推矣:"人与万物同乎天,其体一也,禀气赋形则有分焉。至若禽兽,亦为有情之类,然而隔于形气,而不能推也。人则能推矣。其所以能推者,乃人之道,而异乎物者也。"⑤ 能推,即是自作主宰,故能保其性,而不流为恶。⑥ 以此,张栻对告子"生之谓性"的观点提出了质疑:告子不察流行之殊,昧夫人物之别,以为人性与物性无以异。告子虽然看到了人与物之共性,但却未看到二者之殊性,即不察流行之殊,是故其论性似是而非。实际上是告子不辨性与气之故。性与气,二者既有区别又有联系,性以气显,气以性立,是故论性必及气,论气必及性,否则太极之用不行,太极之体不立。性与气,是体与用之关系,言体必及用,言用必达体;体用并

---

① 张栻:《孟子说·告子上》,《张栻全集》,长春出版社1999年版,第427页。
② 张栻:《论语解·阳货篇》,《张栻全集》,长春出版社1999年版,第214页。
③ 张栻:《孟子说·滕文公下》,《张栻全集》,长春出版社1999年版,第341页。
④ 张栻:《存斋记》,《张栻全集》,长春出版社1999年版,第719页。
⑤ 张栻:《孟子说·离娄下》,《张栻全集》,长春出版社1999年版,第379页。
⑥ "事物之始,无有不善。然二气之运不齐,故事物之在天下亦不容无善恶之异。谓之恶者,非本恶,因其不齐而流为恶耳,然亦在天理中也。所贵乎人者,以其能保其性之善,不自流于恶为一物耳。"(张栻:《答胡季随》,《张栻全集》,长春出版社1999年版,第1001页。)

举，性气对言，方可谓知性。所以"论性而不论气，不备；论气而不论性，不明。盖论性而不及气，则昧夫人物之分，而太极之用不行矣；论气而不及性，则迷夫大本之一，而太极之体不立矣"。人与物之区别在于，人能尽性，能尽己之性，尽人之性，尽物之性，是故，人道立，而异于庶物。

由于气禀的原因，不仅人之性与物之性有别，人与人之间也存在差异："或曰：气之在人在物固有殊矣，而人之气禀亦有异乎？曰：人者，天地之精，五行之秀，其所以为人者，大体固无以异也，然各就其身，亦有参差不齐者焉，故有刚柔缓急之异禀。而上智生知之最灵，愚者昏滞而难发，由其不齐故也。"① "大体"即本体、渊源，是纯粹至善的，故"无以异"；"各就其身"即发运流行之过程，此过程即气禀过程，受后天环境影响，因人而异，故参差不齐，千差万别，所以导致人与人之间的差异。

综上，张栻认为气禀之性是人与物、人与人区别的根据，由于禀气之清浊偏正的不同，所以才有善与不善的产生，才有人与人、人与物之间差别的存在。在本然之性纯粹至善的前提下，在性之本"一"的基础上，张栻重点考察了气禀之性，论性之"殊"。性之本一是丰富多样的天地万物统一之基础，是天人合一之先验根据；性之殊是天地万物多样性之理论说明，亦是人与物相区别的重要根据。同时，更是在道德之意义上立人的一个重要标准和依据。儒家一向责人以善，而不深求其所以不能为善之深刻原因，究其实在于儒家诲人不倦、孜孜以求地追求人生的美好理想，而缺乏对人生不善的深刻认识。张栻是纯粹的性善论者，但却重点分析、深刻考察了不善产生的原因，可以说，这是张栻对儒学的一个贡献。

第三节　复善之可行性

张栻认为不善不是"性之罪"，而是由气禀造成的；气禀之性虽然有不善，但是其完全可以向善复归："气禀之性可以化而复其初，夫其可以

---

① 张栻：《孟子说·告子上》，《张栻全集》，长春出版社1999年版，第428页。

化而复其初者,是乃性之本善者也,可不察哉!"① 只要修养工夫到,并复全尽己之性,就可以化气禀之偏,就能够复性之本善。因此,气禀之性之不善存在着复善的可行性和可操作性。

一 循性为善

循性之循即是顺,循性即顺性之本然而不逆其性。性为万善之宗,性善是万物之共同本质,是故顺其本性即是为善。张栻云:"其不善者终非性之本然者也,故孟子谓乃若其情则可以为善矣。乃所谓善也,若训顺。……自性之有动者谓之情,顺其情则何莫非善,谓循其性之本然而发见者也;有以乱之而非顺之谓,是则为不善矣。"② 前文曾述,张栻以水为喻析性之善与不善,水之本性是就下,此即是善,非外力有以使之;决之而东西,搏之而上下,这是外力作用使然,非水之本性,一旦外力作用消失,决、搏之势尽,则其本性复明,善性自见。换言之,决、搏之势不但非水之本性,而且破坏了水之本性,原因即在于其行为是"逆性",而非"循性"。究其实,循性而为即是无所作为,无所作为即是不干扰破坏事物,从而还事物原本之面目。水之或上下、或东西,此非水之本性,而是人为造成的;也就是说,水性本善,其不善是人为使之。因此,人若在水面前、在天地万物面前顺其性而无所为,此即是为善:"无为其所不为,无欲其所不欲,顺其性而已矣。"③ 对天地万物而言,无为便是最好的作为,无欲便是最好的恩泽。有为则是逆其性,即是为恶:"性无有不善,其为善而欲善,犹水之就下然也。若所谓不善者,是其所不为也,所不欲也。亦犹水也,搏而跃之使过颡,激而行之使在山者然也。虽然,其所不为而人为之,其所不欲而人欲之,则为私欲所动,而逆其性故耳。"④

值得一提的是,张栻以水为喻,实际上把人与物的关系进行了重新思考和定位。张栻以物为主体,以人为参照体,改变了以往以人为主体,而以物为参照体的价值取向。更为重要的是,张栻将人对天地万物之驾驭与改造的"有为"关系转变为循性而为的"无为"关系,从而对人与物之

---

① 张栻:《孟子说·告子上》,《张栻全集》,长春出版社1999年版,第427页。
② 同上书,第432页。
③ 张栻:《孟子说·尽心上》,《张栻全集》,长春出版社1999年版,第473页。
④ 同上。

关系进行了价值转换与价值重估。在一定程度上说，张栻吸收了道家的智慧与思想。道家讲"我无为，万物将自化"，"万物并作，吾以观其复"，"生而不有，为而不恃，长而不宰"，而不应该去"施为"和"恃功"。无为并不是消极的无所作为，而是无为之为，是"不塞其源""不禁其性"[1]，还万物之自然本性，顺其性而任其自生。这种作为看似容易，做起来极难，道家的智慧正在这里。天地万物都在"我"的观照中自生自化，自立自足，物物皆如其所如，皆在其自己，人不逐物，人亦不役于物。人与万物的这种"尺度"，一方面成就了自然之大美，一方面成功了天地之大慧。表面上看，万物之自然生命与人之道德生命分而为二，实际上，当人退开一步，以欣赏者的角度观照万物之时，万物之自然生命便融于人之德性生命中，同时，人之德性生命亦泽于万物之自然生命之上。而此时之自然生命则更加昌盛灿烂，人之德性生命更加自适洒脱。张栻消化道家任性无为的观点，提出了循性为善的思想，循性而为即无为，无为之为即是善，将道家"无为"之思想与儒家"有为"之观点完美地结合在一起，"顺其理而不违，则天下之性得矣……所谓'行其所无事'者，非无所事也，谓由其所当然，未尝致丝毫之力也。天虽高，日月星辰虽远，而其故皆可得而求，盖莫非循自然之理也。"[2] 其中的道理和智慧，非常值得我们思考和学习。

二 学可复善

气禀之性虽有不善，但通过进业修德，通过发挥主观能动性可以改变气质之偏，复性之全，进而向善复归。[3] 张栻说："然就人之中不无清浊厚薄之不同，而实亦未尝不相近也。不相近则不得为人之类矣。而人贤不肖之相去，或相倍蓰，或相什百，或相千万者，则因其清浊厚薄之不同，

---

[1] 王弼注《道德经》"生而不有，为而不恃，长而不宰，是谓玄德"云："不塞其原，则物自生，何功之有？不禁其性，则物自济，何为之恃？物自长足，不吾宰成。有德无主，非玄而何？凡言'玄德'，皆有德而不知其主，出乎幽冥。"（王弼：《老子道德经注校释》，中华书局2008年版，第24页。）

[2] 张栻：《孟子说·离娄下》，《张栻全集》，长春出版社1999年版，第384页。

[3] "人均有是性，孰不可为善？气质虽偏，亦可反也。"（张栻：《孟子说·离娄上》，《张栻全集》，长春出版社1999年版，第354页。）

习于不善而日远耳。习者，积习而致也。善学者克其气质之偏，以复其天性之本，而其近者亦可得而一矣。"① 人与人之间的不同，贤才与不肖的差异，皆是由于清浊厚薄不同所致，然而此之"不同"与"差异"不是不可以改变的，通过"习"，习于善，便可以克服气禀之偏，复现本然之性。人虽有上智下愚之分，但不是不可以改变的，其途径和方法即在于"学"。善学习者下愚也可以至达上智，惟不学者，则下愚不可移。学习能够缩短人与人之间的差距，进而达到相近或相同。如前所述，张栻指出人与物之别、人与人之异是后天环境造成的，既然是后天造成而非先天使然，那么就完全可以改变，并且张栻对此充满了信心和决心。张栻的信心和决心，不仅坚守和贯彻了自己的信仰，同时也鼓舞了他人，尤其是激励了在复善道路上不断前行和探索之人。

学习可以变化气质，那么学什么呢，又如何学？张栻说："学者，学之为志贤也。圣贤曷为而可至哉？求之吾身而已。求之吾身，其则盖不远，心之所同然者，人所固有也，学者亦存此而已。存乎此，则圣贤之门墙可渐而入也。"② "学"即学为志贤，学为圣人。圣贤是社会的楷模，是人生的目标，圣贤非有所加，心之所同然，人之所固有，善学则克其气质之偏，以复其本然之性："非圣人之外复有所谓神，神即圣人之不可知者也。虽然，可欲之善，圣神之事备焉。人生而静，皆具此体也。惟夫有以斩丧之，故必贵于学，以复其初。"③ 学为圣贤，究其实是"学德"，即进德修业，不断地进行自我道德修养，就可以达到圣人的标准和境界。值得一提的是，张栻认为圣人不是生而知之，而是学而知之，"人生而静，皆具此体"，关键在于"学"。不学，必"斩丧之"；学则"复其初"，即学习可以变化气质，因为气禀之性是流，而非源；流则或清或浊，此是可以改变的，因此善学者可使之复善，即可以成为圣人。

张栻在深入分析不善产生之原因的基础上，言简意赅地提出了复善的两种方法，即循性为善与学可复善。循性体现的是人对天地万物自然规律的遵从，不以私意和己为干扰和破坏天地万物，还万物自然之状态，以此

---

① 张栻：《论语解·阳货篇》，《张栻全集》，长春出版社1999年版，第215页。
② 张栻：《孟子说·告子上》，《张栻全集》，长春出版社1999年版，第445页。
③ 张栻：《孟子说·尽心下》，《张栻全集》，长春出版社1999年版，第507页。

故，循性亦是无为，无为是实现人与万物和谐关系的最佳途径。进德修业之学习展现的是人对自我的变化和改造，习以去偏，学以复全，再现人的本然之性，以此故，学习是有为，有为是复善成圣的最佳途径。实际上，张栻提出的两种复善方法都是"为"，关键在于如何作为，循性是"消极"的作为，学习是"积极"的作为，二者没有褒贬之别。无论哪种作为，其旨向都是相同的，都是为了实现人生的志向和理想。

三 尽性成圣

圣人是儒家所向往的理想人格，是人性理论的圆满践行和最高境界。圣人"设卦、观象、系辞焉，而明吉凶"（《周易·系辞上》），"与天地合其德，日月合其明，四时合其序，鬼神合其吉凶"，"可以赞天地之化育"，"可以与天地参"，或曰圣人"生而知之""安而行之"（《中庸》，第二十章），圣人之睿智可以照察天地变化之奥妙，可以预知人事行为之吉凶，一言以蔽之，圣人与天地相通。张栻继承了传统的圣人理论，并加以发展。他认为圣人"自诚而明"，"圣人尽性，从容自中，与天地相流通，故动容周旋无非至理"[1]。或有人虽具有天生的资质，如恃其美质而不去学习，则是自暴自弃；而另有人虽然没有天赋之质，但是通过学习，可以变化气质，可以上达圣人："上知则不沦于下，下愚则不达于上，苟非上智下愚，则念不念之分固可得而移也。上智下愚一存于气禀乎？曰：不然。上智固生知之流，然亦学而可至也。均是人也，虽气禀之浊，亦岂有不可变者乎？惟其自暴自弃而不知学，则为安于下愚而不可移矣。"[2] 张栻一再强调"学"对于成圣的重要性："气质虽美而有限，天理至微而难明，伊欲化其有限而著夫难明，其惟学而已矣。学也者，所以成身也。无以成其身，则拘于气质而不能以自通，虽曰有是善，而其不善者固多矣。抑其所谓善者，亦未免日沦于私意而不自知也。就其中虽间有所禀特异于众者，其事业终有尽量为可惜。何者？天理不明，本不立故耳。嗟乎？恃美质而不惟进学之务，是亦自弃者也。"[3] 由于每个人的禀气过程

---

[1] 张栻：《答吴德夫》，《张栻全集》，长春出版社1999年版，第984页。
[2] 张栻：《论语解·阳货篇》，《张栻全集》，长春出版社1999年版，第215页。
[3] 张栻：《送钟尉序》，《张栻全集》，长春出版社1999年版，第772页。

不同，所处环境不同，接物应事的方式不同，所形成的气质之性亦不尽相同。有的人气质之性比较好，即美质；有的人气质之性比较弱，即陋质。圣人居美质，但是美质亦有其局限性，只有通过学习，才能化其有限，才能"成"圣。"圣虽生知，而亦必学以成之。"① 此语颇值得玩味。圣人虽然具有美质，但是成就其为圣人者则要通过学习，不"学"，美质只是徒有其名。学以化其质，学以尽其性，学以成其身，只有进德修业，才能最大限度地发挥自己的本性，最大程度地发挥自己的才能，才有可能成为圣人。在此，张栻打破了传统的上智下愚固不相移的观点，指出通过学习，通过进德修业，下愚能够上达上智。这样，张栻的圣人理论就为众人通向圣人之路打开了门户，为众人成圣找到了门径。这也正是张栻人性论之目的所在。

值得注意的是，张栻认为凡人通过学习可以成为圣人，但是圣人是不会陷为凡人的。这正是张栻彻底性善论之先验证明。张栻认为圣人不会陷为凡人，并对此进行了圆融的诠释："盖人皆可以为圣人，而不为圣人者，是其充之未至，不能尽其性耳。"② "圣人非能有加也，能尽其才者也。众人之所固有，亦岂与圣人异乎哉？特弗思耳……人之相去，或倍蓰，或无算者，由能尽与不能尽之异也。"③ 张栻指出圣人之所以不为圣人，是缘于未尽其性，未尽其才；如能尽其性、尽其才，便是圣人："圣人之所以为圣人者，以尽人道故也。圣人之所尽者，即吾心之所同然者也，圣人先得之耳。"④ 圣人尽性、尽才，进而尽人道，垂典范，先吾心之所同然，故曰："夫善者，性也，能为善者，才也。"⑤ 换言之，圣人与凡人性相同，区别在于能否尽其性，能否尽其才；圣人能尽其性，能尽其才，凡人则不能尽其性，不能尽其才。圣人之性弗有加，凡人之性弗有减，原因即在于性是先天的，才是后天的。换言之，善是先天的，能为善是后天的，所以"学习""尽性"在人生成长的过程中非常重要，学以复性，尽性成圣，完善道德，是众人成德成圣的依据和动力。

---

① 张栻：《孟子说·离娄下》，《张栻全集》，长春出版社1999年版，第367页。
② 张栻：《孟子说·尽心下》，《张栻全集》，长春出版社1999年版，第506页。
③ 张栻：《孟子说·告子上》，《张栻全集》，长春出版社1999年版，第432页。
④ 同上书，第434页。
⑤ 同上书，第432页。

张栻的人性论，继承并发展了孟子的性善论思想，但比孟子更普遍、更纯粹、更彻底，在本根处弥补了孟子论性之不足，使性善论有了更坚定的本体论和宇宙论的根据；在适用范围上较孟子更加广泛，包括人、天地万物甚至飞禽走兽，包括有情物和无情物，其性都是善的，使性善具有极强的绝对性。张栻之所以纵论性善的纯粹性和彻底性，一方面体现了中国士大夫"民胞物与"的宇宙情怀，另一方面凸显了人类追求高尚精神生活的美好愿望。

第四章　居敬主一的工夫论

工夫论主要讨论为学问道的途径问题，解决人道上达天道之方法和途径，以及道德实践之所以能够产生并完成的主观动因。本体论解决的是人道的形而上之根据和道德生发的源泉问题，以及道德实践之所以产生之客观根据。本体论与工夫论之关系实际上是天人关系的具体展开。天人关系即天道与人道关系问题，不仅是中国哲学的核心问题，也是一切哲学关注的重心问题。而在这对关系中，"人"显得尤为重要，此亦是由中国哲学重人道而尊天道之特质所决定。

张栻的工夫论较为复杂，其间还伴随着与朱熹的交涉辩论，这也是研究张栻的难点和重点。之所以是难点，是由于《南轩集》中收录的张栻早期作品不多，尤其是与朱熹观点不同甚至相悖之著述尽被朱熹删除；之所以是重点，是因为爬梳和厘清张栻的早期思想，其后期思想便亦迎刃而解，其思想发展的脉络亦可明朗，与朱熹思想之异同便可历然在目。今笔者根据《南轩集》、朱子之言说与评论以及时人和后人的一些笔记等资料，并在一定程度上与朱熹之工夫论进行比较，以期系统深入地考察张栻的工夫论。

第一节　察识端倪说

"端倪"见《庄子·大宗师》："反覆终始，不知端倪。"宋儒中，张栻喜用甚至"专用"端倪。这在其作品中多处可见，如其言："验端倪之所发，识大体之权舆"[①]，"万化根原天地心，几人于此费追寻，端倪不远

[①] 张栻：《遂初堂赋》，《张栻全集》，长春出版社1999年版，第522页。

君看取，妙用何曾问古今"①，"使学者验端倪之不远，而造高深之无极，体用该备，可举而行"②，"孟子告齐王，未尝不引之以当道，王岂无秉彝之心乎？则其端倪亦有时而萌动矣"③；后来张栻经略广西时，亦"不离"端倪，他说："财计空虚，亦颇得端倪。"另外，从朱熹处我们也可以看出张栻喜言"端倪"，朱子曾说："南轩说'端倪'两字极好。此两字，却自人欲中生出来。人若无这些个秉彝，如何思量得要做好人！"④ 又言："今曰'即日所学，便当察此端倪而加涵养之功'，似非古人为学之序也。"⑤ 这是朱熹对张栻等湖湘学派学者的不满和评价，等等，不一而论。这些足以说明张栻喜用并屡用"端倪"。"端倪"即事物发展的开始、萌芽，察识端倪即注意观察事物的萌芽和发端；理学中的端倪是指于洒扫应对进退之间，接物待人之际，本心自然萌动其中，学者要当下抓住本心，然后操存涵养并扩充，乃至与天同大。

一 察识端倪说之原委

究其实，孔子的"观过知仁"便孕育了"察识端倪"说之萌芽。子曰："观过，斯知仁矣。"（《论语·里仁》）观其过，则其所陷溺者可知，距离本心亦不远矣。孟子则使"察识端倪"说之含义更加丰富和明确，主要体现于其对"不忍人之心"的论述上：

"臣闻之胡龁曰：王坐于堂上，有牵牛而过堂下者，王见之，曰：牛何之？对曰：将以衅钟。王曰：舍之！吾不忍其觳觫，若无罪而就死地。对曰：然则废衅钟欤？曰：何可废也，以羊易之。不识有诸？"曰："有之。"曰："是心足以王矣！百姓皆以王为爱也，臣固知王之不忍也。"王曰："然。诚有百姓者。齐国虽褊小，吾何爱一

---

① 张栻：《庐陵李直卿以复名其斋求予诗久未暇也今日雪霁登楼偶得此遂书以赠顾惟圣门精微纲领岂浅陋所能发柢增三叹》，《张栻全集》，长春出版社1999年版，第612页。
② 张栻：《胡子知言序》，《张栻全集》，长春出版社1999年版，第756页。
③ 张栻：《孟子说》卷六，《张栻全集》，长春出版社1999年版，第437页。
④ 黎靖德编：《朱子语类》卷一百三，中华书局1994年版，第2605页。
⑤ 朱熹：《答林则之》第21书，《朱熹集》卷四十三，四川教育出版社1996年版，第2047页。

牛？即不忍其觳觫若无罪而就死地，故以羊易之也。"曰："王无异于百姓之以王为爱也。以小易大，彼恶知之？王若隐其无罪而就死地，则牛羊何择焉？"王笑曰："是诚何心哉？我非爱其财而易之以羊也。宜乎百姓之谓我爱也。"曰："无伤也，是乃仁术也，见牛未见羊也。君子之于禽兽也，见其生，不忍见其死；闻其声，不忍食其肉。是以君子远庖厨也。"（《孟子·梁惠王上》）

孟子虽未明确提出"端倪"或"察识端倪"之语，但其就齐宣王不忍见牛之觳觫而就死地，指出此即是恻隐之心的发端，当下进行点拨；并指出此心即仁心，善推之，则可王天下。孟子认为人皆有此心，只是有的人不能自识，无法存养扩充；有的人则善于在日用接物之间发现此心，进而存养扩充。但是此心未应事接物时，不易被察觉；一旦应事接物，便当下自然呈现，此即是"仁之端"，若能于此时抓住并扩充涵养，便可与天同大。可见，孟子的不忍牛觳觫而就死地的行为孕育了察识端倪说，实际上是察识端倪说之源流。朱熹曾说："日用应接动静之间，这个道理从这里迸将出去。如个宝塔，那毫光都从四面迸出去。"① 又说："（《孟子》）七篇之指无所不究，而其所以示人者，类多体验充扩之端。"②

宋明理学家把《孟子》的不忍人之心与《中庸》的已发未发以及《礼记》中的天理人欲相结合，从而在为学的工夫进路上便有于已发察识和于未发涵养之别。未发、已发是指人的情感、欲望等心理活动接于物前后的状态与反映："喜怒哀乐之未发，谓之中；发而皆中节，谓之和。中也者，天下之大本也；和也者，天下之达道也。"孔颖达注云："喜怒哀乐之未发谓之中者，言喜怒哀乐缘事而生，未发之时，澹然虚静，心无所虑而当于理，故谓之中。发而皆中节谓之和者，不能寂静而有喜怒哀乐之情虽复动，发皆中节限，犹如盐梅相得，性行和谐，故云谓之和。中也者天下之大本也者，言情欲未发是人性初本，故曰天下之大本也。和也者天下之达道也者，言情欲虽发而能和合道理，可通达流行，故曰天下之达道

---

① 黎靖德编：《朱子语类》卷五十三，中华书局1994年版，第1283页。
② 朱熹：《语孟集义序》，《朱熹集》卷七十五，四川教育出版社1996年版，第3944页。

也。"① 未发之时，澹然虚静，人性本然；已发之际，性情和谐，和合道理。"喜怒哀乐"是人情感的具体表征，缘事而生，接物而发。喜怒哀乐之情未发即是"中"，此时心无所虑，虚一而静，天理澄然。喜怒哀乐之情已发有两种情况，发而中节即是"和"，和合道理，和合天理；另外一种情况就是发而不中节，发而不中节必不能合乎道理，亦违背天理。中节与不中节是人性接于物之时的情感反映，如果喜怒哀乐之已发，即感于物而动能够节于礼，则天理可见；如果喜怒哀乐之已发，即感于物之无穷并化于物，则流于人欲。这是宋明儒者强调天理人欲之别的理论根据。以此，则有未发为性，已发为情（或已发为心）之论。

程颐可以说是比较早地讨论已发、未发的理学家，他说："心一也，有指体而言者（原注：寂然不动是也），有指用而言者（原注：感而遂通天下之故是也）。惟观其所见如何耳。"② 又说："'喜怒哀乐之未发谓之中'，中也者，寂然不动者也。故曰'天下之大本'。'发而皆中节谓之和'，和也者，言感而遂通者也。故曰'天下之达道'。"③ 程颐不仅引入《周易》来诠释已发未发，而且提出心兼已发未发、心兼体用的观点。在具体之为学问道的方法上，程颐重视未发时的涵养："于喜怒哀乐未发之时，更怎生求？只平日涵养便是。涵养久，则喜怒哀乐发自中节。"④ 同时他也注意已发之际的观察：（问）曰："观于四者未发之时，静时自有一般气象，即至接事时又自别，何也？"（答）曰："善观者不如此，却于喜怒哀乐已发之际观之。"⑤ 程颐的这种思想对后儒产生了很大的影响，南宋理学家之工夫论基本上因对程颐思想之不同理解和诠释或体会之重点不同，遂有胡安国—胡宏—张栻一系重视于已发处察识和杨时—罗从彦—李侗—朱熹一系强调于未发前涵养之分歧。

胡宏曾对程颐心兼已发和未发之观点提出不同的见解："窃谓未发只可言性，已发乃可言心。故伊川曰：'中者，所以状性之体段'，而不言状心之体段也。心之体段，则圣人无思也，无为也，寂然不动感而遂通天

---

① 郑玄注，孔颖达正义：《礼记正义》卷五十一，中华书局1980年版，第1625页。
② 程颢、程颐：《河南程氏文集》卷九，《二程集》，中华书局1981年版，第609页。
③ 程颢、程颐：《河南程氏遗书》卷二十五，《二程集》，中华书局1981年版，第319页。
④ 程颢、程颐：《河南程氏遗书》卷十八，《二程集》，中华书局1981年版，第200—201页。
⑤ 同上书，第201页。

下之故是也。未发之时，圣人与众生同一性；已发，则无思无为，寂然不动感而遂通天下之故，圣人之所独。夫圣人尽性，故感物而静，无有远近幽深，遂知来物；众生不能尽性，故感物而动，然后朋从尔思，而不得其正矣。若二先生以未发为寂然不动，是圣人感物亦动，与众人何异？"①"二先生"即杨时与尹焞，皆是程门高足。杨时认为"中也者，寂然不动之时也"②，即未发为寂然不动之时，杨时之观点来自程颐。程颐和杨时都将已发和未发视为心。胡宏则认为未发只可言性，已发乃可言心，未发之时，圣人与众人完全一样，缘于性体相同，已发之时，则显示出圣人与众人之别：圣人能尽性，无思无为，寂然不动，感而遂通天下之故；众生不能尽性，故感物而动，然后朋从尔思，而不得其正矣，此即缘于心用不同之故。因此在心性关系上，与程颐心有体用不同，胡宏主张性体心用："圣人指明其体曰性，指明其用曰心。性不能不动，动则心矣。"③ 心性对扬，性是体，心是用，性是未发，心是已发，因此未发和已发是性与心的体用之别。

性是未发，心是已发；性动为心。因此，胡宏非常重视省察日用伦常，"天命之为性，而流行发见于日用之间"④。读书、晨昏之奉、室家之好、嗣续之托、交朋友、使奴隶、夏葛冬裘、渴饮饥食等日常生活均含有道，只是百姓不知之而已。⑤ 胡宏注重省察日用伦常，究其实是于已发处做工夫，然后反本体证："他日某问曰：'人之所以不仁者，以放其良心也。以放心求心可乎？'曰：'齐王见牛而不忍杀，此良心之苗裔，因利欲之间而见者也。一有见焉，操而存之，存而养之，养而充之，以至于

---

① 胡宏：《与僧吉甫书》，《胡宏集》，中华书局1987年版，第115页。
② 同上。
③ 朱熹：《胡子知言疑义》，《朱熹集》卷七十三，四川教育出版社1996年版，第3866页。
④ 胡宏：《知言》，《胡宏集》，中华书局1987年版，第39页。
⑤ "兄不事科举，杜门读书，有晨昏之奉，室家之好，嗣续之托，交朋友，使奴隶，夏葛冬裘，渴饮饥食。必如是行之，以后慊于心。此释氏所谓幻妄粗迹，不足为者。曾不知此心本于天性，不可磨灭，妙道精义具在于是。圣人则寂然不动感而遂通，而百姓则日用而不知耳，盖不可以有适莫也。……昔孔子下学而上达，及传心要，呼曾子曰：'吾道一以贯之。'曷尝如释氏离物而谈道哉？曾子传子思，亦曰：'可离，非道也。'见此，则心迹不判，天人不二，万物皆备于我。反身而诚，天地之间，何物非我？仁之为体要，义之为权衡，万物各得其所，而功与天地参焉。此道之所以为至也。"（胡宏：《与原仲兄书》，《胡宏集》，中华书局1987年版，第120—121页。）

大，大而不已，与天同矣。此心在人，其发见之端不同，要在识之而已。'"① "此良心之苗裔"即本心、仁心，此心"因利欲之间而见"，故曰"逆觉体证"，"即就现实生活中良心发见处直下体证而肯认之以为体之谓也。不必隔绝现实生活，单在静中闭关以求之。此所谓'当下即是'是也"②。胡宏指出抓住良心苗裔，存养扩充，以至于大，则性体可见。胡宏的察识良心之苗裔是张栻察识端倪说的直接理论来源，此种为学问道之方法后儒谓之先察识后涵养。

二 察识端倪说之内容

张栻早期之为学问道方法，继承并发展了胡宏的因利欲间见良心苗裔之思想，他曾说："今之学者苟能立志尚友，讲论问辩，而于人伦之际审加察焉，敬守力行，勿舍勿夺，则良心可识，而天理自著。"③ "人伦之际"也就是胡宏所言的"晨昏之奉，室家之好，嗣续之托，交朋友"等，于人伦之际进行省察，并敬守涵养，则天理自见。在《静江府学记》中，张栻则进一步具体地阐述了这一思想："夏葛而冬裘，饥食而渴饮，理之所固存，而事之所当然者。凡吾于万事皆见其若是也，而后为当其可学者，求乎此而已……嗟夫！此独未之思而已矣。使其知所思，则必悚然动于中，而其朝夕所接，君臣、父子、兄弟、夫妇、朋友之际，视听言动之间，必有不得而遁者，庶乎可以知入德之门矣。"④ 道物不相离，道就在平常之生活中，是故"晨昏之奉，室家之好，嗣续之托，交朋友，使奴隶，夏葛冬裘，渴饮饥食"，"妙道精义具在于是"；其发端于"五伦"之际，"视听言动之间"，即上文所说的"人伦之际"，"必有不得而遁者"即端倪之呈现、本心之发端，当下抓住并操存："敬守力行，勿舍勿夺"，则天理自见。在释解"观过知仁"时，张栻说："虽曰过也，然观其过而其心之不远者可知矣……而其失至此，则其所陷溺者亦可知矣，故曰：'观过，斯知仁矣。'"⑤ 观过察心，观即察识，心在"过"中必有所发

---

① 朱熹：《胡子知言疑义》，《朱熹集》卷七十三，四川教育出版社1996年版，第3865页。
② 牟宗三：《心体与性体》（中），上海古籍出版社1999年版，第394页。
③ 张栻：《郴州学记》，《张栻全集》，长春出版社1999年版，第682页。
④ 张栻：《静江府学记》，《张栻全集》，长春出版社1999年版，第678页。
⑤ 张栻：《论语解·里仁篇》，《张栻全集》，长春出版社1999年版，第93页。

露,此即端倪,察识此端倪,则知仁矣。在应事接物中,本心当下自然呈现,然后操存涵养,反本得道。质言之,张栻早期工夫论的理论根据是以心为已发、性为未发,以"察识端倪之发"为为学问道之门径;这正是对胡宏"未发之可言性,已发乃可言心"及"察识良心之苗裔"思想之继承与发扬。故朱熹云:"五峰曾说,如齐宣王不忍觳觫之心,乃良心,当存此心。敬夫说'观过知仁',当察过心则知仁。二说皆好意思。然却是寻良心与过心,也不消得。"① 无论是胡宏的寻良心还是张栻的观过心,都是在已发之心上下工夫,于日用伦常中体察心之发端。

在《潭州重修岳麓书院记》和《艮斋铭》中,张栻对察识端倪说的具体内容作了详细的阐说和深刻的分析。需要说明的是,这两篇作品是保留在《南轩集》中极为罕见的张栻早期之作品,是张栻早期为学问道的重要代表作,对研究张栻早期的思想非常重要。《潭州重修岳麓书院记》作于乾道二年(1166),《艮斋铭》作于乾道四年(1168)。在这两篇记中,张栻云:

善乎!孟子之得传于孔氏,而发人深切也!齐宣王见一牛之觳觫耳不忍,则告之曰:是心足以王矣。古之人所以大过人者,善推其所为而已。论尧舜之道本于孝悌,则欲其体夫徐行、疾行之间;指乍见孺子匍匐将入井之时,则曰恻隐之心仁之端也,于此焉求之,则不差矣。尝试察吾终日事亲从兄、应物处事,是端也,其或发见,亦知其所以然乎!诚能默识而存之,扩充而达之,生生之妙,油然于中,则仁之大体岂不可得乎?及其至也,与天地合德,鬼神同用,悠久无疆,变化莫测,而其则初不远也。②

物之感人,其端无穷。人为物诱,欲动乎中。不能反躬,殆灭天理。圣昭厥猷,在知所止。天心粹然,道义俱全。是曰至善,万化之源。人所固存,曷自违之?求之有道,夫何远而?四端之著,我则察之。岂惟虑思,躬以达之。工深力到,大体可明。匪由外铄,如春发生。知既至矣,必由其知。造次克念,战兢自持。事物虽众,各循其

---

① 黎靖德编:《朱子语类》卷一百一,中华书局1994年版,第2593页。
② 张栻:《潭州重修岳麓书院记》,《张栻全集》,长春出版社1999年版,第693页。

则。其则匪它，吾性之德。动静以时，光明笃实。艮止之妙，于斯为得。任重道远，时不我留。①

上述录引之文，提到两则典故，一是不忍牛觳觫而就死地，一是乍见孺子匍匐将入井，两则典故中都自然地流露出了恻隐之心。齐宣王不忍看见牛即将被杀时的惊恐样子，孟子当下指出此是恻隐之心的萌发。乍见孺子将入于井，怵惕恻隐之心立即萌生。张栻在此借引孟子的思想，将其普遍化到侍亲从兄、应物处事，并曰"其或发见，亦知其所以然乎"。"知其所以然"即是仁心之萌、良心之苗裔。若于此时能"默识而存之，扩充而达之"，则可与"天地合德，鬼神同用"。在《艮斋铭》中，张栻引入《周易》和《大学》的思想，进一步深入探讨察识端倪说。"在《易》，艮为止，止其所也。某尝考《大学》始终之序，以知止为始，得其所止为终，而知止则有道矣。《易》与《大学》，其义一也。"②《艮斋铭》之命名源于《周易·艮卦》："艮，止也。时止则止，时行则行。动静不失其时，其道光明。'艮其止'，止其所也。"《大学》有云："知止而后有定，定而后能静，静而后能安，安而后能虑，虑而后能得。物有本末，事有终始，知有先后，则近道矣。"③ 张栻将《周易》与《大学》结合，掇其遗意，而作此铭。在《艮斋铭》中，张栻指出圣人与常人在天性上是相同的，都是善的。但是当性接于物时，即性面对各种物欲、面对各种关系时，便体现出圣人和常人的差异：圣人对于各种关系之诱惑，寂而不动，常人面对各种物欲之诱惑，往往陷溺其中，从而殆灭天理。虽然常人诱于物、灭于理，但并非不能自拔，永远与天理隔绝；只要为学工夫精到，天理便会重现。因此，某种意义上，张栻更加关注常人再现天理的问题，并给出再现天理的具体方法和途径：四端之著，我则察之。④ 这是张栻思想最为亮丽之处。当把人按照某种标准分为圣人与常人之时，关注

---

① 张栻：《艮斋铭》，《张栻全集》，长春出版社1999年版，第1039页。
② 同上。
③ 朱熹：《大学章句集注》，《四书五经》上卷，北京古籍出版社1993年版，第5页。
④ 张栻在为胡广仲之斋所作记中亦提到此种方法："夫恻隐、羞恶、辞让、是非一萌于中，亦知其所以然乎！知其所以然，则良心见矣。此所谓若火之始燃，泉之始达，扩者扩乎此者也。"（《扩斋记》，《张栻全集》，长春出版社1999年版，第722页。）

的重点应该是常人而非圣人。圣人毫无疑问是人道的楷模、常人的目标，此无须多论，问题的关键是常人如何才能成圣，怎样才能成圣。张栻恰恰抓住了这一点，为常人的前行指明了方向，甚至给出了方法。日用伦常集于四端，表现于四端，四端是本心之流露，体察四端的发现，然后于此做工夫，这样才"大体可明"。也就是说，圣人与众人在未发之性上是相同的，但在面对各种关系时所体现出的已发之性上是不同的，甚至具有天壤之别。圣人寂而不动，众人为物所役。所以，张栻紧接着便指出众人如若善于体察四端之著，而且工深力到，便可反躬再现天理。朱熹年谱研究专家王懋竑言："《艮斋铭》以知止为始，而格物致知，专以察识端倪为下手工夫，与学聚问辨之指不类。……以审察见得为格物致知，以泰然行将去为正心诚意，亦仍是《艮斋铭》之指也。大抵以心为已发，以性为未发，要从已发处识得未发，故曰'为应酬酢处，特达见本根'。"① 值得一提的是，张栻在早期的为学问道方法中，主张察识已发之端倪，但他也反对只是体验于未发，而且对此还曾提出过质疑与批评："岂惟思虑？"另外，张栻吸收和消化了《周易》和《大学》关于"止"的思想，并化为己用。止即是定，定时是动亦是静，动静之中主一无适，便为敬，故曰定即是敬。这是其早期工夫论中最具特色之处，也是其工夫论之核心与要义。研究张栻的思想，考察张栻的工夫论，必须抓住这一点，才能真正把握张栻工夫论之精神，进而厘清张栻与朱熹工夫论之差异。此待后文详述。

三　朱熹对张栻的欣赏

朱熹与张栻二人有长达十余年的学术交往，在交往的过程中，朱熹不仅渐渐认识了湖湘学，而且非常重视和欣赏张栻的察识端倪说。在讲学时，在给友人和弟子的书信中，朱熹经常提及张栻察识端倪的思想："南轩说'端倪'两字极好。此两字，却自人欲中生出来。人若无这些个秉彝，如何思量得要做好人！"② 在给门人程洵（字允夫）的信中说："近文甚多，未暇录，且另写此一铭去，此犹胜他文也……如《艮斋铭》便

---

① 王懋竑：《朱熹年谱》，中华书局1998年版，第310页。
② 黎靖德编：《朱子语类》卷一百三，中华书局1994年版，第2605页。

第四章 居敬主一的工夫论

是作工夫底节次。近日相与考证古圣所传门庭，建立此个宗旨，相与守之。"① 又在复曾季狸（字裘父）的书中云："敬夫为元履作斋铭，尝见之否？谩纳一本。其言虽约，然《大学》始终之义具焉，恐可置左右也。"② 上文已述，《艮斋铭》真切地展现了张栻的察识端倪说，朱熹对《艮斋铭》给予了充分的肯定，认为其具备了《大学》之要义，可以经常研读；并对张栻的察识端倪说极尽赞扬，认为不懂得端倪说，便无法做个好人。

朱熹师从李延平，"李先生教人，大抵令于静中体认大本未发时气象分明，即处事应物自然中节。此乃龟山门下相传指诀。然当时亲炙之时，贪听讲论，又方窃好章句训诂之习，不得尽心于此，至今若存若亡，无一的实见处，辜负教育之意。每一念此，未尝不愧汗沾衣也"③。朱熹未契静中体认大本未发气象为何，而先生没。正患无师友启发相助，而识张栻并闻湖湘学："余蚤从延平李先生学，受《中庸》之书，求喜怒哀乐未发之旨。未达而先生没。余窃自盗其不敏，若穷人之无归。闻张钦夫得衡山胡氏学，则往从而问焉。"④ 朱熹当时正在苦思已发未发问题，不得其解，非常痛苦，"若穷人之无归"；而与张栻的交流，对他启发很大。"某块坐穷山，绝无师友之助，惟时得敬夫书问往来，讲究此道，近方觉有脱然处。潜味之久，益觉日前所闻于西林而未知契者，皆不我欺矣。幸甚幸甚！恨未得质之高明也。元来此事与禅学十分相似，所争毫末耳。然此毫末却甚占地位。"⑤ 李先生静中体验未发气象，颇似禅学，但与禅学又存在着本质之区别。朱熹开始未达先生之意，自然更难以体会儒学与禅学之差异。通过与张栻的交流，才有"脱然处"和"多所警发"："钦夫亦时

---

① 朱熹：《答程允夫》第5书，《朱熹集》卷四十一，四川教育出版社1996年版，第1920页。
② 朱熹：《与曾裘父》第3书，《朱熹集》卷三十八，四川教育出版社1996年版，第1719页。王懋竑按："（朱熹）自潭州归后，以《艮斋铭》为宗指。其见于与程允夫、曾裘父书甚明……'与何叔京书：因其良心发见之微，猛醒提撕，使心不昧，默会诸心，以立其本。'是皆《艮斋铭》之指也。"（《朱熹年谱》，中华书局1998年版，第310页。）朱熹与何叔京的信，详见《答何叔京》第11书，《朱熹集》卷四十，四川教育出版社1996年版，第1865页。
③ 黄宗羲：《豫章学案》，《宋元学案》卷三十九，中华书局1986年版，第1291页。
④ 朱熹：《中和旧说序》，《朱熹集》卷七十五，四川教育出版社1996年版，第3949页。
⑤ 朱熹：《答罗参议》，《朱熹集·续集》，四川教育出版社1996年版，第5239页。

时得书，多所警发，所论日精诣。向以所示《遗说》数段寄之，得报如此。始亦疑其太过，及细思之，一一皆然。有智无智，岂止校三十里也。"① 所以，朱熹欣然接受了湖湘学之察识端倪说，并补充和修正了"道南指诀"，以书报张栻②，史称"丙戌之悟"。

在长期的书信交流中，朱熹受益匪浅，但仍觉得有"面究"的必要，他在给罗参议的信中说："钦夫尝收安问，警益甚多。大抵衡山之学只就日用处操存辨察，本末一致，尤易见功。某近乃觉知如此，非面未易究也。"③ 有些问题当面交流讨论，会更好一些。"丙戌之悟"后，朱熹决定赴潭州拜访张栻，"面见究学"。乾道三年（1167）九月，朱熹在友人范念德（字伯崇）和林用中（字则之）的陪同下，从崇安抵潭州拜晤张栻。虽然这次会晤讲论未留下详细的记载，但从零散之材料中亦可窥得会晤讲论之大致状况。如前文所述，李侗去世后，朱熹一直苦参中和问题，直到有所新悟。这个问题一直伴随着朱熹与张栻的书信交流，此次湖湘之行两人必然要进一步讨论中和问题。据洪本年谱："是时，范念德侍行，尝言二先生论《中庸》之义，三日夜而不能合，其后先生卒更定其说。然则未发之旨，盖未相契也。"④ 归后，朱熹叙述了此次走访潭州的经历："熹此月八日抵长沙，今半月矣。荷敬夫爱予甚笃，相与讲明其所未闻，日有问学之益，至幸至幸！钦夫学问愈高，所见卓然，议论出人意表，近读其

---

① 朱熹：《答何叔京》第 8 书，《朱熹集》卷四十，四川教育出版社 1996 年版，第 1860 页。

② 《与张敬夫》（"人自有生即有知识"，《朱熹集》卷三十，四川教育出版社 1996 年版，第 1289 页），《与张敬夫》（"前书所扣正恐未得端的"，《朱熹集》卷三十，四川教育出版社 1996 年版，第 1290 页），《答张敬夫》（"前书所禀寂然未发之旨"，《朱熹集》卷三十二，四川教育出版社 1996 年版，第 1373 页），《答张敬夫》（"诲谕曲折数条"，《朱熹集》卷三十二，四川教育出版社 1996 年版，第 1371 页），以上答张栻四书是朱熹在中和问题上之新悟，即"丙戌之悟"。但四书写作时间存在争议，王懋竑认为四书均作于乾道二年（1166，丙戌），（《朱熹年谱》，中华书局 1998 年版，第 27 页）；陈来先生认为前三书作于乾道二年，后一书（"诲谕曲折数条"）作于乾道三年（1167，丁亥），（《朱子书信编年考证》，上海人民出版社 1989 年版，第 40 页）；钱穆先生认为四书均作于乾道四年（1168，戊子）（《朱子新学案》第二册"论未发与已发"，巴蜀书社 1986 年版，第 444 页）。

③ 朱熹：《答罗参议》，《朱熹集·续集》，四川教育出版社 1996 年版，第 5238 页。

④ 王懋竑：《朱熹年谱》，中华书局 1998 年版，第 306 页。

语说，不觉胸中洒然，诚可叹服！"①《答程允夫》云："某去冬走湖湘，讲论之益不少，然此事须是自做工夫，于日用间行住坐卧处，方自有见处。然后从此操存，以至于极，方为己物尔。敬夫所见超诣卓然，非所可及！"②可见这次"潭州嘉会"，两人讨论最多的仍是衡山之学的察识端倪说，此亦是朱熹感受颇深、收获最大之处。朱熹临别复张栻赠诗曰："昔我抱冰炭，从君识乾坤。始知太极蕴，要眇难名论。谓有宁有迹，谓无复何存？惟应酬酢处，特达见本根。"③"惟应酬酢处，特达见本根"即在日用伦常处辨察，然后操存涵养，反本见根。王懋竑《朱子年谱》中按："其后朱子卒从南轩受衡山之学，以《艮斋铭》为宗旨，相与守之，先察识，后涵养，则与延平异矣。"④王懋竑先生一语中的，朱熹此时服膺于湖湘学，对张栻的察识端倪说非常欣赏，并以《艮斋铭》为宗旨，与张栻相与执守，而与李侗异趣矣。

通过以上之考察和分析，我们大致可以窥见张栻早期工夫论之原貌。张栻在继承胡宏因利欲之间察识良心之苗裔的基础上，提出察识端倪说，即主张先察识后涵养。此种为学问道的方法对朱熹影响很大，朱熹十分欣赏，并欣然接受，与张栻共守共勉。

第二节 察识与涵养并进

生命的成长是一个动态的历程，思想的发展是一个变化的过程。在这个历程和过程中，自然要不断地总结和反思，以便更好地前行，以期人生的完满和完美。张栻在其思想的发展进程中，对为学问道的方法便有所补充和修正，所以其后期工夫论与前期工夫论有所不同。前期主张察识端倪说，后期则坚持察识与涵养并进，那么分期的界点在哪里，分期的标准又是什么？后世研究者一般以朱熹的"己丑之悟"为分际，并以该年朱熹

---

① 朱熹：《与曹晋叔》，《朱熹集》卷二十四，四川教育出版社1996年版，第1027页。
② 朱熹：《答程允夫》第5书，《朱熹集》卷四十一，四川教育出版社1996年版，第1920页。
③ 朱熹：《二诗奉酬敬夫赠言并以为别》，《朱熹集》卷五，四川教育出版社1996年版，第211页。
④ 王懋竑：《朱熹年谱》，中华书局1998年版，第308页。

给林用中的信为依据。乾道五年（1169，己丑），朱熹对自己为学问道的方法有所修正，并致信林用中曰："近得南轩书，诸说皆相然诺，但先察识后涵养之论执之尚坚，未发已发条理亦未甚明。盖乍易旧说，犹待就所安耳。"① 后世研究者多以此为"依据"，认为此信是张栻依附朱熹的事实"依据"。实际上，这则书信非但没有说明张栻工夫论之转变，而且还提供了这样几个信息：第一，朱熹说张栻"先察识后涵养之论执之尚坚"，这恰恰说明了朱熹工夫论的转变，因为此前两人都坚守先察识后涵养的工夫论，并以此共勉；第二，对于朱熹工夫论的转变，张栻并非完全赞同，"诸说皆相然诺，但先察识后涵养之论执之尚坚"；第三，至少在乾道五年，张栻仍坚持先察识后涵养之工夫论。因此，张栻工夫论转变的时间界点需要另行考察。

如若对张栻工夫论以时间为界进行分期，笔者倾向于乾道八年（1172）。原因及证据如下：第一，乾道八年至十年（1172—1174），正是张栻家居讲学的时间。这段时间，张栻绅绎旧闻，省察前学，为矫正前学之偏提供了一个很好之机遇。且在此期间，张栻也确实对前学进行了省察和总结，"自归抵此"，"省过矫偏"。第二，乾道七年，张栻仍强调察识端倪说。在答胡实之书中，张栻说："某欲其于操舍之间体察，而居毋越思，事靡它及，乃是实下手处，此正为有捉摸也。"② 第三，乾道八年，张栻与诸公开始明确讨论存养省察之功。他在给吕祖谦的信中云："某读书先庐，粗安晨夕，顾存养省察之功，固当并进"③；在《答乔德瞻》之书中亦云："存养体察，固当并进"④；复吴翌之书曰："大要持养是本，省察所以成其持养之功者也"⑤。

一 存养省察之功兼备

乾道七年（1171）底，张栻归抵旧庐长沙，"退而家居累年"，直至

---

① 朱熹：《答林则之》第 3 书，《朱熹集》卷四十三，四川教育出版社 1996 年版，第 2028 页。
② 张栻：《答胡广仲》第 3 书，《张栻全集》，长春出版社 1999 年版，第 925 页，据胡宗懋《张宣公年谱》，此书作于乾道七年，即 1171 年。
③ 张栻：《寄吕伯恭》第 2 书，《张栻全集》，长春出版社 1999 年版，第 893 页。
④ 张栻：《答乔德瞻》第 1 书，《张栻全集》，长春出版社 1999 年版，第 930 页。
⑤ 张栻：《与吴晦叔》第 11 书，《张栻全集》，长春出版社 1999 年版，第 948 页。

淳熙元年（1174）知静江府。这段时间，张栻"归来惟自省厉，盖欲觉己偏之难矫"①，在给吕祖谦的信中他说："自归抵此，亦既半载，省过矫偏，但觉平日以为细故粗迹者，乃是深失销磨，虽庶几兢兢焉，惟恐乘间之窃发耳。"②"归来惟自省厉，盖欲觉己偏之难矫"，"自归抵此，亦既半载，省过矫偏"，指张栻于乾道七年六月除左司员外郎兼侍讲罢归，年底归抵长沙，自此他"省过矫偏"，对早期的道德修养工夫和为学方法进行了反省和完善。这样，张栻后期的为学问道方法与前期便有了一些不同和变化。

早期的为学方法，张栻主张先察识，后涵养。但是在"家居"期间，张栻经过反思和省厉，对未发已发有了新的体会和认识："未发已发，体用自殊，不可溟涬无别，要须精析体用分明，方见贯通一源处。有生之后，皆是已发，是昧夫性之所存也。"③有生之前为未发，未发为体，有生之后是已发，已发是用，故未发和已发，有体用之别。这是毫无疑问的。但他经过省察之后，认为有生之后不仅仅是已发，也有未发，所以为学工夫不应只作在已发上，不能只注重于应事接物时的本心之发端，未发之时亦要做工夫，性之未接于物时亦要涵养。据此，张栻发现旧学强调在已发上下工夫，很容易使学者产生贪高慕远的游谈学风和疏于微细的基本工夫，即"慕高远而忽卑近之病"④。"今学者未循其序，遽欲识大本，则是先起求获之心，只是想象模量，终非其实。要须居敬穷理工夫日积月累，则意味自觉无穷，于大本当渐莹然。大抵圣人教人，具有先后始终。学者存任重道远之思，切戒欲速也。"⑤察识端倪说，即于应事接物之际察识良心之苗裔，然后操存涵养，容易使学者产生好高骛远之心理，而疏于甚至不作具体扎实的工夫。为此，张栻修改和修正了早期的为学问道之方法，从而提出察识与涵养应当并进。"某读书先庐，粗安晨夕，顾存养

---

① 张栻：《答陈平甫》，《张栻全集》，长春出版社1999年版，第910页。
② 张栻：《寄吕伯恭》第2书，《张栻全集》，长春出版社1999年版，第893页。该书云："自归抵此，亦既半载"指南轩于乾道七年六月由除左司员外郎兼侍讲罢归，年底归抵长沙。可见此书作于乾道八年。
③ 张栻：《答游诚之》第2书，《张栻全集》，长春出版社1999年版，第916页。
④ 张栻：《寄吕伯恭》第2书，《张栻全集》，长春出版社1999年版，第893页。
⑤ 张栻：《答刘宰》，《张栻全集》，长春出版社1999年版，第915页。

省察之功固当并进。然存养是本，觉向来工夫不进，盖为存养处不深厚（原注：存养处欠，故省察少力也）。方于闲暇，不敢不勉。"① 又云："但当常存乎此，本原深厚，则发见必多；而发见之际，察之亦必精矣。若谓先识所谓一者而后可以用力，则用力未笃，所谓一者只是想象，何由意味深长乎？"② 张栻不仅注意到片面强调察识端倪对为学问道所带来的危害，同时意识到涵养在为学问道过程中所起的作用，并且认识到察识与涵养二者之间的辩证关系：涵养深厚，则发见必多；而发见之际，察之亦必精。基于这种认识和体会上的转变，张栻立即复信致诸公，《答乔德瞻》书云："存养体察，固当并进。存养是本，工夫固不越于敬。敬固在主一，此事惟用力者方知其难。"③ 致潘端叔信云："若专一工夫积累多，自然体察有力；只靠言语上苦思，未是也。"④ 在给吴晦叔之书中亦云："元晦谓略于省察，向来某与渠书亦尝论此矣。后便录呈。如三省四勿，皆持养省察之功兼焉。大要持养是本，省察所以成其持养之功者也。"⑤ 等等不一而足。在此，张栻提出存养是基础，但察识亦不可忽视，没有涵养，察识则会有拘迫性，没有察识，涵养则可能陷于茫然无所从；因此主张察识与涵养应当并行，涵养是"无事"时省察，省察是"有事"时涵养。二者相须并进，不可偏废。

张栻对自己早期为学问道方法的修正和补充，引起湖湘学者的不满与批评。如何正确看待湖湘学者对张栻的质疑和批评，亦是恰当理解张栻工夫论的重要一环。湖湘诸儒站在湖湘学之立场上，忠实地继承和维护胡宏的先察识后涵养的为学问道方法，对张栻提出的察识与涵养并进的为学进路提出了质疑。吴晦叔问："若不令省察苗裔，便令培壅根本，夫苗裔之萌且未能知，而遽将孰为根本而培壅哉？此亦何异闭目坐禅？未见良心之发，便敢自谓我已见性者？故胡文定公晓得敬字便不差也。"⑥ 吴晦叔认为如果没有发现良心苗裔，便培壅根本，操存涵养，这与佛教的闭目坐禅

---

① 张栻：《寄吕伯恭》第 1 书，《张栻全集》，长春出版社 1999 年版，第 891 页。
② 张栻：《答潘叔昌》第 2 书，《张栻全集》，长春出版社 1999 年版，第 933 页。
③ 张栻：《答乔德瞻》第 1 书，《张栻全集》，长春出版社 1999 年版，第 930 页。
④ 张栻：《答潘端叔》，《张栻全集》，长春出版社 1999 年版，第 821 页。
⑤ 张栻：《与吴晦叔》第 11 书，《张栻全集》，长春出版社 1999 年版，第 948 页。
⑥ 张栻：《答吴晦叔》，《张栻全集》，长春出版社 1999 年版，第 952 页。

有什么区别呢？如果没有发现良心之苗裔，则性都很难找见，培壅涵养如何做起？可见，吴晦叔问题背后的理论根据是胡宏的性为未发、心为已发、心以著性的心性论模式。因此在为学方法上他强调先省察良心之苗裔，然后再培壅根本。否则，培壅根本便没有目标和对象。面对此质疑，张栻答曰："不知苗裔，固未易培壅根本。然根本不培，则苗裔恐愈濯濯也。此话须兼看。大抵涵养之厚，则发见必多；体察之精，则本根益固。未知大体者，且据所见自持（原注：如知有整衣冠、一思虑，便整衣冠、一思虑，此虽未知大体，然涵养之意已在其中）；而于发处加察，自然渐觉有功。不然，都不培壅，但欲省察，恐胶胶扰扰，而知见无由得发也。"[①] 首先，张栻承认未发现良心苗裔而去培壅根本，确实不好操作，的确是比较难做的工夫；但紧接着又说如果不培壅根本，则苗裔恐愈濯濯。这是从正反两方面论述察识与涵养之关系，故曰"此话须兼看"。吴晦叔只看到问题之一面，只注意到察识对涵养之作用，认为只有察识，才能谈到涵养，未认识到涵养对察识亦有一定的作用。张栻既不否认察识，亦不否认涵养，而是更加注重察识与涵养的相互作用及其辩证关系：涵养之厚，则发见必多；体察之精，则本根益固。

究其实，人的思想之成长与成熟是一个过程，既然是过程，前后便是相续的、不可截然分开的。更何况张栻的工夫论前后并不存在明显的矛盾和冲突，后期主张察识与涵养并进，是对前期察识端倪说之补充和修正，与其前期思想并未抵牾，他并没有抛弃也不可能抛弃前期思想。因此，张栻对自己早期为学问道方法之补充与完善并非对胡宏思想之抛弃和背叛，而是在更高的意义上继承和发展了胡宏的思想。黄宗羲看得真切："南轩之学，得之五峰；论其所造，大要比五峰更纯粹。盖由其见处高，践履又实也。"[②] 在一定程度上而言，这不能不说是张栻的远见，他预感并且察觉到察识端倪说将导致学者游谈相夸、不务本根之学风而予以及时纠正，这对南宋理学之健康发展与完善成熟起到了重要的作用。

二 朱熹对张栻的质疑

朱熹早年拜师李延平，体验未发之旨，久未之省。后来经过与张栻交

---

① 张栻：《答吴晦叔》，《张栻全集》，长春出版社1999年版，第952页。
② 黄宗羲：《南轩学案》，《宋元学案》卷五十，中华书局1986年版，第1635页。

流，受益良多，在乾道二年（1166，丙戌）而有所省悟，史称"丙戌之悟"，又称"中和旧说"。"丙戌之悟"后，朱熹对张栻的察识端倪说非常欣赏，一度服膺于湖湘学派的为学问道之方法。但是，经过一段时间的学习和究索，朱熹又对自己的思想进行了"纠正"，认为旧说"非是"①，并在中和问题上回归李延平②，这一年为乾道五年己丑（1169），故称"中和新说"，亦称"己丑之悟"。关于"中和新说"之内容，朱熹在《与湖南诸公论中和第一书》中进行了详细的阐发：

> 《中庸》未发已发之义，前此认得此心流行之体，又因程子"凡言心者皆指已发而言"，遂目心为已发，性为未发。然观程子之书，多所不合，因复思之，乃知前日之说非惟心性之名命之不当，而日用功夫全无本领，盖所失者不但文义之间而已。按《文集》、《遗书》诸说，似皆以思虑未萌、事物未至之时为喜怒哀乐之未发。当此之时，即是此心寂然不动之体，而天命之性当体具焉。以其无过不及、不偏不倚故谓之"中"；及其感而遂通天下之故，则喜怒哀乐之性发焉，而心之用可见。以其无不中节、无所乖戾故谓之"和"，此则人心之正而情性之德然也。然未发之前，不可寻觅，已发之后，不容安排。但平日庄敬涵养之功至而无人欲之私以乱之，则其未发也镜明水止，而其发也无不中节矣。此是日用本领工夫。至于随事省察，即物推明，亦必以是为本，而于已发之际观之，则其具于未发之前者固可嘿识。故程子之答苏季明，反复论辨，极于详密，而卒之不过以"敬"为言；又曰"敬而无失即所以中"；又曰"人道莫如敬，未有致知而不在敬者"；又曰"涵养须是敬，进学则在致知"，盖为此也。向来讲论思索，直以心为已发，而日用工夫亦止以察识端倪为最初下手处，以故阙却平日涵养一段工夫，使人胸中扰扰，无深潜纯一之

---

① 《与张敬夫》（"人自有生即有知识"），朱熹自注云："此书非是，但存之以见议论本末耳。"（《朱熹集》卷三十，四川教育出版社1996年版，第1289页。）《与张敬夫》（"前书所扣正恐未得端的"），朱子自注云："此书所论尤乖戾，所疑《语录》皆非是。后自有辨说甚详。"（《朱熹集》卷三十，四川教育出版社1996年版，第1290页。）

② 王懋竑按："至己丑，始悟以性为未发之非，未发、已发各有时节，而于未发仍守延平之说，又深以先察识为非。"（《朱熹年谱》，中华书局1998年版，第308页。）

味，而其发之言语事为之间亦尝急迫浮露，无复雍容深厚之风。盖所见一差，其害乃至于此，不可以不审也。程子所谓"凡言心者，皆指已发而言"，此乃指赤子之心而言。而谓"凡言心者"，则其为说之误，故又自以为未当而复正之，固不可以执其已改之言而尽疑诸说之误，又不可遂以为未当而不究其所指之殊也。不审诸君子以为如何？①

朱熹对"中和旧说"进行思考和反省，认为旧说"非惟心性之名命之不当，而日用工夫全无本领"，即"中和旧说"中的错误不仅在于心为已发、性为未发的定义与命名上，更在于缺少平日涵养工夫。根据程子之意，思虑未萌、事物未接之时，为喜怒哀乐之未发，此时心体寂然不动，天命之性全体具焉，故未发是心之体，因其无过、无不及、不偏不倚故谓之"中"。已发则是其感而遂通天下，则喜怒哀乐之情发焉，日用流行可见，故已发是心之用。因其无不中节、无所乖戾，故谓之"和"。这样，朱熹在已发、未发及其与心性之关系问题的理解上便由原来的性为未发、心为已发转变为心之体是未发、心之用是已发。因此为学工夫不应仅仅在已发上做，未发之前也应该做工夫，否则缺却平日涵养一段工夫。这样，心在未发之时，镜明水止；已发之后，无不中节。至于随事省察，即物推明，亦必以是为本；而于已发之际观之，则其具于未发之前者固可默识。同时，对程子"凡言心者，皆指已发而言"进行了新的"诠释"（"此乃指赤子之心而言"）。

对于自己的体悟和思想的转变，朱熹曾书报张栻："乾道己丑之春，为友人蔡季通言之，问辨之际，予忽自疑斯理也……则复取程氏书，虚心平气而徐读之，未及数行，冻结冰释，然后知情性之本然，圣贤之微旨，其平正明白乃如此。而前日读之不详，妄生穿穴，凡所辛苦而仅得之者，适足以自误而已。至于推类究极，反求诸身，则又见其为害之大，盖不但名言之失而已也。于是又窃自惧，亟以书报钦夫及尝同为此论者。惟钦夫

---

① 朱熹：《与湖南诸公论中和第一书》，《朱熹集》卷六十四，四川教育出版社1996年版，第3383页。

复书深以为然，其余则或信或疑，或至于今累年而未定也。"① 此信表明，一方面朱熹交代了自己思想转变的经过，一方面张栻对其思想转变持肯定态度：惟钦夫复书"深以为然"，即张栻对朱熹"中和新说"有所肯允。这意味着张栻对此问题早就有所思考，并非盲目附和朱子，而朱熹此次思想的修正和转变正好契合张栻之意，因此张栻才"深以为然"。此其一。其二，张栻对朱熹"中和新说"有所肯允的同时亦有所保留，也就是说对朱熹的"中和新说"，张栻并非完全赞同。那么，张栻对朱熹中和新说肯定之处是什么，又在何处持保留意见呢？保留意见即张栻不同意朱熹观点之处，甚至与朱熹思想相异之处，这点在《南轩集》中很难找见，但在《朱熹集》中却可见到："来喻曲折，虽多所发明，然于提纲振领处似亦有所未尽。又如所谓'学者先须察识端倪之发，然后可加存养之功'，则熹于此不能无疑。"② "学者先须察识端倪之发，然后可加存养之功"，此是朱熹复信张栻时转录张栻之语。在该信中，朱熹多次援引张栻之语："言静则溺于虚无"；"动中涵静，所谓复见天地之心"；"以静为本，不若遂言以敬为本"，等等，不仅表明张栻不完全同意朱熹"中和新说"之内容，同时也体现了张栻并未否定，至少并未完全否定自己早期之察识端倪说。这一点在朱熹给门人林择之的信中讲得更为明白："近得南轩书，诸说皆相然诺。但先察识后涵养之论执之尚坚，未发已发条理亦未甚明。盖乍易旧说，犹待就所安耳。"③ 又："数日来玩味此意，日用间极觉得力，乃知日前所以若有若亡，不能得纯熟，而气象浮浅，易得动摇，其病皆在此。湖南诸友，其病亦似是如此。近看南轩文字，大抵都无前面一截工夫也。大抵心体通有无、该动静，故工夫亦通有无、该动静，方无透露。若必待其发而后察，察而后存，则工夫之所不至多矣。惟涵养于未发之前，则其发处自然中节者多，不中节者少。体察之际，亦甚明审，易为著力，

---

① 朱熹：《中和旧说序》，《朱熹集》卷七十五，四川教育出版社1996年版，第3949页。
② 朱熹：《答张钦夫》第18书，《朱熹集》卷三十二，四川教育出版社1996年版，第1403页。
③ 朱熹：《答林择之》第3书，《朱熹集》卷四十三，四川教育出版社1996年版，第2028页。

与异时无本可据之说,大不同矣。"① 书信中,朱熹表达了对张栻的质疑和批判,质疑张栻的察识端倪说,批判张栻的先察识后涵养的为学方法,认为其缺少"前面一截工夫"。可见,"己丑之悟"后,朱熹便对张栻的察识端倪说由重视和欣赏转为怀疑和批判。《朱子语类》卷九十七载,问:"南轩辨心体昭昭为已发,如何?"曰:"不消如此。伊川只是改它赤子未发,南轩又要去讨它病。"② 又门人问:"伊川言:喜怒哀乐未发谓之中,中也者,寂然不动是也。南轩言:伊川此处有小差,所谓喜怒哀乐之中,言众人之常性;寂然不动者,圣人之道心。又南轩辨吕与叔《论中书》说,亦如此。今载《近思录》如何?"曰:"前辈多如此说,不但钦夫,自五峰发此论,某自是不晓得。今湖南学者往往守此说,牢不可破。"③ 总之,"己丑之悟"后,朱熹对张栻的为学问道之方法发出了不同的声音。

即便是张栻对自己早期的为学问道方法进行"纠偏"之后,朱熹对此仍有微词。张栻对自己的前学进行总结和反思后,致书朱熹:"某数年来务欲收敛,于本原处下工,觉得应事接物时差帖帖地,但气习露见处未免有之。一向鞭掷,不敢少放过,久久庶几得力耳。冬夜殊得读书之暇,温绎旧说,见得其间纵有说的是处,亦复少味。益令恨向来言之容易,甚思得闲,从头整顿过。"④ 朱熹不以为然,他评价张栻之工夫曰:"南轩谓'动中见静,方识此心'……'复'是静中见动,他又要动中见静,却倒说了。"⑤ 字里行间仍然流露出对张栻为学问道方法的不满和质疑,这种不满和质疑,可以说从朱熹"己丑之悟"后一直都存在。两人书信往来,不断地探讨辩论,其中必有观点达成一致处,此自不必多言;亦有思想不相合处,此点应该引起我们的注意和重视。这充分说明二人思想既有相同处,亦有不同处。朱熹主张默坐澄心去体认天理,"始学工夫,须是静

---

① 朱熹:《答林择之》第22书,《朱熹集》卷四十三,四川教育出版社1996年版,第2048页。
② 黎靖德编:《朱子语类》卷九十七,中华书局1994年版,第2505页。
③ 黎靖德编:《朱子语类》卷九十五,中华书局1994年版,第2415页。
④ 张栻:《答朱元晦》第7书,《张栻全集》,长春出版社1999年版,第873页。
⑤ 黎靖德编:《朱子语类》卷一百三,中华书局1994年版,第2606页。

坐，静坐则本原定"①，故谓静中见动。张栻不主张默坐澄心，他说："古人教人自洒扫应对进退礼乐射御之类，皆是栽培涵泳之意。若不下工，坐待有得而后存养，是枵腹不食而求饱也。"② 张栻反对一味地静坐，他要求在日常生活中集义以体认天理，故谓动中见静。朱熹强调静坐，要求在静坐中涵养身心以便体悟天理。究其实，张栻的工夫是一个察识——涵养——察识的过程。前一个"察识"是主一，然后反省操存；后一个察识是体认，明心以见天理。在此过程中，操存占有相当重要的地位。因此，要整体地把握和契悟张栻的工夫论，不可片面化。所以，张栻在答湖湘诸儒之问时，便强调涵养，因为湖湘诸儒在为学工夫上忽视涵养；在与朱熹讨论辩学时，则强调省察，因为朱子的为学方法缺少省察。针对不同的学者，张栻的回答有所侧重，原因就在于张栻主张察识与涵养并进。

张栻的工夫论既发展了师说，又有别于朱熹。他继承了胡宏因利欲之间发见良心之苗裔然后操存涵养的观点，不同的是胡宏更加偏重于日用之间的察识，张栻则更加偏重于察识之后的涵养："大要持养是本，省察所以成其持养之功者也。"③ 这里的持养，是察识之后的持养，省察是为了更好地持养。故乍看起来，张栻修养工夫与朱熹的修养工夫极为相近或相同。实质上，二人的工夫论存在着一定的差别，朱熹以其旧说为"非是"，张栻并非完全否定前说，这就隐含了朱熹和张栻虽然都坚持察识与涵养兼修，但重点有所不同，朱熹更偏重于未发之时的涵养，张栻更侧重于已发后的涵养。因此，张栻求应事接物等已发之端，体证本心，中间经过一个回环，工夫反落于心上，即反本体证。朱熹求喜怒哀乐未发之旨，涵养本心，工夫直落于心上，即直落识心。工夫虽然都做在心上，如何在心上做工夫却是不同的。同时，二人修养工夫的差别不仅仅在于一个是居敬主一，一个是默坐澄心，一个所谓"动中见静"，一个所谓"静中见动"这种表层上，更为重要的是朱熹的默坐澄心是"虚一而静"，即心无一物，于澄心上用力静会天理；张栻的居敬主一则是"主一而定"，心主一事，敬只是涵养此事，于此事上用工涵养反见天

---

① 黎靖德编：《朱子语类》卷十二，中华书局1994年版，第217页。
② 张栻：《答胡季随》，《张栻全集》，长春出版社1999年版，第1002页。
③ 张栻：《与吴晦叔》，第11书，《张栻全集》，长春出版社1999年版，第948页。

理。一言以蔽之，朱熹的工夫是虚一而静，心无一物；张栻的工夫是主一而定，心专一物。虽然工夫旨归最终都落在涵养本心上，但张栻的涵养是察识之后的涵养，是一个动态的涵养，朱熹的涵养是涵养于未发之际，是一个静态的涵养。正因为涵养的入路不同，故张栻的修养工夫力省而功倍，朱熹则显得事倍而功半。从某种意义上说，张栻的工夫论实践的意味较重，朱熹的工夫论理论的意味较浓。

朱熹的不满和质疑充分说明张栻并不是盲目地附和朱子，而是具有自己独立的思考，张栻对自己早期为学问道方法的补充和完善是其"省过矫偏"的必然结果，这是张栻思想发展变化不可忽视的重要内因。离开这个内因来谈思想之变化便有失偏颇，从而亦失去意义。当然，不排除朱熹之影响，亦不可否定朱熹之影响。张栻与朱熹的切磋和交流对双方思想及其发展完善均产生了很大之影响，但是这种影响不是必然的，无论是对于朱熹，还是对于张栻，此种影响终究是一个外因。

第三节 居敬与穷理互发

张栻的工夫论是一个非常严密的体系，在理论上、宏观上划分为早期的察识端倪说和后期的察识与涵养并进，在具体的实践操作上，张栻提出了一些切实可行的做法和方法，即反省操存、主一无适和格物穷理，并且"敬"一以贯之，"敬者通贯动静内外而言"①。也就是说，无论在早期还是晚期，居敬与穷理始终贯穿于进德修业之中。

敬的观念产生于西周初年。西周时期，思想界发生了一个划时代的变革：由对天的敬仰和崇拜转为对主体自身的认识和肯定，进而提出体现主体积极作为的"以德配天"和"敬德保民"②的思想。徐复观认为这种思想的转变和提出蕴含了深刻的忧患意识："这是直承忧患意识的警惕性而来的精神敛抑、集中，及对事的谨慎、认真的心理状态。这是人在时时反省自己的行为、规整自己的行为的心理状态……在忧患意识之跃动之下，人的信心的根据，渐由神而转向自己本身行为的谨慎与努力。这种谨

---

① 黎靖德编：《朱子语类》卷一百一十八，中华书局1994年版，第2858页。
② 参阅《尚书·周书》之《多士》《多方》《康诰》《召诰》等章。

慎与努力,在周初是表现在'敬'、'敬德'、'明德'等观念里面。"① 此后,忧患意识以及敬之观念成为士大夫的重要品格。孔子曰:"修己以敬","居敬而行简";据统计,《论语》中共有21处讲到"敬",其意主要指对人、对事应持有的一种小心谨慎、虔诚恭肃的态度。②《孟子》中有30处提"敬",其中最值得注目的是公都子与孟季子关于敬之内外的辩论。③ 程子明确提出:"涵养须用敬"④,"居敬则心中无物,是乃简也"⑤。朱熹称:"程先生所以有功于后学者,最是'敬'之一字有力。人之心性,敬则常存,不敬则不存。"⑥ 张栻继承了程子的思想,以敬为核心,多角度深入地论述了进德修业的方法,构建了居敬主一的工夫论体系。

一 反省操存

反省操存主要针对早期的察识端倪说而言,发现良心之苗裔,当下所思反省,心才能不走失:"思而得之,而物不能夺也。所谓思而得之者,亦岂外取之乎?乃天之所以与我,是天理之存于人心者也。人皆有之,不

---

① 徐复观:《中国人性论史·先秦篇》,上海三联书店2001年版,第20页。
② 《说文解字》中云:"敬,肃也。"(许慎:《说文解字》,中华书局1963年版,第65页。)《释名》云:"敬,警也。恒自肃警也。……盖敬者言终日常自肃敬,不敢怠逸放纵也。"(阮元:《揅经室集》,中华书局1993年版,第1016页。)《说文解字注》云:"后儒或云主一无适为敬。夫主一与敬义无涉。……一者万物之本也,无适之道也。"(段玉裁:《说文解字注》,上海古籍出版社1995年版,第434页。)段玉裁认为主一无适与敬无关,因前者为道家之术语与体会,后者为儒家之理解,否认了理学家以主一无适诠释敬的观点。他从训诂的角度分别注解主一无适与敬之含义,并不差,然而理学家是从义理的角度体会二者文脉中之蕴意;其注解不仅为理学家将主一无适与敬之结合提供了理论背景和渊源,同时恰好说明了理学家对佛道思想之吸收与借鉴,并创造性地发展了宋明理学。
③ 孟季子问公都子曰:"何以谓义内也?"曰:"行吾敬,故谓之内也。""乡人长于伯兄一岁,则谁敬?"曰:"敬兄。""酌则谁先?"曰:"先酌乡人。""所敬在此,所长在彼。果在外,非由内也。"公都子不能答,以告孟子。孟子曰:"敬叔父乎?敬弟乎?彼将曰敬叔父。曰弟为尸,则谁敬?彼将曰敬弟。子曰:恶在其敬叔父也?彼将曰在位故也。子亦曰:在位故也。庸敬在兄,斯须之敬在乡人。"季子闻之曰:"敬叔父则敬,敬弟则敬,果在外,非由内也。"公都子曰:"冬日则饮汤,夏日则饮水。然则饮食亦在外也?"(《孟子·告子上》)
④ 程颢、程颐:《河南程氏遗书》卷十八,《二程集》,中华书局1981年版,第188页。
⑤ 程颢、程颐:《河南程氏遗书》卷二十二,《二程集》,中华书局1981年版,第294页。
⑥ 黎靖德编:《朱子语类》卷十二,中华书局1994年版,第210页。

思故不得，思则得矣。"① 思即"知其所以然"，通晓心体之本然："所谓思者，非泛而无统也。泛而无统，则思之乱也，不得谓心之官矣。事事物物皆有所以然。其所以然者，天之理也。思其所以然而循天理之所无事，则虽日与事物接，而心体无乎不在也。"② 值得一提的是，张栻所思的对象并非客观事物，而是本心良心，故此思是反省。反省本心是否当理，反省良心是否符合天理。不仅如此，张栻把"思"提高到为学问道之高度，他说："山径之蹊间，在夫用与不用；士之于学，亦系思与不思而已。思则通，不思则窒矣。"③ 的确，思则本心之萌在焉，并可存大而为体；不思，不仅不能抓住良心之发端，而且本心有可能窒息甚至死亡。尊德性，道问学更是如此，思则通天地，合鬼神；不思则德业无修，而学亦朽矣。真德秀曾说："南轩解此章全不提掇'立'字而曰以'思'为主。心不立而徒思，吾未见其可也。今按南轩曰：'先立云云，言心为之主，则耳目不能以移，有以宰之故也。故君子之动以理，小人之动以物。动以理者，心得其宰；而动以物者，心放而欲流，其何有极也？然所为思者，非泛然无统也。泛而无统，则思之乱也，不得谓心之官矣。事事物物皆有所以然。其所以然者，天之理也。思其所以然而循天理之所无事，则虽日与事物接，而心体无乎不在，斯则为大人矣。'南轩所重在'思'字。"④ "南轩解此章"即张栻解《孟子·告子上》关于孟子答问公都子"大人"与"小人"区别一章。⑤ 孟子旨在说明"耳目之官不思"与"心之官则思"的区别，并以此引出"大体"与"小体"、"大人"与"小人"之分。张栻对孟子的观点有所取舍，他继承了孟子的"心之官则思"，并对之加以发展和深化。张栻所言"思"是发现本心之萌而思，当下抓住本心之苗裔，思其所以然，思其所当然；并非真德秀所说之"心不立而徒思"，张栻决非"徒思"，是"有所思"。实际上，张栻不提"立"而言"思"，

---

① 张栻：《孟子说·告子上》，《张栻全集》，长春出版社1999年版，第442页。
② 同上。
③ 张栻：《孟子说·尽心下》，《张栻全集》，长春出版社1999年版，第505页。
④ 真德秀：《西山读书记》卷三，四库全书子部第706册，第31页。
⑤ 公都子问曰："钧是人也，或为大人，或为小人，何也？"孟子曰："从其大体为大人，从其小体为小人。"曰："钧是人也，或从其大体，或从其小体，何也？"曰："耳目之官不思，而蔽于物。物交物，则引之而已矣。心之官则思，思则得之，不思则不得也。此天之所与我者。先立乎其大者，则其小者不能夺也。此为大人而已矣。"（《孟子·告子上》）

是因为"思"必然包含"立","思"则必然"立",心不立则焉有思?西山不解南轩言"思"不提"立",故而认为南轩是"徒思"。但是,真德秀之质疑却提出了这样一个事实,即张栻重视"思",重视"思"对操存省察本心之作用,重视"思"在天理与人欲交锋中之作用。从某种意义上讲,张栻言思重思揭开了王阳明"破山中贼易,破心中贼难"之序幕。

"思"不但能够当下抓住本心之发端,而且为操存本心创造了必要的前提条件。对于操存本心之重要意义,张栻说:"知性之所素具于我者,则知天之所以为天性之理,而存养之未至,则于事事物物之间,其用有未能尽者,则心之体未能周流而无所滞,性之理亦为有所未完也。故必贵于存心养性焉。"① 如若不能操存本心或操存本心有所未至,则心体便有所窒碍而不能周流。那么,如何操存本心呢?张栻紧接着提出了"求放心"的方法:"学者则当求放心而操之。其操之也,虽未能尽其体,而体亦固在其中矣。用力之久,则于尽心之道有所进,而存养之功浸得其所施矣。"② 知其所以然,存养深厚,则心至大以为体。尽管如此,心还是容易走失,故要时时注意收其放心:"所谓放者,其几间不容息,故君子造次克念,战兢自持,非礼勿视,非礼勿听,非礼勿言,非礼勿动,所以收其放而存之也。"③ "惟人放其良心,故事失其统纪。学也者,所以收其放而存其良也。"④ "放"即放失、丢失,"放心"即是心之出走,乃至丢失,"求放心"就是把丢失的本心找回来。收其放心然后才能存其良心,存其良心则可避免放失本心。心之出走即是逐物求欲,因此对心之出入,张栻说:"心非有存亡出入,因操舍而言也。操则在此,舍则不存焉矣。盖操之者乃心之所存也。以其在此,则谓之入可也;以其不存焉,则谓之出可也。"⑤ 可见,张栻不赞成心有存亡出入之说,而是以操舍言心之存亡出入。张栻为何反对心本身有出入之说而以操舍论心之出入呢?其以操舍论心之出入的内容又为何?为研究方便,现将张栻以操舍论心录引

---

① 张栻:《孟子说·尽心上》,《张栻全集》,长春出版社1999年版,第464页。
② 同上书,第465页。
③ 张栻:《孟子说·告子上》,《张栻全集》,长春出版社1999年版,第439页。
④ 张栻:《静江府学记》,《张栻全集》,长春出版社1999年版,第678页。
⑤ 张栻:《孟子说·告子上》,《张栻全集》,长春出版社1999年版,第436页。

于下：

> 人放弃良心，然秉彝亦不容遂泯也，故有时因其休息而善端萌焉。于其方萌，而物复乱之，则所伤亦多，而其息也亦微矣。曰日夜之所息者，盖人虽终日汩汩于物欲，然亦有休息之时也。程子曰："息有二义，训休息，亦训生息。"息，所以生也，如夜气是已。常人终日汩汩，为气所使，至于夜则气息，而思虑始息焉。于其兴也，未与事接，未萌他虑，则平旦之好恶与人理亦庶几其相近，此夜气所积也。自旦而往，其昼之所为则无非害之者矣。曰梏亡者，谓为血气所拘役，而无其公理也。梏之反复迁变而无有穷，则其夜气之所息能有几又可得而存乎？夜气不足以存，则人理几无，而违禽兽不远矣，是岂人之情也哉？盖所谓情者，始亦无有不善也，是故君子察乎此，收其放心，存而不舍，养而不害，人道之所为立也。故曰：苟得其养，无物不长；苟失其养，无物不消。天以生为道者也，君子之养之也，勿忘也，勿助长也，而天理不已焉。盖有所加益于其间，则亦害于天理矣。故其长也，犹木之生焉，日夜之所息，雨露之所润，斧斤牛羊莫之害，而其理自遂也。操则存，舍则亡，出入无时，莫知其乡。此又深明夫存养之功，不可斯须忘也。心非有存亡出入，因操舍而言也。操则在此，舍则不存焉矣。盖操之者乃心之所存也。以其在此，则谓之入可也；以其不存焉，则谓之出可也；而孰知其乡乎？心虽无形可见，然既曰"心"，则其体盖昭昭矣。学者要当于操舍之际深体之。①

此段文字是张栻对孟子以牛山之木为喻论人皆有良心一章②之注解。孟子

---

① 张栻：《孟子说·告子上》，《张栻全集》，长春出版社1999年版，第435—436页。
② 孟子曰："牛山之木尝美矣，以其郊于大国也，斧斤伐之，可以为美乎？是其日夜之所息，雨露之所润，非无萌蘖之生焉，牛羊又从而牧之，是以若彼濯濯也。人见其濯濯也，以为未尝有材焉，此岂山之性也哉？虽存乎人者，岂无仁义之心哉？其所以放其良心者，亦犹斧斤之于木也。旦旦而伐之，可以为美乎？其日夜之所息，平旦之气，其好恶与人相近也者几希，则其旦昼之所为，有梏亡之矣。梏之反复，则其夜气不足以存；夜气不足以存，则其违禽兽不远矣。人见其禽兽也，而以为未尝有材焉者，是岂人之情也哉？故苟得其养，无物不长；苟失其养，无物不消。孔子曰：'操则存，舍则亡，出入无时，莫知其乡。'惟心之谓与？"（《孟子·告子上》）

并未提到操舍问题，在论心之存养时，孟子引用孔子"操则存，舍则亡，出入无时，莫知其乡之语"，孔子没有明言心有存亡出入，亦没有明确反对心有存亡出入。张栻对此作注，明确以操舍论心之存亡出入，抛弃心本身有出入说。他说："'出入'二字，更须子细理会。程子曰：'心本无出入，以操舍而言。'又曰：'心则无出入矣，逐物是欲。'盖操之便在此，舍之则不见，因操舍故有出入之云耳。若论人之逐物，盖因其舍亡，故诱于物而欲随之。欲虽萌于心，然其逐物而出，则是欲耳，不可谓心也（原注：欲可去而心未尝无）。至于是心之存物顺应，理在于此，又岂得谓之出乎？"① 在此，张栻提供了这样一个信息：以操舍论心之出入源于程子。查阅二程文集，程子曰："心岂有出入？亦以操舍而言也。""问：'舍则亡'，心有亡，何也？曰：否。此只是说心无形体，才主著事时原注：先生以目视地，便在这里，才过了便不见。如'出入无时，莫知其乡'，此句亦须要人理会。心岂有出入？亦以操舍而言也。"② 又"问：孟子言心'出入无时'，如何？曰：心本无出入，孟子只是据操舍言之。伯温又问：人有逐物，是心逐之否？曰：心则无出入矣，逐物是欲。"③ 另外，朱熹亦在《孟子集注》云："程子曰：心岂有出入，亦以操舍而言耳。"可见，以操舍论心之出入源于程子无疑。但是，程子对此并没有详细具体之阐述，张栻继承并消化了程子这一思想，并对之作了深刻的阐发："心本无出入，然操之则在此，舍之则不在焉。方其操而存也，谓之入可也（原注：本在内也），及其舍而亡也，谓之出可也（原注：非心出在外，盖不见乎此也）。无时者，言其乍入乍出、非入则出也，莫知其所止也。此大概言人之心是如此，然其操之则存者，是亦可见心初未尝有出入也。然则学者其可不以主一为务乎？吕子约之说既误以乍存乍亡为感之用，而后说如谓心本体不可以存亡言，此语亦未尽。存亡相对，虽因操舍而云，然方其存时，则心之本体固在此，非又于此外别寻本体也。子约又谓当其存时，未能察识而已迁动，是则存是一心，察识又是一心，以此一心察彼一心，不亦胶扰支离乎？但操之则存，操之之久且熟，则天理浸明，而心可得而尽矣。"④ 以

---

① 张栻：《答游诚之》第1书，《张栻全集》，长春出版社1999年版，第916页。
② 程颢、程颐：《河南程氏遗书》卷十八，《二程集》，中华书局1981年版，第207页。此卷是刘安节（字元承）所录伊川元祐五年（1090）至绍圣四年（1097）之语录。
③ 程颢、程颐：《河南程氏遗书》卷二十二，《二程集》，中华书局1981年版，第296页。
④ 张栻：《答朱元晦秘书》第1书，《张栻全集》，长春出版社1999年版，第830页。

"入心"寻"出心",或存养是一心,察识又是一心,"以此一心察彼一心",很容易使人产生"二心"之疑,所以张栻主张以操舍论心,而反对心之出入说,原因就在于此。张栻认为人只有一个心,即本心,它并不存在出与入的问题,自觉操存,本心即在此,即在内也;不去操存而任其放,心便在外也。但并非出时是一心,入时又是一心,"入心"与"出心"皆是本心,"此一心"与"彼一心"亦皆是本心。既然是本心,便不存在存亡出入,只存在操舍问题;操之则在,舍之则亡,故以操舍论心之存亡出入。职是故,张栻委婉地批评了吕祖俭(字子约)以出入论心,认为"此语亦未尽",而且显得"胶扰支离"。当然,张栻以"操舍"论心是对孟子以"出入"言心的继承和改造,在心之存养上,与孟子既有一定的联系,又有很大的区别。

二 主一无适

张栻云:"伊川先生曰:'主一之谓敬';又曰:'无适之谓一。'夫所谓一者,岂有可玩而执者哉?无适乃一也,盖不越乎此而已。"① 何谓主一,何谓无适?张栻以伊川之语进行了诠释,主一即是敬,无适即是一:"所谓敬者,主一之谓敬;所谓一者,无适之谓一。"② "敬只是主一也。主一,则既不之东,又不之西,如是则只是中;既不之此,又不之彼,如是则只是内。存此则自然天理明,学者须是敬以直内,涵养此意,直内是本。"③ 显而易见,在"敬"字的内容与意义上,张栻直承伊川的思想,同时又对伊川之思想有所发展,并注入了新的内容,使"敬"之含义更为深刻和丰富。

首先,敬有主宰。即心有所主,思虑不涣散,既不之东,又不之西;既不之此,又不之彼。"敬则有主宰,涵养渐熟,则遇事接物,此意思岂容遽涣散乎?"④ 故盲目无从、无所捉摸不谓之敬。其次,敬是主一。所谓主一即是专一,一心一意专注一事,主宰一事,思此事时只思此事,做此事时只做此事,莫教别底交互出来。张栻说:"《遗书》中论此处甚多,须反复玩味。据目下看底意思用工,譬如汲井,渐汲渐清。如所谓未应事前,此事先在;既应之后,此事尚存,正缘主一工夫未到之故。须是思此

---

① 张栻:《书赠吴教授》,《张栻全集》,长春出版社1999年版,第1035页。
② 程颢、程颐:《河南程氏遗书》卷十五,《二程集》,中华书局1981年版,第169页。
③ 同上书,第149页。
④ 张栻:《答潘文叔》,《张栻全集》,长春出版社1999年版,第935页。

事时只思此事,做此事时只做此事,莫教别底交互出来,久久自别。看时似乎浅近,做时极难。某比作《主一箴》,为一相识所刊,其间亦有此意。"① 敬则专而不杂,序而不乱,常而不迫:"夫主一之谓敬,居敬则专而不杂,序而不乱,常而不迫,其所行自简也。"② 是故三心二意、杂念纷陈谓之不敬。《主一箴》云:"曷为其敬,妙在主一。何为其一,惟以无适。居无越思,事靡它及。涵泳于中,匪忘匪亟。"张栻反复强调主一才能敬,不可主多,其做《主一箴》,可谓用心良苦,用意深远。再次,敬只在此。即收敛此心,集中精神,专于此上用力,不使心走作,亦即心在谓之敬:"敬是敬此者也(原注:只敬便在此)。若谓敬为一物,将一物治一物,非惟无益,而反有害。"③ 当下即是敬,不必东寻西找;若找东找西,即是心出走或心"有间断",便是不敬。最后,敬乃惺惺。即提撕精神,保持一种"常惺惺"的状态:"夫敬则惺惺,而乃觉昏昏,是非敬也。"④ 只收敛此心,而此心不活,懈意渐起不为敬。程门高弟谢良佐以知觉训仁,认为麻木为最不仁,要求在日用平常处识道,提出"凡事不必须高远,且从小处看","道,须是下学而上达始得。不见古人于洒扫应对上做起?"⑤ 张栻继承并发展了谢良佐心有知觉之谓仁的观点,同时又将这一思想进行了创造性的推广:"吾视也、听也、言也,手足之运动也,曷为然乎? 知心之不离乎是,则其可斯须而不敬矣乎! 吾饥而食也,渴而饮也,朝作而夕息也,夏葛而冬袭也,孰使之乎? 知心之不外乎是,则其可斯须而不敬矣乎! 盖心生生而不穷者道也,敬则生矣,生则乌可已也;怠则放,放则死矣。"⑥ 从视听言动、饥食渴饮、冬裘夏葛以及"洒扫应对"等日用伦常求道体道,于日常平常见得亲切、透脱,便是常理,亦是妙道。而道即是生生不穷,生生不穷则敬在其中,故生不可已,生已则敬灭。"敬者心之道所以生也,生则万理森然,而万事之纲总摄于

---

① 张栻:《答潘叔昌》,《张栻全集》,长春出版社1999年版,第933页。
② 张栻:《论语解・雍也篇》,《张栻全集》,长春出版社1999年版,第107页。
③ 张栻:《答曾致虚》,《张栻全集》,长春出版社1999年版,第912页。
④ 张栻:《答戚德锐》第2书,《张栻全集》,长春出版社1999年版,第936页。
⑤ 黄宗羲:《上蔡学案》,《宋元学案》卷二十四,中华书局1986年版,第920页。
⑥ 张栻:《敬斋记》,《张栻全集》,长春出版社1999年版,第724页。

此。"① 敬生则心"活",心"活"才能识得太极之蕴:"学者若之何而可以进于是哉?亦曰敬而已矣,诚能起居饮食主一而不舍,则其德性之知必有卓然不可掩于体察之际者,而后先生之蕴可得而穷,太极可得而识矣。"② 识得太极之蕴,便见善性和天理。

由以上之分析可以看出,"敬"之工夫实难做起,它对主体的自律性、自主性要求极高,几乎就是一种理想化的人生与境界。人毕竟生活在现实中,现实生活中的各种欲望无时无刻不在考验着人心之修养状况及其所达到的层次。究其实,人是理想与现实的矛盾体和统一体,因此,张栻又从现实的视角阐述了具体而微的修养方法。这种方法相对而言比较容易做,主要表现在对于行为举止、视听容貌的约束与规范上:"敬之一字,其义精密。学者所当,服膺弗失。收敛方寸,不容一物。如入灵祠,如奉军律。整齐严肃,端庄静一。戒慎恐惧,兢业战栗。如见大宾,罔敢轻率。如承大祭,罔敢慢忽。视听言动,非礼则勿。"③ 相对于操存本心的内在涵养而言,这种动容貌、整思虑便是外在工夫,虽然是末节小事,虽然显得零散和琐碎,却是必要的工夫,"如知有整衣冠、一思虑,便整衣冠、一思虑,此虽未知大体,然涵养之意已在其中"。内外一体,容貌不壮,心亦难存,故外在的威仪非常重要,着装整齐干净,举止规范认真,不仅对内心的修养有一定的促进作用,而且也示人一种端庄威严之感。反之,衣冠不整,行为草率,自然给人一种懒散松弛之感。外之不肃,内焉能敬乎?张栻说:"向来每见衣冠不整,举止或草草,此恐亦不可作小病看。古人衣冠容止之间,不是要作意矜持,只是寻它天则合如是,为寻常因循息驰,故须着勉强自持。外之不肃,而谓能敬于内,可乎?"④ 张栻为学者指出了一条简易的为"敬"方法和途径,正因为它比较简单,因而也容易被忽略。所以张栻一再强调它的必要性和重要性,反复申说不做外在之工夫,内在之涵养亦做不好,敬便无从谈起。敬贯内外,所以一定要内外兼修。

敬不仅贯内外,同时该动静。"该动静",即"集义",亦曰"必有

---

① 张栻:《敬简堂记》,《张栻全集》,长春出版社1999年版,第732页。
② 张栻:《通书后跋》,《张栻全集》,长春出版社1999年版,第1008页。
③ 张栻:《敬铭》,《张栻全集》,长春出版社1999年版,第1188页。
④ 张栻:《寄吕伯恭》第2书,《张栻全集》,长春出版社1999年版,第893页。

事","集义""有事"源于孟子①,张栻释之曰:"'有事'者,有所事云也……孟子之所谓'有事'者,其集义乎!"②"'集义'者,积众义也。盖得于义则慊,慊则气所以生也。积之之久,则一息之必存,一事之必体,众义辐凑,心广体胖,俯仰无怍,而浩然之气充塞矣。其生也,非自外也,集义所以生也。"③ 集义即有事,即有所从事、有所作为,心之集于事者,乃集于义矣。在日用伦常中,在为学问道处事中体会敬,张栻说:"集训积,事事物物莫不有义,而著乎人心,正要一事一件上积集。"④ 天地万物都有义,关键在于用心体会,此便是集义。我们注意到,较之操存本心,集义则具有更强、更浓的"动"之意味和色彩;如果说操存本心以及肃容貌、整衣冠是主体在自身上做工夫,那么集义、有事便是主体在所实施的对象上做工夫,即在客体上做工夫,这又是另一个层面的敬贯内外而内外兼修。

张栻从由内到外、由静到动、由主到客等各个方面全面地论述了主一无适之内涵与意义,对"敬"有如此深刻的理解和体会是其自己不断省察的结果,他说:"某自觉向来于沉潜处少工夫,故本领尚未完。一二年来,颇专于'敬'字上勉力,愈觉周子主静之意为有味。"⑤ 敬之功在主静,由静到敬,张栻有独到而深入的理解,静则无欲,敬则理见,并对主体的能动性有清晰而明确的认识,他极为重视敬之工夫,近取诸身,则是修身之要、为学之指:"修己之道,不越乎敬而已"⑥;远敬天德,则是修

---

① "敢问夫子恶乎长?"曰:"我知言,我善养吾浩然之气。""敢问何谓浩然之气?"曰:"难言也。其为气也,至大至刚,以直养而无害,则塞于天地之间。其为气也,配义与道;无是,馁也。是集义所生者,非义袭而取之也。行有不慊于心,则馁矣。我故曰,告子未尝知义,以其外之也。必有事焉,而勿正;心勿忘,勿助长也,无若宋人然。宋人有悯其苗之不长而揠之者,茫茫然归,谓其人曰:'今日病矣!予助苗长矣!'其子趋而往视之,苗则槁矣。天下之不助苗长者寡矣。以为无益而舍之者,不耘苗者也;助之长者,揠苗者也,非徒无益,又害之。"(《孟子·公孙丑上》)
② 张栻:《孟子说·公孙丑上》,《张栻全集》,长春出版社1999年版,第281页。
③ 同上。
④ 张栻:《答游诚之》,《张栻全集》,长春出版社1999年版,第994页。
⑤ 张栻:《太极解义》,转引自《元公周先生濂溪集》,书目文献出版社1998年版,第72页。
⑥ 张栻:《论语解·宪问篇》,《张栻全集》,长春出版社1999年版,第194页。

身之功、为学之旨："惟敬之功，协乎天德。"①"敬"之工夫既有对天之仰慕与敬畏，又有对人主体性之认识与弘扬。张栻反复申论之，旨在阐扬"敬"之蕴义以助学者为学问道之功。

实际上，张栻的"主一无适"隐含有一个由动到定（静）再到动的过程。主宰、主一即是"动"，由众多事中有所主宰，且主宰一事，即是一个"动"的运作；主一成功便要定，定在此，故定时亦是"静"；定非心已而要心活，要"常惺惺"，故定而后动，于此上做提撕精神的工夫。可见，张栻的工夫非常细密，步骤之间的联系甚为严谨，主一是动亦是静，动静之时亦是定，工夫所至，即动即静。也许正因为如此，故"做起来极难"，"其间艰难曲折甚多，要须耐苦辛，长远而勿舍焉，则浸有味"②。敬，是人心之自觉，体现了人性的终极关怀。实际上，敬就是如何安顿人心之问题。人心安顿得当，其他无不得当。理学以道德唤醒人心，安顿人心，因此，其工夫法亦曰道德工夫。在宋代理学家中，可以说张栻最重视"敬"之工夫，其他理学家，包括胡宏和朱熹在内，其对"敬"之关注、重视程度都不及张栻。张栻不仅对"敬"之工夫作了详细深入的阐述，而且使其成为修身之要、为学之重，并且成为理学的重要工夫，对于理学之发展与完善功不可没。

三 格物穷理

如云主一无适为道德工夫，格物穷理则为知性工夫。张栻重视主一无适之道德工夫，但亦不废弃格物穷理之知性工夫。"格物"见《大学章句》"致知在格物"，格即至，物即事。"穷理"见《易·说卦》"穷理尽性以至于命"，穷为推之至极，理为物理，引为天理。穷理即穷尽事物之理，以见天理。依此，格物穷理之意为至极事物，穷究物理，体见天理。张栻继承并消化了这一思想，将格物作为为学的必要工夫："格，至也；格物者，至极其理也。此正是学者下工夫处。"并且认为前贤教人亦是以此为下手处："窃考二先生（二程）所以教学者，不越于居敬、穷理二

---

① 张栻：《敬斋铭》，《张栻全集》，长春出版社1999年版，第1039页。
② 张栻：《答潘叔度》，《张栻全集》，长春出版社1999年版，第934页。

事，取其书反复观之，则可以见。"① 格物穷理是进德修业的一种必要工夫，但格物穷理之目的并非是对客观事物规律的认识，其对象主要也不是指向客观事物，而在于通达天理、认识天理："大学之道，以格物致知为先。格物以致知，则天理可识，而不为人欲所乱。"② "故学而时习之，无时而不习也，念念不忘天理也。此所以至德以凝道也。及其久也，融然无间，涣然和顺，而内外、精粗、上下、本末功用一贯，无余力矣。……心过尤难防，一萌于中，虽非视听所及，而吾时习之功已断绝矣，察之缓则滋长矣。"③ 通过这两段文字我们可以看出，张栻格物穷理的目的不仅清晰明确，而且直接就物上格见天理，无须尽格物理乃至其极才见天理。这样，格物实际上是格心之非，故亦可曰格心。心本无非，但被物欲所感而动之无节则为非："夫心本无非，动于利欲，所以非也。……故当以格其心非为先。格之为言，感通至到也。……所谓格也，盖积其诚意，一动静，一语默，无非格之之道也。"④ 心本无非，蔽于利欲而有非，故要格之。格其非才能明心养心，故敬以持心，致知以明心，明心以见天理。由此可见，张栻讲格物，究其实是格心。一般而言格物是就存在之物而言，存在之物是现实意义的现象界之物，因其存在故可究其所以然之理。但是，张栻视心为一物，心则是存有之物，存有之物则是超越意义的本体界之物，因此并非实物，故而格此物只是虚义，只是对所认知之事物之反省与体证，并挖掘和提扬其道德价值，然此虚义却是格物穷理之主要义，此义在中国哲学中甚为重要。

重视格物穷理之虚义，将格物规定为格心，或曰张栻是有用意的，他说："若心非未格，则虽责其人才，更其政事，幸其见听而肯改易，他日之所用所行，亦未必是也。何者？其源流不正，不可胜救也。心非既格，则人才、政事，将有源源而日新矣。"⑤ 心非、心蔽不格，则人才、政事不正；只有格心非除心蔽，政事才能日新不已。人才、政事主于君王，故曰格君心，君心正，一切莫不正，是故君正而国定矣。张栻

---

① 张栻：《答陈平甫》，《张栻全集》，长春出版社1999年版，第910页。
② 张栻：《答直夫》，《张栻全集》，长春出版社1999年版，第927页。
③ 张栻：《名轩室记》，《张栻全集》，长春出版社1999年版，第741—742页。
④ 张栻：《孟子说·离娄上》，《张栻全集》，长春出版社1999年版，第362页。
⑤ 同上。

将格物规定为格心，进而重视格君心，旨在劝谏并鼓励宋孝宗坚定抗金之决心，树立抗金必胜之信心。选良材，任贤能，得民心，必能驱除夷狄，振兴朝纲。"先王之治，所以建事立功无不如志，以其胸中之诚足以感格天人之心而与之无间也。今规划虽劳而事功不立，陛下诚深察之，日用之间，念虑云为之际，亦有私意之发以害吾之诚者乎？有则克而去之，使吾中扃洞然，无所间杂，则见义必精，守义必固，而天人之应将不待求而得矣。夫欲复中原之地，当先有以得其百姓之心；欲得中原之心，当先有以得吾百姓之心。而求所以得吾民之心者，岂有他哉，不尽其力，不伤其财而已矣。今日之事，固当以明大义、正人心为本，然其所施有先后，则其缓急不可以不详；所务有名实，则其取舍不可以不审。此又明主所宜深察也。"① "吾与虏人乃不共戴天之仇，向来朝廷虽亦尝兴缟素之师，然玉帛之使未尝不行乎其间，是以讲和之念未忘于胸中，而至诚恻怛之心无以感格乎天人之际。此所以事屡败而功不成也。谓宜深察此理，使吾胸中了然，无尘芥之惑，然后明诏中外，公行赏罚，以快军民之愤，则人心悦，士气充，而虏不难却矣。继今以往，益坚此志，誓不言和，专务自强，虽折不挠，使此心纯一，贯彻上下，则迟以岁月，亦何功之不成哉！"② 南宋偏安江左，金兵问鼎中原，由于朝廷和战纷纭，孝宗皇帝也和战未决。于此，张栻劝谏孝宗皇帝革除杂念，得中原百姓之民心，坚定抗金的信心与决心，而此心感格天人之际，抗金一定能够取得胜利。

格物穷理之实义是就存在之物而穷究其存在之理："眼前凡所应接底都是物，事事都有个极至之理，便要知得到。若知不到，便都没分明；若知得到，便著定恁地做，更无第二著、第三著。"③ 就格物穷理本身而言，此义是格物穷理之基础义，朱熹比较重视此义，他讲今日格一物，明日格一物，物物格之，冀期一旦豁然贯通，以求众物之表理精粗无不到，而吾心之全体大用无不明。朱子非常欣赏程伊川的"涵养须用敬，进学则在

---

① 朱熹：《右文殿修撰张公神道碑》，《朱熹集》卷八十九，四川教育出版社1996年版，第4547页。
② 同上书，第4546页。
③ 黎靖德编：《朱子语类》卷十五，中华书局1994年版，第282页。

致知"①，终身信守不渝，他尤为重视《大学》，因为《大学》之旨在讲格物："此一书之间，要紧只在'格物'两字，认得这里看，则许多说自是闲了。"② 可见，朱熹在客观上切入了格物穷理之实义，使格物穷理具有了实然的知识论意义。这亦是其工夫论之特色。虽然朱熹在客观上切入了格物穷理之实义，但此非朱熹格物穷理之旨归。可以说，格物穷理之实义在中国文化中一直没有被完全独立地挖掘出来，朱熹只是借此以为用，通过实然的知识论证悟超然的道德论，就存在之理推证其超越的根据，最终通达体认天理。

本体论决定工夫论，朱熹在本体论上规定性即理，因此体认天理必然经过格物；张栻认为心即理，故体证天理只须格心。物为存在，心乃存有，二人虽然都讲"格物"，但"格物"的内容和意义是不同的。朱熹就格物讲格物，且物物格之，以求"豁然贯通"③；今日格一物，明日格一物，物物格之，故曰是"支离"工夫。张栻之格物实为格心，格心之非，最后达到"涣然和顺"的境界，他认为今日格一物，明日格一物，"非惟无益，而反有害"④，应该步步向内探求，故曰顺取工夫。换言之，朱熹是向外格（物），张栻是向内格（心），但这又不同于陆九渊的"易简"工夫。陆九渊的工夫是向内直指本心，主张立其本心，不经过"格物"这一环节，本心既立，自作主宰，天下万物皆是一心所有，故发明本心则天理可见。因此张栻对朱学和陆学皆提出委婉的批评，批评朱学有"遗本溺心"之患，陆学则有"躐等凭虚"之病："讲学不可以不精也，毫厘之差，则其弊有不可胜言者。故夫专于考索，则有遗本溺心之患；而骛于高远，则有躐等凭虚之忧，二者皆其弊也。……如笺注、训诂，学者虽不可使之溺乎此，又不可使之忽乎此，要当昭示以用工之实，而无忽乎细微

---

① 程颢、程颐：《河南程氏遗书》卷十八，《二程集》，中华书局1981年版，第188页。
② 黎靖德编：《朱子语类》卷十四，中华书局1994年版，第255页。
③ "盖人心之灵莫不有知，而天下之物莫不有理，惟于理有未穷，故其知有不尽也。是以《大学》始教，必使学者即凡天下之物莫不因其已知之理而益穷之，以求至乎其极。至于用力之久，而一旦豁然贯通焉，则众物之表里精粗无不到，而吾心之全体大用无不明矣。此谓格物，此谓知之至也。"（朱熹：《大学章句集注》，《四书五经》上卷，北京古籍出版社1993年版，第7页。）
④ 张栻：《答曾致虚》，《张栻全集》，长春出版社1999年版，第912页。

之间，使之免溺心之病，而无躐等之失。"① 较之于陆九渊之易简工夫，张栻之工夫显得"繁"；较之于朱熹之支离工夫，张栻之工夫显得"简"，这便是其"顺取"工夫之特色。

主一无适与格物穷理作为涵养本心体证天理的修养工夫，固有轻重："持敬以为本，穷理以为要"②，持敬是基本工夫，穷理是必要工夫，持敬与穷理密不可分，二者相互影响，相互促进："穷理持敬工夫，盖互相资耳。"③"盖居敬有力，则其所穷者益精；穷理浸明，则其所居者益有地，二者盖互相发也。"④ 居敬与穷理相互促进，相互影响，都是通过涵养本心，通过道德修养，以求契见天理为目标，明理则精其知，居敬则安其心，心知于天理，心安于天理。需要注意的是，在另外一个语境里，张栻则讲居敬集义并进："居敬集义，工夫并进，相须而相成也。"⑤ 如前文所述，集义即有事，事事物物莫不有义，集义以证悟天理。究其实，在张栻之语脉里，集义即格物，因此居敬穷理互发亦即居敬集义并进。在不同的场合中，表述有所不同，但意义是相同的。居敬为本，穷理为要，二者相资互发。居敬与穷理是察识与涵养的具体落实和微观操作，这样张栻从理论到实践、从宏观到微观构建了自己独到的工夫论体系。

综上所述，张栻的工夫论是一个动态的系统，其中的内容丰富而复杂，要认真爬梳，用心领会；在爬梳的过程中，切忌单一化；在领悟的过程中，切忌片面化。张栻吸收了胡宏因利欲之间发现良心之苗裔的观点，发扬了周敦颐主静立人极的思想，将"敬"与"静"结合，提出了格物实则格心的顺取工夫论。张栻不赞成舍物求心的易简工夫，但又反对物物格之的支离工夫，他顺取的工夫论正好处在二者之间，既克服了易简工夫和支离工夫在理论上的缺陷，又弥补了二者在实践中的不足，从而建构了极为严密并富创造性的工夫论体系。

---

① 张栻：《答陆子寿》，《张栻全集》，长春出版社1999年版，第920页。又云："舍实理而驾虚说，忽下学而骤言上达，扫去形而下者而自以为在形器之表。此病恐不细。正某所谓虽辟释氏，而不知正堕在其中者也。故无复穷理之工，无复持敬之妙，皆由是耳。"（《答彪德美》，《张栻全集》，长春出版社1999年版，第897页。）
② 张栻：《爱身堂记》，《张栻全集》，长春出版社1999年版，第1187页。
③ 张栻：《与吴晦叔》第2书，《张栻全集》，长春出版社1999年版，第943页。
④ 张栻：《答陈平甫》，《张栻全集》，长春出版社1999年版，第910页。
⑤ 张栻：《答游诚之》，《张栻全集》，长春出版社1999年版，第994页。

第五章　独具特色的义利观

义利观即对义和利问题的基本观点和看法，义与利之关系是中国思想史上一对重要范畴。孔子曰"君子喻于义，小人喻于利"，表面上是讲君子与小人的分判，实际上则言义与利的对立，由此拉开了义利分途的序幕，并且注定了义利之辨与君子小人之辨之间千丝万缕之联系。墨子"摩顶放踵，利天下为之"，开启了以公利为义之先河，为义利之辨提供了另外一个维度。孟子则沿着孔子的理路将义利之辨推向时代之高峰，《孟子》开篇便回答梁惠王"将有以利吾国"的提问而曰"王何必曰利？亦有仁义而已矣"，使义利之辨成为中国思想史上的重要问题，甚至是儒家思想史的核心课题。汉代大儒董仲舒提出"正其谊（义）不谋其利，明其道不计其功"，将义与利的对立关系明确地并且正面地展示出来。魏晋以后，儒学式微，义利之辨并未引起儒者太多的注意与重视；直到宋代，义利之辨陡然成为儒者注目之焦点。这一方面是由当时的时代背景决定的，另一方面也是儒学发展之必然要求。魏晋以后，尤其是经唐末、五代十国之战乱，儒家伦理受到严重之冲击，迄至宋代，整顿儒家纲常，重振道德伦理必然地被提上历史日程。同时，宋廷在外敌的威胁和侵略下仅存半壁江山，因此收复中原失地、中兴国家社稷是每一位具有忧国忧民情怀之士大夫的迫切愿望和不渝志向。正如史华慈所说："思想史的中心课题就是人类对于他们本身所处的'环境'的意识反映。"[①] 职是故，救道兴理，尊王攘夷，是时代赋予的严峻任务，儒家伦理重要组成内容的义利之辨自然为理学家所重视，并且成为理学家所必须解决的时代课

---

① ［美］史华慈（Benjamin I. Schwartz）：《关于中国思想史的若干初步考察》，载《中国思想与制度论集》，台北联经出版社1976年版，第3页。

题。程明道提出:"大凡出义则入利,出利则入义,天下之事,惟义利而已。"① 朱熹说:"见义理底,不见得利害;见利害底,不见得义理。"② 陆九渊教人以"义利之辨"为先,"凡欲为学,当先识义利公私之辨"③。朱熹与陈亮就义利王霸问题展开激烈辩论,双方对此颇为倾力,由于二人在此问题上观点迥异,辩论显得尤为精彩和艰难。④ 经过理学家的诠释与提扬,义利之辨在宋代尤其在南宋深入人心,影响广泛。南宋文人罗大经在《鹤林玉露》中说:"朝廷一有计较利害之心,便非王道。士大夫一有计较利害之心,便非儒学。绍兴间,张登为尤溪宰。视事之日,请邑之耆老人士相见,首问'天'字以何字对,皆曰'地'。又问'日'字以何字对,皆曰'月'。又问'利'字以何字对,皆曰'害'。张曰:'误矣,人只知以利对害,便只管要寻利去,人人寻利,其间多少事!'利'字,只当以'义'字对。因详言义利之辨,一揖而退。"⑤ 张登既非理学大家,亦非高官名人,在《宋史》中都很难找到他的名字,然而就是这个名不见经传的地方官员都能纵论义利之辨,足见义利之辨在当时受关注之程度。

第一节 义利之辨的标准

张栻在《孟子讲义序》中开篇就提出:

> 学者潜心孔孟,必得其门而入。愚以为莫先于义利之辨。盖圣学无所为而然也。无所为而然者,命之所以不已,性之所以不偏,而教

---

① 程颢、程颐:《河南程氏遗书》卷十二,《二程集》,中华书局1981年版,第124页。
② 黎靖德编:《朱子语类》卷二十七,中华书局1994年版,第701页。
③ "凡欲为学,当先识义利公私之辨。今所学果为何事?人生天地间,为人自当尽人道,学者所以为学,学为人而已,非有为也。"(陆九渊:《语录下》,《陆九渊集》卷三十五,中华书局1980年版,第470页。)
④ 朱熹与陈亮辩论之书信,集中于淳熙九年(1182)至绍熙四年(1193)。其中朱熹与陈亮之书信共计15书,见于《朱熹集》卷二十八(2书)、卷三十六(13书);陈亮与朱熹共计8书,见于《陈亮集》卷二十,另可参阅[美]田浩(Hoyt Tillman)的《功利主义儒家:陈亮对朱熹的挑战》,江苏人民出版社1997年版。
⑤ 罗大经:《鹤林玉露》甲编卷三《利害》,中华书局1983年版,第50页。

之所以无穷也。凡有所为而然者，皆人欲之私，而非天理之所存，此义利之分也。自未尝省察者言之，终日之间鲜不为利矣，非特名位货殖而后为利也。斯须之顷，意之所向，一涉于有所为，虽有浅深之不同，而其徇己自私，则一而已。如孟子所谓内交、要誉、恶其声之类是也。是心日滋，则善端遏塞，欲迓圣贤之门墙以求自得，岂非却行以望及前人乎？使谈高说妙，不过渺茫臆度，譬犹无根之木，无本之水，其何益乎？学者当立志以为先，持敬以为本，而精察于动静之间，毫厘之差，审其为霄壤之判，则有以用吾力矣。学然后知不足。平时未觉吾利欲之多也，灼然有见于义利之辨，将日救过不暇，由是而不舍，则趣益深，理益明，而不可以已也。孔子曰："古之学者为己，今之学者为人。"为人者无适而非利，为人者无适而非义。曰利，虽在己之事，亦为人也；曰义，则施诸人者，亦莫非为己也。嗟乎！义利之辨大矣，岂特学者治己之所当先，施之天下国家一也。王者所以建立邦本，垂裕无疆，以义故也，而伯者所以陷溺人心，贻毒后世，以利故也。孟子当战国横流之时，发挥天理，遏止人欲，深切著明，拨乱反正之大纲也。其微辞奥义，备载七篇之书。①

这是张栻义利观的核心思想，备列于此，以飨读者。下面详而述之。

一 义利之分途

张栻将义利之辨作为求学问道之出发点，认为"学者潜心孔孟，必得其门而入。愚以为莫先于义利之辨"。为此，无论是究索问道，还是授徒讲学，他都将义利之辨作为入门要径。张栻在主持岳麓书院讲坛时，大讲公私义利之辨："潭州故有岳麓书院，……公（刘珙）一新之。养士数十人，延礼修士彪君居正使为之长，而属其友广汉张侯栻敬夫时往游焉。与论《大学》次第，以开其学者于公私义利之间，闻者风动。"② 朱熹曾言："公（张栻）之教人，必使之先有以察乎义利之间，而后明理居敬，

---

① 张栻：《孟子讲义序》，《张栻全集》，长春出版社1999年版，第753—754页。
② 朱熹：《观文殿学士刘公行状》，《朱熹集》卷九十七，四川教育出版社1996年版，第4955页。

以造其极。"① 张栻将义利之辨视为问道为学之要，将其提到前所未有的高度加以认识和重视。那么究竟何为义、何为利呢？这是理解张栻义利观的基础。

张栻说："夫义，人之正路也，倚于一偏，则莫能遵于正路矣。惟君子之心无适也，而亦无莫也，其于天下惟义之亲而已。盖天下事事物物皆有义焉，义者，存于中而形于外者也。"② "至于利，则一己之私而已。盖其处心积虑，惟以便利于己也。"③ "义"是廓然大公之举，是古今天下之正途，"利"则是为"名位货殖"而做出的"徇己自私"的行为，是山径之邪曲。人之行为，非义即利，非利即义，"夫义存，则为义也；义之不存，则是货之而已"④。张栻将人的行为取向区分为两种：正途与邪曲。甄别之标准在于主体的价值取向，如果行为主体选择正大坦然之路即是正途，选择犯荆棘、冒险阻之径即是邪曲，而造成选择上如此迥异的根本原因则在于"血气动于欲也"。因此他慨叹道："嗟乎，道二，义与利而已矣。义者亘古今、通天下之正途；而利者犯荆棘、入险阻之私径也。人之秉彝固有坦然正途之可遵，而乃不由之，而犯荆棘、冒险阻，颠冥终身而不悔，独何欤？血气之动于欲也。动于声色，动于货财，以至于知爵禄之可慕则进以求达，知名之可利则锐于求名。"⑤ 在张栻的语意里，善是义的不同转换使用形式，故义利之分有时言为善利之分，如其言："善则天下之正途，而利则山径之邪曲也。人顾舍其正而弗由，以自陷于崎岖荆棘之间，独何欤？物欲蔽之，而不知善之所以为善故耳。盖二者之分，其端甚微，而其差则甚远。"⑥ 善与利之别即义与利之分，正途与邪曲的区别，

---

① 朱熹：《右文殿修撰张公神道碑》，《朱熹集》卷八十九，四川教育出版社1996年版，第4554页。杨万里也曾说："栻之言曰'学莫先于义利之辨。义者本心之所当为也。有为而为，则皆人欲，非天理。'此栻讲学所得之要也。"（《张魏公传》，《诚斋集》卷一百十五，商务印书馆2006年版，第1017页。）《张栻传》亦载："栻之言曰'学莫先于义利之辨。义者，本心之当为，非有为而为也。有为而为，则皆人欲，非天理。'此栻讲学之要也。"（脱脱：《宋史》卷四百二十九，中华书局1997年版，第12775页。）
② 张栻：《论语解·里仁篇》，《张栻全集》，长春出版社1999年版，第94页。
③ 张栻：《孟子说·尽心上》，《张栻全集》，长春出版社1999年版，第479页。
④ 张栻：《孟子说·公孙丑下》，《张栻全集》，长春出版社1999年版，第299页。
⑤ 张栻：《送刘圭父序》，《张栻全集》，长春出版社1999年版，第769—770页。
⑥ 张栻：《雷州学记》，《张栻全集》，长春出版社1999年版，第688页。

毫厘之差，霄壤之别。

朱熹叹曰："孟子没，而义利之说不明于天下。中间董相仲舒、诸葛武侯、两程先生屡发明之，而世之学者莫之能信，是以其所以自为者，鲜不溺于人欲之私，而其所以谋人之国家，则亦曰功利焉而已尔。爰自国家南渡以来，乃有丞相魏国张忠献公唱明大义以断国论，侍读南阳胡文定公诵说遗经以开圣学，其托于空言、见于行事虽若不同，而于孟子之言，董、葛、程氏之意，则皆有所谓千载而一辙者。若近故荆州牧张侯敬夫者，……独其见于论说，则义利之间，毫厘之辨，盖有出于前哲之所欲言而未及究者。措诸事业，则凡宏刚大用、巨细显微，莫不洞然于胸次，而无一毫功利之杂。是以论道于家，而四方学者争相往之；入侍经帷，出临藩屏，则天子亦味其言，嘉其绩。"①朱熹认为，孟子之后，义利之辨不明于天下，其间虽有董仲舒、诸葛亮、二程子等人提及义利之辨，但是影响似乎都不大，未引起学者对该问题的重视。宋室南渡之后，则有张紫岩、胡安国等发明先贤遗旨，重申义利之辨，但都是千载一辙。唯独张栻的义利之辨"出于前哲之所欲言而未及究者"，并且"措诸事业"，无任何私利杂于其间；因此论道讲学，天下士子争相往之，经帷藩屏，天子味其言，嘉其绩。朱熹纵陈历史上倡导义利之辨比较有影响的人物，其中暗含比较，认为只有张栻的义利之辨具有重要的影响，不仅使人明于义利之分，不为人欲所陷溺；而且其治国安邦，心纯志坚，远离功利。可见，朱熹对张栻的义利观评价极高，这一方面固然出于对好友之尊重与溢美，另一方面表明张栻于义利问题确实具有自己的卓见。那么张栻对于义与利是如何进行分判的？其分判的标准是什么？此点是张栻义利观之实质与核心。

二 无所为而为与有所为而为

张栻将人的行为分为正途与邪曲，即义与利，并且明确地提出其分判的标准："无所为而然者，命之所以不已，性之所以不偏，而教之所以无穷也。凡有所为而然者，皆人欲之私，而非天理之所存，此义利之分也。"②无所为而为（而然）即是义，有所为而为（而然）即是利。无所

---

① 朱熹：《张南轩文集序》，《朱熹集》卷七十六，四川教育出版社1996年版，第3978页。
② 张栻：《孟子讲义序》，《张栻全集》，长春出版社1999年版，第753页。

为而为是无己私之为，有所为而为是有己私之为，故曰无己私之为是义，有己私之为是利。张栻以无所为而为和有所为而为进行义利分判，而有所为而为与无所为而为之分判的节点在于是否有私心私欲，无私心无私欲之为是义，有私心有私欲之为则是利。张栻以孟子见孺子匍匐将落于井而相救这一典型事例来剖析人行为的义或利。孟子曰："人皆有不忍人之心。先王有不忍人之心，斯有不忍人之政矣。以不忍人之心，行不忍人之政，治天下可运之掌上。所以谓人皆有不忍人之心者，今人乍见孺子将入于井，皆有怵惕恻隐之心——非所以内交于孺子之父母也，非所以要誉于乡党朋友也，非恶其声而然也。由是观之，无恻隐之心，非人也；无羞恶之心，非人也；无辞让之心，非人也；无是非之心，非人也。"(《孟子·公孙丑上》) 对此，张栻析之曰："方是时，非以内交，非以要誉，非以恶其声而怵惕恻隐形焉，是其中心不忍之实也。此非其所素有者也？若内交、要誉、恶其声之类一毫萌焉，则为私欲蔽其本心矣。以恻隐之心，人之所固有，则夫羞恶之心、辞让之心、是非之心亦其所固有也。仁义礼智具于性，而其端绪之著见，则为恻隐、羞恶、辞让、是非之心。人之良心具四者，万善皆管焉，外此则非性之所有，妄而已矣。人之为人，孰不具是性，若无是四端，则亦非人之道矣。"① 又曰："孟子析天理人欲之分，深切著明。如云今人乍见孺子匍匐将入于井，皆有怵惕恻隐之心，非所以内交于孺子之父母也，非所以要誉于乡党朋友也，非恶其声而然也。盖乍见而怵惕恻隐形焉，此盖天理之所存。若内交，若要誉，若恶其声，一萌乎其间，是乃人欲矣。"② 乍见孺子匍匐将入于井，仁爱恻隐之心萌发而去救之，此种行为便是义，便是天理；如果是厌烦于孺子之哭声，或者是考虑到荣誉、声名，或者是想结交孩子的父母以便给自己将来带来一定的便利而去搭救孩子，等等，以上诸行为都是利，都是人欲。

张栻在预设"孺子匍匐将入于井"这一客观事实时，紧紧抓住"乍见"，或"方是时"——"必曰乍见者，方是时，非安排作为之所可及，而其端发见也"③——剖析主体行为之动机。如若此时没有任何个人自便

---

① 张栻：《孟子说·公孙丑上》，《张栻全集》，长春出版社1999年版，第289—290页。
② 张栻：《答直夫》，《张栻全集》，长春出版社1999年版，第927页。
③ 张栻：《孟子说·公孙丑上》，《张栻全集》，长春出版社1999年版，第290页。

的考虑和自利的计较，亦非出于事先对其结果或效果之估量，而是恻隐怵惕所动，是其不忍之心使然，抑或根本就没有考虑任何利益因素，只是本心当下之为，那么主体之行为便是义；反之，如果此时介入个人某种之私利和目的，如内交、要誉、恶其声之类一毫萌于心中，则是私欲蔽其本心，主体之行为即是利。由此，无所为而为并非消极的无所事事，而是没有己私之为；毫无疑问，有所为而为是一种"积极"的作为，但却是"积极"地谋己之私。换言之，公之为而不去作为，亦是利而非义，为公而为，亦是义而非利；进而言之，义之为是有所为有所不为："事有不可为者，有当为者。人能择其所不可为而不为，则其于所当为者斯能为之矣……故必有不为也，而后可以有为。盖其有所不为者，是乃其可以有为者也。此亦观人之方也。"① 为国家、为社稷，这是有所为，图己利、谋己私，则有所不为。有所为才能有所不为，有所不为才能有所为。有所为是当为之为，所以是义；有所不为是不当为之为，所以是利。依此观之析之，人焉廋哉?! 张栻将义利之分判提高到"观人"的高度，并将其作为"观人"的方法和依据。

　　"无所为"而为与"有所为"而为，究根而论，是当不当"理"，是否"循乎天理之所当然"②，当理之为是义，不当理之为是利。不当理即是失理，失却天理，如是，则非利而何？此为即是有所为而为，即是有私欲之为。义之所以为义，善之所以为善，在于主体自觉地为义、自觉地为善，不带有任何目的性和功利性。康德曾说："善的意志之为善，并非由于其结果或成败，即非由于它宜于达成任何一项预定的目标，而仅由于意欲。"③ "意欲"即是"理之所当然"，需要注意的是，张栻强调是否"当理"，而非强调是否"当事"，是否当理是就动机而言，是否当事是就结果而论。如就"事"而言，就结果而论，见孺子匍匐将入于井而相救，这一行为本身就是合乎义的，但合乎义并不一定出于义；出于义则是对行为主体动机的剖析。所以，张栻透过"见孺子匍匐将入于井"而相救这一事实本身，去剖析事实背后的动机。换言之，张栻是在预设这样一个前

---

① 张栻：《孟子说·离娄下》，《张栻全集》，长春出版社1999年版，第372页。
② 张栻：《孟子说·尽心下》，《张栻全集》，长春出版社1999年版，第513页。
③ 康德：《道德底形上学之基础》，李明辉译，台北联经出版公司2000年版，第10页。

提——见孺子匍匐将入于井而必然相救,并且在此前提成为必然的情况下,在结果成为事实的情况下,而反观导致此结果的动机。"即其所为者而视之,其事善矣,则当观其所从由之道果为善乎?为利乎?人固有同为一事,而所发有善利之分者矣。其所由者是,则又当察其所安者焉。所安,谓心之所主。"① 可见,张栻对行为主体之剖析,不仅仅停留在结果上,而是进一步分析行为主体的动机。这样,一方面,尽可能地保持主体行为之动机与结果的一致性;一方面,当主体行为之动机与结果发生偏离时,则以行为之动机为优先考虑因素。通过孺子匍匐将落井而相救这一平常事,张栻将人的行为动机剖析得淋漓尽致,并且得出两个大相径庭的结论,足见其观人释事之深刻!

究其实,结果无所谓"当"与"不当",它只是一个实然的事实判断;只有动机才有"当"与"不当"之论,因其是一个应然的价值判断。故曰于所当为而为、于所不当为而不为,皆是义;于所当为而不为、于所不当为而为,皆是利:"且于所不当然而然,则于其所当然者废矣,岂不为有害乎?"② 又云:"于所当然而不然,又别为之说,恐终不免为奸而已矣。"③ 此处之"当然"即当为,"当为""当然""当思"等皆是"当理"的具体化。利是于所当思而未思,于所当为而未为,于所当然而未然;义则是于所当思而思,于所当为而为,于所当然而然。"当"与"不当"是审视主体行为的价值标准,而不是事实标准。以事实标准评判主体行为,是衡量主体行为的效果,而非衡量主体行为的动机;以价值标准审视主体行为,是审视主体行为的动机,而非审视主体行为的效果。张栻以"无所为"和"有所为"进行义利分判,究其实是以行为之动机进行义利分途。动机在行为过程中至关重要,动机是判断行为善恶的标准、审视行为价值的尺度。动机出于义,则为善;动机出于利,则是不善。忽略动机,只看效果,行为只是一个事实,不属于价值范畴。因此,张栻以无所为而为和有所为而为进行义利分判,其无所为而为为义、有所为而为是利的义利观,内涵深刻而丰富,在对现实生活中人们的行为进行分析和分

---

① 张栻:《论语解·为政篇》,《张栻全集》,长春出版社1999年版,第77页。
② 张栻:《孟子说·离娄下》,《张栻全集》,长春出版社1999年版,第382页。
③ 张栻:《寄吕伯恭》第5书,《张栻全集》,长春出版社1999年版,第896页。

判的同时，也对其行为的价值进行了思考和权衡，在引领人们为公向善方面起到了重要的推助作用，蕴意无穷，令人寻味。正如胡居仁所言："善乃人性之固有，人之所当为，故张南轩曰：为己者，无所为而然者也，董子曰：正其谊不谋其利，明其道不计其功，此南轩董子心术之正也。不然，是以私意为学，固已与道离矣。"①

三　援理欲之辨于义利

援天理、人欲于义利之辨是张栻义利观之重要特色，张栻指出："凡有所为而然者，皆人欲之私，而非天理之所存，此义利之分也。"有所为是人欲之私，无所为是天理之公，无所为而为与有所为而为的义利分判包含着天理与人欲的对立。有所为而为是为"名位货殖"而为，是为了徇己之利，故曰"人欲之私"；无所为而为是循理顺性之为，无"一毫私意乱之"，是命之所不已，故曰"天理之所存"。因此张栻云："无所为者天理，义之公也；有所为者人欲，利之私也。"② 这里，张栻直接把"无所为"定性于"天理"，是"义之公"；把"有所为"定性于"人欲"，是"利之私"。以此，"无所为"与"有所为"不仅是"义"与"利"之分判，亦是"天理"与"人欲"之分际。换言之，在张栻看来，"天理"与"人欲"之分际即是"义"与"利"之分判，"夫善者，天理之公，孳孳为善者，存乎此而不舍也，至于利，则一己之私而已，盖其处心积虑，惟以便利于己也。然皆云孳孳者，犹言'君子喻于义，小人喻于利'之意。夫义、利二者，相去之微，不可以不深察也"③。念念不忘公义，因公义之为而为，此是天理之具体表现；处心积虑地为自己考虑，为自己谋利，此乃人欲淋漓尽致之体现。前文考察剖析孺子匍匐将落于井而相救的案例时，张栻便引入理欲之辨："孟子析天理人欲之分，深切著明。如云今人乍见孺子匍匐将入于井，皆有怵惕恻隐之心，非所以内交于孺子之父母也，非所以要誉于乡党朋友也，非恶其声而然也。盖乍见而怵惕恻隐形焉，此盖天理之所存。若内交，若要誉，若恶其声，一萌乎其间，是乃

---

① 胡居仁：《心性第一》，《居业录》卷一，江西人民出版社2013年版，第19页。
② 张栻：《汉家杂伯》，《张栻全集》，长春出版社1999年版，第784页。
③ 张栻：《孟子说·尽心上》，《张栻全集》，长春出版社1999年版，第478—479页。

人欲矣。"见孺子匍匐将入于井，主体行为未经任何考虑，只是恻隐之心萌发使其毫不犹豫去相救，此即是天理；若是考虑到救人之行为能够给自己带来哪些便利和好处而去相救，则此种行为即是人欲。可见，天理、人欲的界定亦在行为之为公与为私上，为公之为便是天理，为私之为即是人欲。这样，张栻便将理欲之分界与义利之分判紧密地结合起来，将理欲之辨恰到好处地援引到义利之辨当中，使义利之辨更加丰富和深刻。

张栻为何援天理、人欲于义利之辨，这是值得注意和深思的。众所周知，天理、人欲之辨是儒学的重要命题之一，宋代理学家尤为重视这一命题。作为当时的著名学者，张栻自然不能回避历史和时代之重要课题，而且必须予以重视和解决。但是，在张栻的思想体系里，义利之辨较之理欲之辨更有绝对和优先之地位，因为义利之辨是学者入门之匙和为学问道之前提，是学者为学之要。一面是坚持和强调义利之辨问题自身的重要性，一面是解决和重视理欲之辨的时代课题之需要，如何处理二者之关系？张栻援天理、人欲之辨于义利之辨，通过无所为而为与有所为而为来进行天理与人欲、义与利之分判，这样，不仅使天理人欲之辨更加具体化，而且使得义利之辨与理欲之辨建立了千丝万缕的联系。值得注意的是，虽然张栻援理欲之辨于义利之辨，但是，理欲之辨并不等同于义利之辨，理欲之辨较之义利之辨更加抽象，是义利之辨的内在根据。这是张栻处理义利之辨与理欲之辨学理上的依据。张栻之所以如是处理二者之间的关系，还具有深刻的社会历史原因。当时南宋王朝偏安一隅，半壁江山被金人占据，抗金北伐、收复中原是朝廷的当务之急。另外，自古以来华夷之辨的观念决定了宋人不与金人为伍，势必要攘夷尊王，将金人驱逐出中原。但是朝廷战和不定，甚至主和势力有时相当庞大，张栻则坚决主张反抗金人和金军。然而反抗金人战胜金军，必须在思想上统一民心和安定军心。因此，他极力宣扬华夏文化优于蛮夷文化，指出华夏文化历史悠久，乃民心所向。有深厚的华夏文化作支撑，有强大的民心做后盾，抗金战争一定能够取得胜利。同时，他对主和派不顾百姓疾苦、不顾国家安危，只为眼前利益、只为一己之私向金人妥协和投降之行径进行了严厉的批评："夫与百姓同之，则何有于己哉？人之于货与色也，惟其有于己也，是故崇欲而莫知纪极。夫其所自为者，不过于六尺之躯而已，岂不殆哉？苟惟推与百姓同之之心，则扩然大公，循夫故常，天理著而人欲灭矣。"① 是故，张栻不仅将义利之辨作为治己之所当先、学者入门之要，而且认为其是君王建立邦本、垂裕无疆之根本与保证（此在后文详述）。这是义利之辨优先于理欲之辨的社会根源。但是，理欲之辨是时代赋予的课题与使命，张栻必须要做出回答。在此种情况下，张栻援理欲之辨于义利之辨，妥善而圆满地解决了二者之间的关系，既突出了义利之辨的优先性，又强调了理欲之辨的重要性。②

概而言之，张栻以"无所为"而为和"有所为"而为作为义利的分判，以行为之动机审视行为的价值，并援理欲之辨于义利之辨，形成了自己独具特色的义利观。如何衡量和判断主体行为及其价值？张栻主张看动机。只要行为的动机是为己为私，这个行为就是利；反之，即是义。公与私之分际一明，理、欲、义、利之分定矣。毫无疑问，动机与效果、原因与结果能够一致和统一，这是最完满的诉求，也是最理想的模式。既然是理想，所以我们一直在努力地追赶；完满的感召，所以我们不懈地去追求。湖湘学派研究专家王立新称张栻的义利观"既是对孔孟以来儒家核心人生价值目标的继续和发展，同时也对南宋时期士大夫树立远大理想、匡扶人间正义等，有重要的诱发和劝勉作用"③。

第二节　义利相斥相容

强调义利分途、重义轻利一直是中国士大夫的价值取向，历来为儒者所重视，前文已述。并且多数儒者将义与利直接对立起来，即义与利非此即彼，二者不能并存，程颐讲："大凡出义则入利，出利则

---

① 张栻：《孟子说·梁惠王下》，《张栻全集》，长春出版社1999年版，第263页。
② 张栻十分重视天理人欲之辨，他说："天理、人欲不并立也，操舍存亡之机，其间不能以毫发。所谓非礼者，非天之理故也；苟非天理，即人欲已。"（《勿斋说》，《张栻全集》，长春出版社1999年版，第805页。）又曰："凡非天理，皆己私也。己私克则天理存，仁其在是矣。然则克己有道，要当深察其私，事事克之。今但指吾心之所愧者必其私，而其所无负者必夫礼，苟工夫未到，而但认己意为，则必将以私为非私，而谓非礼为礼，不亦误乎？"（《答吕季克》，《张栻全集》，长春出版社1999年版，第916页。）"己私既克，天理复还。"（《克己铭》，《张栻全集》，长春出版社1999年版，第1191页。）如是之论，不一而足。
③ 王立新：《南轩的理学思想》，《船山学刊》2016年第3期。

入义,天下之事,惟义利而已。"① 天下之事不过义和利而已,出义则入利,出利则入义,非义则利,非利则义,义与利二者形同霄壤。张栻注重义与利的分判,但同时认为义与利并非截然对立,二者还可以相容互涉。

一 义利并存互涉

张栻继承了程颐的义利观,强调义利的分判:"盖出义则入利,去利则为善也。此不过毫厘之间,而有白黑之异,霄壤之隔焉。"② 义与利犹如白与黑、霄与壤,其区别是明显而严格的,以至于非义即利,非利即义;但同时张栻并没有将义与利绝对对立起来,义利并非如同水火而不相容。他说:"仁莫大于爱亲,义莫先于尊君。人知仁义之趋,则其有遗其亲而后其君者乎?此其益于人之国,可谓大矣。盖行仁义,非欲其利之;而仁义之行,固无不利者也。"③ 功利见诸仁义,仁义又内现功利,利本身就包含在义中,义又包含在利中。也就是说,张栻并不排斥事功,也不反对追求功利,但反对过分地追求功利:"事功固有所当为,若曰'喜事功',则'喜'字上煞有病。"④ 一"喜"字在此大有文章,意味深长,"喜",不仅仅是喜欢爱好功利,尤其加重了对功利的追求程度,故曰"有病",此"病"又不是一般的"病",是"煞有病",一"煞"字,表达了张栻对过分追求功利的强烈不满和严厉批判。因为张栻担心对事功的过分热衷和过度追求将导致人们丧失道德本心,进而唯利是图,以此天下必将大乱。

张栻反对过分地追逐事功,反对沉溺于事功,但不反对合理适当地追求事功,甚至对此给予一定的肯定和赞扬,这一点从其对管仲的评价中即可看出:"管仲为齐卿相,九合诸侯,一正天下,功业如此其著,而曾西闻其名,则艴然不悦,以为何乃比已于是。果何意哉?此学者所宜精思力体,以究其所以然也。一言以蔽之,盖在于义利之分而已。……子路尝以

---

① 程颢、程颐:《二程遗书遗书》卷十一,《二程集》,中华书局1981年版,第124页。
② 张栻:《孟子说·尽心上》,《张栻全集》,长春出版社1999年版,第478页。
③ 张栻:《孟子说·梁惠王上》,《张栻全集》,长春出版社1999年版,第242页。
④ 张栻:《寄吕伯恭》第1书,《张栻全集》,长春出版社1999年版,第892页。

管仲为未仁,夫子之言乃若取之,何哉?子路兼人,其进也甚勇,其于管仲盖了然明见其失,以为不足道者也;而夫子之意则谓观人之法,虽见其失而其可取者亦不可废也,故举其事功而取之,所以涵养子路之恕心也。"① 子路对管仲的行为颇有些看法和微词,所以他对管仲的评价不高,认为管仲不仁。孔子顺势点拨子路,教育子路看人要全面客观,具体问题具体分析,不可执于一端:"桓公九合诸侯,不以兵车",这是管仲的贡献,管仲虽然有其失,但亦有可取之处,其可取之处就在于他的事功。以此,张栻评价管仲称"仁之功"而不称"仁":"夫子所以称管仲者,皆仁之功也。问其仁而独称仁之功,则其浅深亦可知矣。"② "仁之功"与"仁"不仅轻重浅深不同,而且是两个不同的概念,"仁之功"属于利,"仁"则趋于义,在儒家看来,"仁"是大德,"仁之功"则次焉。张栻以"仁之功"美管仲,却不以"仁"誉夷吾,此中大有学问,一方面肯定管仲之"功",其功在利;一方面批评夷吾之"失",其失在义。肯定其功,说明张栻不但不排斥功利,而且对于正当合理的事功给予肯定;批评其失,张栻认为管仲在义上做得还不够。"功"与"失"集于管仲一人,义与利见于夷吾一身,由此,张栻真切而深刻地诠释了义与利之互容互涉、并存并行。

为进一步阐明二者之间的密切关系,张栻举例说:"试举天理、人欲二端言之。学者皆能言有是二端也,然不知以何为天理而存之,以何为人欲而克之,此未易言也。天理微妙而难明,人欲汹涌而易起,君子亦岂无欲乎?而莫非天命之流行,不可以人欲言也。常人亦岂无一事之善哉?然其所谓善者未必非人欲也。故《大学》之道,以格物致知为先。格物以致知,则天理可识,而不为人欲所乱。"③ 张栻无所为而为和有所为而为的义利分途究其实是以公与私进行义利判分,同时援天理人欲于义利之辨,以公私判理欲、明义利。其经常以天理与人欲之间的关系说明义与利之间的关系,虽然二者并不等同。君子亦有物利等人欲需求,常人亦有仁义等天理追求。依此,张栻肯定了人们正当而合理的物欲需求;认为正当

---

① 张栻:《孟子说·公孙丑上》,《张栻全集》,长春出版社1999年版,第274—275页。
② 张栻:《论语解·宪问篇》,《张栻全集》,长春出版社1999年版,第187页。
③ 张栻:《答直夫》,《张栻全集》,长春出版社1999年版,第927—928页。

而合理的物欲需求非但不是人欲，且是合乎仁义的，是天理的体现："如饮食男女，人之所大欲，人孰不欲富贵？亦皆天理自然。"①"人孰不欲富贵，此言人情之常也，谓圣贤独不欲，则岂人情乎？"② 要求富贵，是人之常情，圣贤亦不例外。但是，过分地追求和贪恋物利，就是人欲。"饥而食，渴而饮，天理也；昼而作，夜而息，天理也；自是而上，秋毫加焉，即为人欲矣。"③ 饥食渴饮，昼作夜息，此是天理；如若在此基础上，过多或过分地要求，即是人欲。可见，张栻在追求义的前提下，适当地肯定了利；在强调天理的基础上，肯定了合理的人欲。仁义与功利、天理与人欲并非截然分开，并非完全对立。张栻既注意到了二者之间的区别，又看到了它们之间内在的联系，并没有把它们割裂开来，从而较好地处理了二者之间的辩证关系。

二　理欲同行异情

张栻之所以如是处理义与利、理与欲之间的关系，是有其一定之理论根据的。早在乾道二年（1166）所作的《潭州重修岳麓书院记》一文中，他说："今夫目视而耳听，口言而足行，以至于食饮起居之际，谓道而有外夫是，乌可乎？虽然，天理人欲，同行异情，毫厘之差，霄壤之缪，此所以求仁之难，必贵于学以明之与！"④ 在此，张栻把天理和人欲之间的关系理解为"同行异情"。该语出自胡宏《知言》，今载于《知言疑义》："天理人欲，同体而异用，同行而异情。进修君子，宜深别焉。"⑤ 胡宏将天理与人欲之间的关系规定为"同体异用""同行异情"；需要注意的是，张栻借助胡宏之语表达理与欲之间的关系时，舍其"同体异用"，而取其"同行异情"。对此，朱熹颇为肯许："（门人问）《知言》云：'天理人欲，同体而异用，同行而异情。'窃谓凡人之生，粹然天理之心，不与物

---

① 黄宗羲：《南轩学案》，《宋元学案》卷五十，中华书局1986年版，第1613页。
② 张栻：《孟子说·公孙丑下》，《张栻全集》，长春出版社1999年版，第306页。（此乃张栻对"孟子致为臣而归"章之解说，长春出版社之版本与中华书局之版本在文字上有差异。参见《张栻集》，杨世文点校，中华书局2015年版，第392页。）
③ 黄宗羲：《南轩学案》，《宋元学案》卷五十，中华书局1986年版，第1618页。
④ 张栻：《潭州重修岳麓书院记》，《张栻全集》，长春出版社1999年版，第694页。
⑤ 朱熹：《胡子知言疑义》，《朱熹集》卷七十三，四川教育出版社1996年版，第3859页。

为对，是岂与人欲同体乎？"（朱熹答）曰："五峰'同体而异用'一句，说的不是，天理人欲如何同得？故张钦夫《岳麓书院记》只使他'同行而异情'一句，却是他合下便见得如此。"① 朱熹肯定张栻舍其"同体异用"，而取其"同行异情"的做法。张栻为何舍其"同体异用"，而取其"同行异情"？朱熹没有进行说明和分析，张栻自己也没有作明确之交代，妄臆推测亦无助于学术之研究。但可以肯定的是，张栻取其"同行异情"，天理和人欲既相区别又相联系的辩证统一的关系才有了理论上的基础和依据。

"同行异情"即同时存在，但表现情况却不一样；天理、人欲共存于人身，但体现的状况迥异。天理是公之为，义之行，人欲是私之为，利之举。二者"同行"，同行于人，共集于人身，故义利互涉并存；二者"异情"，异情于为，不同于状，故义利分途迥然。理欲同行异情决定了义利并存互涉，并在追求天理的前提下，肯定正当的人欲，在强调义的基础上，许认合理的利。因为人并不仅是概念的存有，更是生命的存在；既是生命的存在，其生活便是具体的，其对生活的追求也是丰富多彩的。但是人毕竟与动物不同，在具有物性需求的同时又有高尚精神生活和道德理想的追求。这两种追求既是对立的，又是统一的，人离不开功利物欲的现实世界，又向往纯洁高尚的道德世界。张栻首先预设了道德世界的纯洁性，但道德世界的纯洁性并不排斥现实世界的复杂性。因此，他将理与欲之间的关系规定为"同行异情"，一方面强调天理与人欲的区别，一方面注意到二者之间的内在联系。质言之，理欲同行异情，既保证了道德世界的纯粹性，又肯定了现实世界的复杂性，在道德世界中开显现实世界，在现实世界中奋争道德世界。

张栻在继承程颐"出义则入利，出利则入义"思想的基础上，并没有将义与利截然对立，并且认为事功中凸见仁义，仁义中亦有事功。正当的功利要求、合理的物欲追求即是仁义、即是天理。为此，他批判了佛老离开物质利益而空谈仁义道德的做法，"言学而莫适其序，言治而不本于学，言道德性命而流入于虚诞，吾儒之学其果如是乎哉？……治不可以不

---

① 黎靖德编：《朱子语类》卷一百一十五，中华书局1994年版，第2772页。

本于学，而道德性命初不外乎日用之实"①。究根而论，利是义的基础和前提条件，义是利的转换和提扬，无利焉言义？孔子"罕言利"，孟子"何必曰利"，并不表明将利视为异端，而是要求君子和士大夫们在追求功利之时，不要陷溺于一己之私，而忘了天下之公。孔子的"先富后教"，孟子的"制民之产"等，都是"言利"的表现，甚至亦可曰此"利"即是义。义利不对立，从而为践仁行义提供了一个坚实的物质基础和现实可能，有利，义才有可能付诸实现，义利之间的辩证关系亦避免了义与利陷入空洞乏味的唯理论。

第三节 义利之辨的应用

张栻之义利之辨不仅仅停留于理论的思考上，而且将其应用于实践，品评历史，指导现实。他说："义利之辨大矣，岂特学者治己之所当先，施之天下国家一也。王者所以建立邦本，垂裕无疆，以义故也，而伯者所以陷溺人心，贻毒后世，以利故也。"② 在此，张栻道出了义利之辨的真正用意和目的。也就是说，张栻如此重视和强调义利之辨，是有其良苦用心的。

一 王霸政治分野的理论根据

王道政治是儒家的外王诉求，是内圣的自然开显，霸道政治则是通过战争等暴力方式实现一统天下。儒家将王道政治视为理想国，反对霸道政治，因此注重王霸之辨。张栻亦不例外，并且更加深入地阐述了王霸之辨："学者要须先明王伯之辨，而后可论治体。王伯之辨，莫明于孟子。大抵王者之政，皆无所为而为之，伯者则莫非有所为而然也。无所为者，天理、义之公也，有所为者，人欲、利之私也。"③ 张栻将义利之辨施之于政治，王者之政即王道政治是无所为而为之政，即治国理政时不带有一己之私欲，是无己私为之政，因此是义和天理的表现；霸者之政即霸道政

---

① 张栻：《道州重建濂溪周先生祠堂记》，《张栻全集》，长春出版社1999年版，第699页。
② 张栻：《孟子讲义序》，《张栻全集》，长春出版社1999年版，第754页。
③ 张栻：《汉家杂伯》，《张栻全集》，长春出版社1999年版，第784页。

治则是有所为之政，治国理政时带有自己的私心私欲，是有己私为之政，是利和人欲的凸显。可见，王霸之辨是义利之辨的自然延伸，是义利之辨在政治上的表现和运作。

张栻依据义利之辨对历史以及历史人物进行了评价和定性，他认为三王是以义治国，五霸是以利害国："五霸以利率天下，充塞仁义之正途。甚矣，其为天下后世害也。桓、文五伯之盛，而其为害则又甚焉。盖后之人见其一时之功效，慕而趋之，其心先蠹，仁义之说为难入也。"① 又说："若五伯之所为，其间善者不过以善服人而已。齐桓公会首止，而定王太子之位；晋文公盟践土，率诸侯而朝王：是皆欲以善服人而者也。当时服之者亦岂为悦服哉？其不服者固多矣。比之三王深长久大、涵养人心之事，岂不有间乎？故夫所谓以善服人、以善养人之异，学者要当深味，见其所以为霄壤之殊，则王伯之分了然矣。"② 三王以善养人，五霸以善服人，以善服人与以善养人之别即在于利与义。善服人者以利害服人，此力服者也；善养人者以仁义服人，此心服者也。以力服人，国不可久长；以义服人，国久且大。因此，三代为治世，五霸则为乱世，三代"君臣之有义，父子之有亲，夫妇之有别，长幼之有序，求以尽其分而无失其性。故人伦明于上，而小民亦笃于孝爱，亲其君上而不可解，此三代风化之所为美也。……三代之治，实万世王者之师也"③。"五霸则异乎是，特慕夫仁义之名，有所为而为之，非能诚体之者也。"④ 在此张栻进一步剖析，三代明于人伦，笃于孝悌，亲其君王，真正将仁义践行于现实生活。五霸则借仁义之名谋取己利，并非真正体仁、行仁。此是五霸与三王之异，究其实是利与义之别。

同时，张栻对秦及其后之朝代亦提出批评："自五伯功利之说兴，谋国者不知先王仁义之为贵，而竞于末途，秦遂以势力得天下，然亦遂以亡。"⑤ "秦汉而下，其间号为贤臣者，不过极于以安社稷为悦而已。"⑥

---

① 张栻：《孟子说·梁惠王上》，《张栻全集》，长春出版社 1999 年版，第 249 页。
② 张栻：《孟子说·离娄下》，《张栻全集》，长春出版社 1999 年版，第 377—378 页。
③ 张栻：《孟子说·滕文公上》，《张栻全集》，长春出版社 1999 年版，第 317 页。
④ 张栻：《孟子说·尽心上》，《张栻全集》，长春出版社 1999 年版，第 482 页。
⑤ 张栻：《衡州石鼓山诸葛忠武侯祠记》，《张栻全集》，长春出版社 1999 年版，第 700 页。
⑥ 张栻：《孟子说·尽心上》，《张栻全集》，长春出版社 1999 年版，第 474 页。

秦等帝国虽然以势力得天下，但不知行仁义，以社稷为满足己欲之工具，最终不仅遂以亡国，而且其害无穷。① 秦汉以降，虽有号称贤臣者，不过是借安社稷之名以谋己私而已，没有真正为国家考虑。张栻之所以纵评历史，旨在探索和思考治乱之根由，即用仁义、行王道，则天下治；求功利、行霸道，则天下乱。"天下有道，则道义明，而功利之说息……各循其理而由其分，此所谓治也。若夫无道之世，则功利胜而道义微，徒以势力相雄长而已，此所由乱也。"② 功利盛行，道义衰微，此所谓乱世，即霸道；功利息止，道义倡明，此即是治世，即王道。可见，霸道乱世以利率天下，王道治世以义行天下。

不惟如此，张栻还考察了从夏朝至东晋其间收复失地、光复、中兴之案例，而对"中兴"最为关注。诸如夏朝少康中兴、汉朝光武中兴、昭烈续统、晋朝元帝中兴等，张栻皆不惜笔墨，特别是对光武帝、昭烈帝、晋元帝之品评颇为详细。光武帝"谨行义"，"思虑缜密"③；昭烈帝"好贤之意笃"，得诸葛亮辅佐，"务农训兵，内治国事；国事既定，北向致讨"④。他深刻地思考了晋元帝中兴之得失，指出晋元帝初入建业，便有"封殖之意，而无慷慨谋国之诚"。晋怀帝蒙尘，而元帝无勤王之举，并且阻碍祖逖北伐："祖逖击楫渡江，聊复以兵应其请，返从而制之，使不得有为，则其意不在中原也审矣。坐视神州板荡，戎马纵横，不以动其心，不过欲因时自利云耳。"愍帝再度蒙尘，元帝则"阳为出师之势，迁延顾望"，最后"斩一无辜令史以塞责"，以此导致"建国规摹亦复不竞，乱臣贼子旋踵而起"。晋元帝非但不以怀帝、愍帝之难为耻痛，"笃君臣之义，念国家之仇，率江东英俊，鼓忠义之气，北向讨贼"，反而"自为封殖"，岂不可悲兮？岂不可叹兮？张栻紧接着说："以区区一祖逖，偏

---

① "至如霸者功利之说，易以惑人，人或趋之，则大体一差，无往而非病，虽有嘉言善道，亦何由人？"（《孟子说·梁惠王上》，《张栻全集》，长春出版社1999年版，第254页。）

② 张栻：《孟子说·离娄上》，《张栻全集》，长春出版社1999年版，第351页。

③ "光武天资虽不逮高祖，而自其少时从诸生讲儒学，谨行义，故天下既定，则知兵之不可不戢，审黄石，存包桑，闭玉关，以谢西域之质；安南定北，以为单于久远之计；处置功臣，假以爵宠，而不使之任事，卒保全其始终。凡此皆思虑缜密，要自儒学中来。至于尊礼隐逸，褒崇风节，以振起士气，后之人君尤未易及此。"（《光武比高祖》，《张栻全集》，长春出版社1999年版，第792页。）

④ 张栻：《汉丞相诸葛忠武侯传》，《张栻全集》，长春出版社1999年版，第1223页。

强自立于群豪之间，犹几以自振，况肺腑之亲，总督之任，数路之势，何所不济哉？惟其不以至公为心，而私意蔽之，甚可叹息也。"① 前文已述，公之为是无己私之为，是无所为而为，是义之举；私之为是有己私之为，是有所为而为，是利之举。晋元帝则怀私心，想"封殖"，无勤王之举，阻碍和破坏祖逖北伐，志不在收复中原明矣，显然是利之为。以此非但不能中兴朝纲，而且致使天下追功逐利，暴乱旋踵而至，最终势必流于。因此，张栻慨叹和惋惜：惟其不以公心而私意蔽之而丧失中兴时机！当时南宋的状况与南朝局势何其相似，张栻详论晋元帝中兴之得失，旨在冀期当朝皇帝发愤图强，振兴朝纲；痛陈晋元帝以利误国，以私害国，旨在劝谏当朝皇帝以此为鉴，治国当以公心，理国当以仁义，则中原可复，进而天下一统。与其说张栻在点评历史，不如说张栻在诊治南宋朝纲，为南宋王朝的中兴开具了一剂良方。

二 品评历史的依据

品评历史，点评人物，是士大夫忧国忧民爱国主义传统的体现；在这个传统里面，寄托了士大夫对现实的深切关怀。对于历史上的人物，张栻按照义利之辨的尺度进行品评。尤其是对管仲，他提出了自己的看法："管氏急于功利，而不知道义之趋，大抵其器小也。"② "夫以子路一匹夫，

---

① 以上引文均见《晋元帝中兴得失》。为便于阅读，现将原文录引于此："为国有大几，大几一失，则其弊随起而不可禁。所谓大几，三纲之所存是也。晋元帝初以怀帝之命来临江左，当时之意，故以时事艰难，分建贤王以为屏翰，庶几增国家之势，折奸宄之心，缓急之际，实赖其纠率义旅，入卫王室，其责任盖不轻矣。而琅琊之入建业，考观其规摹，以原其心度之所安，盖有自为封殖之意，而无慷慨谋国之诚，怀帝卒以蒙尘，迄不闻勤王之举，愍帝之立，增重寄委，制诏深切，而亦自若也。祖逖击楫渡江，聊复以兵应其请，返从而制之，使不得有为，则其意不在中原也审矣。坐视神州板荡，戎马纵横，不以动其心，不过欲因时自利云耳。愍再蒙尘，惧天下之议己，则阳为出师之势，迁延顾望，终归罪在运饷稽缓，斩一无辜令史以塞责。赤舄之异亦深切矣，吾谁欺，欺天乎？夫受君父之委托而坐视其祸变，因时事之艰难而觊幸以自利，三纲沦矣。惟其大几既失，故其所以建国规摹亦复不竞，乱臣贼子如王敦辈不旋踵而起，盖其弊有以致之也。使元帝痛怀、愍之难，笃君臣之义，念国家之仇，率江东英俊，鼓忠义之气，北向讨贼，义正理顺，安知中原无响应者？以区区一祖逖，倔强自立于群豪之间，犹几以自振，况肺腑之亲，总督之任，数路之势，何所不济哉？惟其不以公为心，而私意蔽之，甚可叹息也。其余得失予不暇论，独推其本而言之。"（《张栻全集》，长春出版社1999年版，第799—800页。）

② 张栻：《论语解·八佾篇》，《张栻全集》，长春出版社1999年版，第89页。

事业曾未著于当时，而曾西闻其名，则蹴然而惧，以为己何敢与之班？管仲为齐卿相，九合诸侯，一正天下，功业如此其著，而曾西闻其名，则艴然不悦，以为何乃比己于是。果何意哉？此学者所宜精思力体，以究其所以然也。一言以蔽之，亦在于义利之分而已。"① 管仲是春秋战国时期之名相，辅佐齐桓公九合诸侯，一匡天下，建立霸业，其功业可谓彪炳千秋。但是，张栻则认为"其器小"，原因就在于管仲"急于功利，而不知道义之趋"，所以南轩说曾西不悦于将管仲比于自己，却蹴然而惧于以子路比于自身，认为"己何敢与之（子路）班"？在曾西看来，管仲谋事功，而子路明道义，究其实在于利与义之分上。关于夫子对管仲的评价，张栻释之曰："夫子所以称管仲者，皆仁之功也。问其仁而独称仁之功，则其浅深亦可知矣。只为子路疑其未仁，子贡疑其非仁，故举其功以告之。若二子问管仲仁乎？则所以告知者异矣。圣人问答抑扬之意，学者当深味之。"② 门人问夫子管仲仁否，孔子因不同弟子之问，其所答亦有所不同，但基本上对管仲持肯定的态度。对于孔子对管仲的肯认，张栻概括为"仁之功"。确而言之，"仁之功"是张栻对管仲的评价。管仲辅佐齐桓公九合诸侯，一正天下，完成霸业，张栻认为这是"仁之功"。"仁之功"一方面体现了张栻对管仲历史功绩的肯定，同时在肯定中又有几分不满，故不许之以"仁"而曰"仁之功"。"仁之功"与"仁"是两个完全不同的概念，"仁"以体言，"仁之功"以用论。"仁之功"就其质而言，即是利；只是此"利"合乎义，故曰"仁之功"；合乎义但并不一定出于义，故不曰"仁"。因此张栻说"夫子所以称管仲者，皆仁之功也"，问其"仁"而称其"仁之功"，圣贤之微意可谓深切著明矣。

依此，张栻对历史上之众多人物进行了品评："鞅之罪可胜诛哉"③，

---

① 张栻：《孟子说·公孙丑上》，《张栻全集》，长春出版社1999年版，第274页。
② 张栻：《论语解·宪问篇》，《张栻全集》，长春出版社1999年版，第187页。《论语·宪问》云："子路曰：'桓公杀公子纠，召忽死之，管仲不死，曰未仁乎？'子曰：'桓公九合诸侯，不以兵车，管仲之力也。如其仁！如其仁！'子贡曰：'管仲非仁者与？桓公杀公子纠，不能死，又相之。'子曰：'管仲相桓公，霸诸侯，一匡天下，民到于今受其赐。微管仲，吾其被发左衽矣！岂若匹夫匹妇之为谅也？自经于沟渎而莫之知也。'"正文所录之文字是张栻对此段经文的诠释。
③ 张栻：《孟子说·滕文公上》，《张栻全集》，长春出版社1999年版，第319页。

温峤则不过是"功名之士"①,而王安石则有"误国之罪"②,他们都是"以利夺义的罪人"③。但称张良有"儒者气象、三代之后未易得也"④;"人臣之义,当以王陵为正";谢安则其"所存忠义纯固,负荷国事"⑤。可见,张栻对商鞅、温峤、王安石等均进行了指责和批评,而对张良、王陵、谢安等倍加推崇和褒扬,其根据便在于历史人物行为本身的私与公、利和义。

张栻对历史人物评价最高的是诸葛亮,称其"扶皇极,正人心,挽回先王仁义之风,垂之万世,与日月同其光明可也"⑥。"其(诸葛亮)治国,立经陈纪,而不为近图;其用兵,正义明律,而不以诡计。"⑦ 因此对于诸葛亮未采用魏延兵出子午谷、奇袭长安以定关中之计,张栻曰:"又或谓魏延之策,惜侯不用,不知夫天将昌汉,以侯之举措扫禽乱贼直余事耳,行险侥幸,非侯志也。"兵出子午谷,奇袭长安以定关中,是近图,是诡计,行险侥幸,此乃非孔明用兵之略、治国之志。以孔明之才学,加之天道相助,扫乱贼,定关中,必能取得成功。前文已述,张栻品评管仲急于功利,因此对历史上孔明自比管仲、乐毅之事,他认为是"传者之误":"始侯在隆中,传称以管、乐自许。予谓侯盖师慕王者之佐,其步趋则然,岂与管、乐同在功利之域者哉!意其传者之误,故不复云。"在其所著《汉丞相诸葛忠武侯传》中,张栻将此事裁去,不复记录。对此,朱熹曾提出异议,认为"不当不载以管、乐自许事",张栻则

---

① 张栻:《温峤得失》,《张栻全集》,长春出版社 1999 年版,第 801 页。
② "窃惟国家自王安石坏祖宗法度以行其私意,奸凶相承,驯兆大衅,至靖康初元,国势盖岌岌矣,而冯澥辈犹敢封殖邪说、庇护死党如此。《传》曰:为国家见恶,如农夫之务去草焉,芟夷蕴崇之,绝其本根,勿使能殖则善者,信矣。正误国之罪,推原安石,所谓芟其本根者,绍兴诏书有曰'荆舒祸本,可不惩乎',大哉王言也!"(《题李光论冯澥劄子》,《张栻全集》,长春出版社 1999 年版,第 1004—1005 页。)
③ 张栻:《孟子说·滕文公上》,《张栻全集》,长春出版社 1999 年版,第 319 页。
④ 张栻:《张子房平生出处》,《张栻全集》,长春出版社 1999 年版,第 779 页。
⑤ "以当时晋室之势,独任一谢安,足于当符坚百万之师。以予观之,非特安方略之妙,抑其所存忠义纯固,负荷国事,直欲与晋室同存亡,故能运用英豪,克成劭业,诚与才合故也。大抵立大事者非诚与才合,不足以济,若安者,其在东晋人物中,杰出者哉!"(《谢安淝水之功》,《张栻全集》,长春出版社 1999 年版,第 800 页。)
⑥ 张栻:《衡州石鼓山诸葛忠武侯祠记》,《张栻全集》,长春出版社 1999 年版,第 700 页。
⑦ 张栻:《谢安淝水之功》,《张栻全集》,长春出版社 1999 年版,第 700—701 页。

曰："侯胸中所存，诚非三代以下人物可睥睨，岂管、乐之流哉！时有万变，而事有大纲，大纲正则其变可得而理。方曹氏篡窃之际，孰为天下之大纲乎？其惟诛贼以复汉室而已。侯既以身从帝室之英胄，不顾强弱之势，允执此纲，终始不渝，管、乐其能识之乎？"管仲等器小志短："其肯趋一时之近效，志在土地珍宝而自以为功莫大乎？"是故"其心度与侯绝相辽邈"，怎可与孔明相提并论？"故不欲书，以惑观听，拔本塞源之意也"。可见，张栻裁去"自比管、乐"一事，并非由于史料上之疑误，而是出于贬责管仲、乐毅功利之为，表彰武侯正义之举的主观需要。值得一提的是，诸葛亮为后主写的《申》《韩》《管子》《六韬》之书，备载先主遗诏，确凿无疑。张栻则认为其事可疑，亦将其删掉："予读《出师表》，见侯所以告后主一本于正，其所以望其君者殊非刻核阴谋之说，故于手写《申》、《韩》等书之事亦疑之，疑则可阙也。"究其实，张栻之所以删掉《申》《韩》等书，并非"其事可疑"，是因为这些书都是谋取功利的"杂伯"之书，而南轩笔下的孔明尽是公为、尽是义举。

张栻笔下的诸葛亮是忠义之楷模、仁德之化身，因此他绝不容许功利之说、杂伯之术玷污孔明之形象，故而才不顾史实地进行删裁处理。对此，张栻也毫不掩饰地说："五伯以来，功利之说盈天下，大义榛塞，幸而有若侯者坚守其正，不以一时利钝易不共戴天之心，庶其可以言王道者。故予推明其本心，证以平生大节，而削史之说有近于霸术者。区区妄意扶正息邪，而不自知其过也。"[①]"削史"是因为功利之说盈天下，仁义不行于世，为了扶正息邪，推明本心，故而张栻笔削《诸葛传》。陈寿《三国志》中有《诸葛亮传》，裴松之注《三国志》，更加丰富了《诸葛亮传》，后代学者如王勃、苏轼亦有关于诸葛亮的记载，可以说，诸葛孔明已经是历史上妇孺皆知的人物。但是，张栻仍然为诸葛亮作传，原因就在于他不满于陈寿、裴松之所传，不满于其笔下的诸葛亮形象。张栻说："予每恨陈寿私且陋，凡侯经略次第，与夫烛微消患、治国用人、驭军行师之要，悉阁而不章，幸杂见于他传及裴松之所注，因袭而集之，不敢

[①] 以上引文均见张栻《汉丞相诸葛忠武侯传》，《张栻全集》，长春出版社1999年版，第1225—1226页。

饰辞以忘其实,其妄载非实者则删之,庶几读者可以得侯之心。"① 张栻把陈寿和裴松之等有关于诸葛亮的材料汇集整理,而删其"妄载非实者",将孔明塑造成一个"完美"的儒相。"完美"于诸葛亮是仁义的化身,没有任何私欲杂陈;"完美"于孔明一心以国家利益为己念,为光复汉室鞠躬尽瘁!张栻如此赞誉诸葛亮,如此苦心为诸葛亮作传,是有其用意的。诸葛亮是历史上的一位贤相,是张栻心目中的一位贤相,张栻冀望于当时朝廷也能出现像诸葛亮这样一位大公无私、以国家安危为己念、以收复中原为己志的贤相,来辅佐皇帝统一天下。张栻的《汉丞相诸葛忠武侯传》成书后,备受学者和史学家之推重,陆心源"丽宋楼"、沈德寿"抱经楼"都收藏此书,阮元称此书"考证极确"。在明、清时期,张栻的《汉丞相诸葛忠武侯传》几乎取代了陈寿的《三国志·诸葛亮传》,成为学界尤其是研究诸葛亮的必读书目。

三 经史致用的苦心

评古鉴今,托古言志,一直是中国士大夫参与政治的方法和途径。张栻不惜笔墨评价历史及历史人物,用心用情为诸葛亮作传,甚至笔削《诸葛亮传》,倾注的却是对当局的希望、对现实的关怀。张栻生活在阶级矛盾和民族矛盾都非常尖锐的南宋时代,宋高宗在位35年间,各种起义达95次之多,宋孝宗在位26年间,各种斗争达43次②,起义和反抗斗争动摇着南宋的半壁江山。同时,女真人数次饮马长江,严重地威胁着南宋王朝。中国士大夫忧国忧民的爱国主义传统,使得张栻更加关注政治,心系国运,他希望统治者念存公心,排除私欲,发奋图强,振兴朝纲,昌盛国家。为此,他以公私、义利之辨为尺度,纵评历史及历史人物,借史以言志,向皇帝陈述富民强国之道:"夫王政之所以不行者,以时君谋利计功之念深,每每质疑而莫肯力行故也;使其以先王之治为必可法,以圣贤之言为必可信,而力行之,则孰御焉?"③ 又云:"视霸者之区区求以利之者,不亦小乎?夫以王者功用之大,而其本特在于过化存神而已,而此

---

① 张栻:《汉丞相诸葛忠武侯传》,《张栻全集》,长春出版社1999年版,第1224—1225页。
② 参见何竹淇《两宋农民战争史料汇编》,中华书局1976年版,第249—420页。
③ 张栻:《孟子说·梁惠王上》,《张栻全集》,长春出版社1999年版,第247页。

二者又存神为之主焉,此帝王所传精一之为要也。"① 张栻屡屡规劝君王不要徇私妄为,谋取私利,而是要胸怀国家,高瞻远瞩,以仁义治国,才能实现王道政治。

接着,张栻通过古今对比,陈述了实现王道政治的具体途径:"古之士,修身于下,无一毫求于其君之心,而人君求贤于上,每怀不及之意,上下皆循乎天理,是以人才众多而天下治。逮德之衰,在下者假名而要利,在上者徇名而忘实,而人才始坏矣。降及后世,则不复以仁义忠信,而乃求之于文艺之间,自孩提之童则使之怀利心而习为文辞,并与其假者而不务矣,则人才何怪其难得,而治功何怪其难成乎?"② 实现王道政治,关键在于选人、用人。古者选人、用人皆循天理,因此人才济济而天下平治;后世选人、用人不以仁义忠信取士,不仅士大夫假名要利,君王亦徇名而忘实,导致人才难得,治功难成,王道政治难以实现。因此,张栻慨叹道:"嗟乎!义利之几,君子之所深谨,而去就之所由分也。后世为人臣者,不明斯义,故为之君者谓利禄之果可以得士,而士之所以求于我者亦不过乎此,于是而有轻士自骄之心。"③ 为君者要以义取士,为人臣者才会以义明世,治国用人不以私欲为务,不以功利为求,而是躬行仁义,遵循天理,那么朝纲可振,中原可复,国家可兴。

收复中原,匡复宋室,中兴国家,可以说是张栻义利之辨的目的和宗旨。张栻时刻未敢忘记,也不能忘记中原之耻,在给孝宗皇帝的奏文中他说:"先王之治,所以建事立功无不如志,以其胸中之诚足以感格天人之心而与之无间也。今规画虽劳而事功不立,陛下诚深察之,日用之间,念虑云为之际,亦有私意之发以害吾之诚者乎?有则克而去之,使吾中扃洞然,无所间杂,则见义必精,守义必固,而天人之应将不待求而得矣。夫欲复中原之地,当先有以得其百姓之心;欲得中原之心,当先有以得吾百

---

① 张栻:《孟子说·尽心上》,《张栻全集》,长春出版社1999年版,第471页。又云:"古之谋国者以理义不以利害,此天理人欲之所以分,而治忽之所由系,盖不可不谨于其源也。……三代之所以王者,用此道也。然则其说则一,而所以说者异,毫厘之间,霄壤之分,可不谨哉!学者有见乎此,则知五伯之在春秋,为功之首而罪至魁也;又如曾西之所以卑管、晏而尊子路也,则庶乎知入德之门矣。"(《孟子说·告子下》,《张栻全集》,长春出版社1999年版,第450—451页。)

② 张栻:《孟子说·告子上》,《张栻全集》,长春出版社1999年版,第443页。

③ 张栻:《孟子说·公孙丑下》,《张栻全集》,长春出版社1999年版,第306页。

姓之心。而求所以得吾民之心者，岂有它哉，不尽其力，不伤其财而已矣。今日之事，固当以明大义、正人心为本，然其所施有先后，则其缓急不可以不详；所务有名实，则其取舍不可以不审。此又明主所宜深察也。"① 在给刘珙的信中说："靖康之变，亘古所无。夷狄腥膻中原四十余年矣，三纲不明，九法尽废，今为何时耶？士大夫宴安江左，而恬莫知其大变也。此无他，由不讲学之故耳。"② 因此张栻才大讲、特讲义利之辨，并把义利之辨作为学者治己之所当先、王者治国之所必务。从理论的维度进入历史的视域，最后落点于现实的向度，其中寄托的是强烈的政治关怀。其依据无所为而为与有所为而为的义利分判对历史上的政治王霸进行梳理，对人物之功过进行品评。关注"中兴"，寄托的是南轩对帝王的拳拳之心和殷殷希望；笔削《诸葛亮传》，体现的是南轩对贤相的强烈期盼和苦苦等待；回落现实，凸显的是南轩忠贞爱国的政治抱负和一统天下的政治理想。帝王存公心，贤相明正义，上下齐心，昌明民族大义，朝纲焉能不振？中原焉能不复？国家焉能不强？张栻的义利观，究其实，是其为朝廷的振兴而谋篇布局，为国家的昌盛所开具的一剂治国理国的良方，此是张栻注重义利之辨的良苦用心和深刻用意，更是张栻强调义利之辨的深层原因和现实指向。

究其实，宋代理学家都强调义利之辨，而张栻的义利之辨甚具卓识与慧眼，并在中国思想史上达到前所未有的高度。朱熹对张栻的义利观给予了充分的肯定："盖其（张栻）常言有曰：'学莫先于义利之辨，而义也者，本心之所当为而不能自已，非有所为而为之者也。一有所为而后为之，则皆人欲之私，而非天理之所存矣。'呜呼！至哉言也！其亦可谓扩前圣之所未发，而同于性善养气之功者欤。"③ 真德秀亦对张栻的义利观进行了高度的赞扬："无所为而为皆义也，有所为而为即利也。其言愈精且微，学者不可不知也。（自注：且如见赤子入井，有恻隐之心，此乃天理自然形见，非有所为然，此即义也。若有一毫内交、要誉之心，即是有

---

① 朱熹：《右文殿修撰张公神道碑》，《朱熹集》卷八十九，四川教育出版社1996年版，第4547页。
② 张栻：《寄刘共甫枢密》第1书，《张栻全集》，长春出版社1999年版，第810页。
③ 朱熹：《右文殿修撰张公神道碑》，《朱熹集》卷八十九，长春出版社1999年版，第4555页。

所为而为，即利心也。二者相去毫厘之间，而公私、邪正之分，则天渊矣。故朱熹谓：南轩此语乃发先贤之所未发，有功于圣门。学者所宜深味也。)"① 可以说，张栻将义利之辨推向了时代的高峰，有功于圣门，在当时产生了很大的影响，深受诸儒的肯定和推崇。张栻的义利之辨是一个道德的标杆，使得士大夫的道德情怀和道德理想极大地得以彰显和弘扬。

---

① 真德秀：《西山文集》卷三十，四库全书集部第1174册，第18页。真德秀认为张栻论利较《大学》、程子更为深刻："《大学》、程子、南轩三说不同。《大学》只说财力，犹是粗处；伊川、南轩之说，乃入细工夫。世亦有能不贪财利之人，然未必无自便之私；亦有能不求自便者，其心未必无所为，此是一节之上又有一节工夫。以《大学》至善譬之，不贪财力与不求自便是善，到无所为而为始是至善。然必先以不贪财力为根脚基址，方可说上两节。……故学者当以不贪财力为本，又未可谓不贪财力为已足驯，序用力自粗至精，方可至纯乎天理之地。"

第六章　相须并进的知行观

　　知与行一直以来都是中国思想史上一对重要的范畴。早在《左传》中就曾提出"非知之实难，将在行之"①，《尚书》中亦提到："非知之艰，行之惟艰"②，这两部经典不仅探讨了知与行的关系，而且都认为行更具有复杂性和艰难性。注意到行的复杂性和艰难性，在一定意义上即是行的重要性被人们注意到并且逐渐被重视。降至宋代，学者对知行关系的认识有所变化，著名理学家程颐提出："人力行，先须要知，非特行难，知亦难也。"③又说："知至则当至之，知终则当遂终之。须以知为本。知之深，则行之必至，无有知之而不能行者。知而不能行，只是知得浅。"④一方面认为知在行先，一方面认为知较之行更具有困难性和重要性。朱熹亦提出知先行后的思想，"论先后，知为先；论轻重，行为重"⑤。"圣贤千言万语，只是要知得，守得。"⑥与程颐不同的是，朱熹将知行问题讨论得更为深入和细致，从逻辑上，知先行后；论轻重，则知轻行重，一方面强调知的先在性，一方面又注意到行的重要性。从某种程度上说，朱熹的知行观代表了知行问题由北宋到南宋的发展和过渡。北宋知行问题总的特征是知先行后，南宋知行问题总的特征则表现为强调力行。

---

　　① 《左传·昭公十年》，《春秋》卷十二，《四书五经》下卷，北京古籍出版社1993年版，第1446页。

　　② 《商书·说命中》，《尚书》卷三，《四书五经》上卷，北京古籍出版社1993年版，第400页。

　　③ 又云："学者故当勉强，然不致知，怎生行得？勉强行者，安能持久？"（程颢、程颐：《河南程氏遗书》卷十八，《二程集》，中华书局1981年版，第187页。）

　　④ 程颢、程颐：《河南程氏遗书》卷十五，《二程集》，中华书局1981年版，第164页。

　　⑤ 黎靖德编：《朱子语类》卷九，中华书局1994年版，第148页。

　　⑥ 同上书，第149页。

第一节　张栻知行观的背景

任何思想的提出都不是空穴来风，它是基于一定的时代背景而产生的。因此，我们在研读思想家之思想的时候，一定要了解其社会背景和学术背景，这样才可能全面和正确地理解一个思想家的思想。一定意义上，时代背景与学术思想密不可分，抛开时代背景而单独考察学术思想，非但不能很好地把握思想家的思想，还会断章取义，甚至曲解和误读。而且，抛开时代背景，学者思想的价值和意义亦无法全幅地体现。

一　知行问题脱节

研究思想家的思想和主张，要先了解其时代状况。研读张栻的知行观，尤其不能忽视其所处的时代背景。前文所述，知行问题在北宋注重知先行后、重知轻行，以此则不可避免地造成知与行脱节，发展到南宋，这个问题已经比较严重。片面地强调"知"，过分地注重"知"，导致"行"不被重视，甚至被忽略。张栻在《论语说序》中，就表达了其对当时知行现状深深的忧患：

> 盖自始学则教之以为弟、为子之职，其品章条贯，不过于声气容色之间，洒扫应对进退之事，此虽为人事之始，然所谓天道之至赜者，初亦不外乎是，圣人无隐忽尔也。故自始学则有致知力行之地，而极其终则有非思勉之所能及者，亦贵于行著习察，尽其道而已矣。……秦汉以来，学者失其传，其间虽或有志于力行，而其知不明，擿埴索涂，莫适所依，以卒背于中庸。本朝河南君子始以穷理居敬之方开示学者，使之有所循求，以入尧舜之道。于是道学之传，复明于千载之下。然近岁以来，学者又失其旨，曰："吾惟求所谓知而已"，而于躬行则忽焉。故其所知特出于臆度之见，而无以有诸其躬，识者盖忧之。[①]

[①] 张栻：《论语说序》，《张栻全集》，长春出版社1999年版，第751页。

知与行本不可分离，自始学便有致知力行之地，但近岁以来学者则失其旨而忽于躬行，张栻对此现状产生了无比的忧虑。知与行密不可分，因此片面强调知，不重视行，或者片面强调任何一方而忽略另一方，都是知行脱节的体现。知行脱节即是不懂得知与行之间相即不离、相须并进的辩证关系，以此必将导致"道之不明"或"道之不行"，进而导致一系列的问题产生。片面强调知而不注重行，势必流于空谈，为学问道亦必停留于空洞无味的说教，而疏于实际有效的践履："夫所贵乎儒学者，以真可以经世而济用也。若夫腐儒则不然，听其言则汗漫而无纪，考其事则迂阔而无成，则亦安所用夫学哉？"① 张栻认为这种空洞无味的说教对社会无任何意义，其人其学算不上是"真儒"，只能曰"腐儒"，真儒经世致用，腐儒迂阔无成。"真儒"与"腐儒"的区别在于是否能经世致用。张栻以经世致用区分"真儒"与"腐儒"，是由当时的社会背景决定的。南宋朝廷面临外来民族的入侵，张栻希望当时社会能够出现更多的"真儒"来经邦济世，抗金复土，匡扶社稷。

二 学者游谈相夸

知与行脱节，并片面强调知，必将导致学界游谈相夸、贪高慕远之风盛行，学者则屑卑近，求速成之心尤烈。张栻言："今学者未循其序，遽欲识大本，则是先起求获之心，只是想象模量，终非其实。……大抵圣人教人，具有先后始终。学者存任重道远之思，且戒欲速也。"② 做学问要循序渐进扎扎实实地做，不可有求获欲速之心。贪高慕远、忽卑舍近，于个人、于社会甚无益处。这种风气直接导致学者不务实事，鄙弃小事，而喜好游谈相夸、好高骛远。这种风气不改变，整个国家和个人便会成为一个空架子，害人误国。张栻说："慕高远而屑卑近，将终身无所进益已而耳。"③ 又云："言以实则其言为有据，行以实则其行为可常。不然，则无所凭依，妄而已矣。……夫学者信以为本，则德可进，业可广；若不务信其言行，而徒慕高远，终不可行而已矣。"④ "言以实"是将理论落实到实

---

① 张栻：《严州召还上殿劄子》，《张栻全集》，长春出版社1999年版，第1162页。
② 张栻：《答刘宰》，《张栻全集》，长春出版社1999年版，第915页。
③ 张栻：《论语解·公冶长篇》，《张栻全集》，长春出版社1999年版，第106页。
④ 张栻：《论语解·为政篇》，《张栻全集》，长春出版社1999年版，第81页。

践，"行以实"则是实践具有一定的依据。一定意义上，"言以实"与"行以实"相当于知与行的关系，也就是理论与实践的关系。理论应用于实践，实践需要有理论依据。换言之，张栻对知行关系的理解相当于我们今天对理论与实践的辩证关系的认识。

当时南宋偏安半壁江山，内部各种起义和斗争不断，外部又面临着金人的威胁，整顿朝纲、收复失地、振兴国家，是南宋的当务之急。此只有"真儒"能担当，"腐儒"游谈相夸、迂阔无成，安可救世？以是，张栻对当时片面注重知而忽视行的倾向提出了批评。针对片面注重知，张栻则强调躬行，强调实践。但是张栻又不是一味地强调躬行、强调实践而忽视致知，因为他看到了片面强调知或行任何一方所带来之弊病，"知者慕高远之见而过乎中庸，愚者又拘于浅陋而不及乎中庸，此道之所以不行也。贤者为高绝之行而过乎中庸，不肖者又安于凡下而不及乎中庸，此道之所以不明也。道之不行由所见之差，道之不明由所行之失，此致知力行所以为相须而成者也"[①]。换言之，当时学者或过于中庸，或不及中庸，这种见（知）行上的差失最终导致道之不行。因此，张栻提倡致知力行相须而成。以此，道便可行于天下，学者不再游谈相夸而从于道，那么，收复失地，振兴朝纲，则指日可待矣。

第二节　知行互发并进

针对当时南宋知行问题严重脱节而导致的学者游谈相夸、贪高慕远的学术风气，进而不能学以致用、学以济世的社会现实，张栻提出了知与行相须互发并进、重在力行的知行观，他说："致知力行，互相发也。盖致知以达其行，而力行以精其知。"[②]

一　知之在先的修正

片面强调知，必然会忽视行，导致在知行关系之"逻辑发展"上必然是知之在先。知之在先在一定程度上破坏了知与行的相须并进、互发并

[①] 张栻：《答朱元晦》，《张栻全集》，长春出版社1999年版，第963页。
[②] 张栻：《送钟尉序》，《张栻全集》，长春出版社1999年版，第772页。

存的辩证关系，使知行关系不健康乃至病态地发展，进而导致学者夸夸其谈、好高骛远，不能经邦济世。为了扭转这种学风，乾道八、九年，张栻与朱熹、吴翌、周奭、周必大等人重点讨论知与行之间的关系问题。这次知行关系之讨论由检讨胡宏《知言》发端，其核心问题是对"知之在先"的理解。

根据张栻的书信，朱熹先与吴翌辩论，后来又与门人范伯崇等讨论；同时朱熹、吴翌两人又都把辩论的内容与观点函告张栻，征求其意见。张栻阅后，分别给朱熹和吴翌复信。他在给朱熹的复信中言："知之而行，则譬如皎日当空，脚踏实地，步步相应；未知而行者，如闇中摸索，虽或中，而不中者亦多矣。"① 复信吴翌说："前蒙录寄所答元晦书，得详读，甚幸。所谓知之在先，此固不可易之论。"② 可见，张栻并不反对知之在先，但对"知之在先"作了新的阐释和特别的说明："但只一个'知'字，用处不同，盖有轻重也。如云'知有是事'则用得轻，'匹夫匹妇可以与知'之类是也；如说'知底事'则用得重，'知至至之'之知是也。在未识大体者，且当据所与知者为之，则渐有进步处。工夫若到，则知至。知至矣，当至之，知终矣，当终之，则工夫愈有所施而无穷矣。所示有云'譬如行路，须识路头'，诚是也；然要识路头，亲去路口寻求方得，若只端坐于室，想象歧而曰'吾识之矣'，则无是理也。元晦所论'知'字，乃是谓知至之知。要之，此非躬行实践则莫由至。但所谓躬行实践者，先须随所见端确为之，此谓之知常在先则可也。"③ 张栻首先肯认"知之在先"，但不惟如此，紧接着便对"知"进行分析，根据其程度轻重，将"知"分为"知有是事"之知和"知底事"之知。前者是《中庸》中所谓的"匹夫匹妇可以与知"之类是也，后者是《周易·乾卦·文言》中所称的"知至至之"之知是也。换言之，前者是只知其然之知，后者是知其所以然之知。知其所以然之知乃是伴随着实践的"知"，是真正的"知"，正是在此种意义上，张栻肯认"知之在先"："所谓躬行实践者，先须随所见端确为之，此谓之知常在先则可也"，"知之在先"是伴

---

① 张栻：《答朱元晦》，《张栻全集》，长春出版社1999年版，第961页。
② 张栻：《答吴晦叔》第4书，《张栻全集》，长春出版社1999年版，第824页。
③ 同上书，第824—825页。

第六章 相须并进的知行观

随着"行"而来的，有"行"才有知，才有"知之在先"；离开"行"，便无所谓"知之在先"。或曰离开"行"的知，只是"用得轻"的知，是"知有是事"的知，而非"知底事"的知。这里，张栻不仅没有片面地强调"知之在先"，而且还注意到了"知"的层次性和阶段性，并且向人们展示了认识是一个逐步深化的过程，如他说："知有精粗，必由粗以及精；行有始终，必自始以及终。"① 可以说，张栻已经清晰地提出了人的认识发展的两个阶段，即"用得轻"之知和"用得重"之知，"用得轻"之知即认识的初级阶段，相当于感性认识，"用得重"之知即认识的高级阶段，相当于理性认识。同时他还深刻地注意到这两个阶段是相互影响，相互促进，密不可分的。

同时，张栻指出"知"并不能代表"行"："知则无不能行，此语诚未完。知有精粗，行有浅深。然知常在先，固有知之而不能行者矣，未有不知而能行者也。……然有所谓知之至者，则其行自不能已，然须致知力行工夫至到，而后及此……若学者以想象臆度或一知半解为知道，而曰'知之则无不能行'，是妄而已。"② 真正的知并不是主观妄想出来的，而是伴随"行"的知，此"知"是与实践相联系，甚至是躬行实践后而得来的"知之至者"之知。此"知"才有"其行不能自已"之品格，才有"知之则无不能行"，即必须"致知力行工夫至到"，只有满足此条件，"知"方可称之曰即是"行"。张栻既认识到了"行"的艰难性，又注意到了"知"的重要性。可见，张栻对"知之在先"的观点进行了补充和修正，反对将二者割裂孤立，进而片面地强调知或行。据此，他主张知行互发、相须并进。在一定意义上，张栻对"知之在先"观点之补充与修正，为知行互发思想打下了坚实的基础并创造了前提条件；甚至可以说，对"知之在先"观点之补充与修正，是其知行互发理论的另外一种表达方式。

二 知行互发的提出

在对知之在先的观点进行补充和修正后，张栻正式提出了知行互发的

---

① 张栻：《论语解序》，《张栻全集》，长春出版社1999年版，第751页。
② 张栻：《寄周子充尚书》，《张栻全集》，长春出版社1999年版，第817页。

思想。张栻的知行互发思想集中而精湛地体现在他给周子充（1126—1204）之书信中：

> 垂谕或谓人患不知道，知则无不能行。此语诚未完。知有精粗，行有浅深。然知常在先，固有知之而不能行者矣，未有不知而能行者也。《语》所谓"知及之，仁不能守之"，是知而不能行者也。所谓"知之者不如好知者，好知者不如乐知者"，是不知则无由能好而乐也。且以孝于亲一事论之，自其粗者知有冬温夏清、昏定晨省，则当行温清定省。行之而又知其有进于此者，则又从而行之。知之进，则行愈有所施；行之力，则知愈有所进，以至于圣人。人伦之至，其等级固远，其曲折固多，然亦必由是而循循可至焉耳。盖致知力行，此两者工夫互相发也。寻常与朋友讲论，愚意欲其据所知者而行之，行而思之，庶几所践之实而思虑之开明。不然，贪高慕远，莫能有之，果何为哉？然有所谓知之至者，则其行自不能已，然须致知力行工夫至到，而后及此，如颜子是也。彼所谓欲罢不能者，知之至而自不能以已也。若学者以想象臆度，或一知半解为知道，而曰知之则无不能行，是妄而已。①

如前文所述，张栻并不反对知之在先，尤其从逻辑顺序而言，知应该先于行。但是，从实际而言，知与行是相须相伴的，知不离行，行不离知；而且知与行相互促进，相互影响。正是由于二者之间的相互作用，才使彼此之发展不断加深和强化。张栻以孝亲为例，生动地说明知与行的互动互促关系，他说粗浅的认识是"知"有冬温夏清、昏定晨省，则当"行"温清定省；但是经过"行"温清定省之后，对孝亲又有更进一步的体会和认识，即"行之而又知其有进于此者"，据此，"则又从而行之"。这样，"知"的深化就带动行的进步，行的进步又促进知的发展，知的发展又推动行的深入，知影响行，行亦影响知。由此可见，知与行相互推动，相互促进："知之进，则行愈有所施；行之力，则知愈有所进"，"盖致知力行，此两者工夫互相发也"。这样，知与行在互动互促中便不断加

---

① 张栻：《寄周子充尚书》，《张栻全集》，长春出版社1999年版，第817页。

第六章　相须并进的知行观

深和提升，不断发展和扩大，直至达到"圣人"境界。

值得注意的是，张栻以孝亲等具体小事为例说明知与行的互动关系，亦有其用意和目的。当时学者忽卑舍近、贪高慕远之风甚浓；忽卑舍近、贪高慕远，究根而论即是片面和过度强调知而忽视行导致的。有鉴于此，张栻指出真正的知、真正的行都是从日用平常的小事做起，循序渐进，敦笃躬行，反本务实，"为孝必自冬温夏清、昏定晨省始，为弟必自徐行后长者始，故善言学者必以洒扫应对进退为先焉"①。洒扫应对进退之事是知和行之具体用力处，做好此"事"，便是对知行关系的真正践履。并且在此"事"中，"行"才能促进知的深化，而知的深化反过来又指导行。在此张栻仅举"孝"例说明知与行的辩证关系，实际上，不惟孝，日用之间，自息养瞬存以至于三千三百，都体现着知与行互发互促的密切关系："日用之间，事之所遇，物之所触，思之所起，以至于读书考古，苟知所用力，则莫非吾格物之妙也。其为力行也，岂但见于孝悌忠信之所发，形于事而后为行乎？自息养瞬存以至于三千三百之间，皆合内外之实也。行之力则知愈进，知之深则行愈达。区区诚有见乎此也。"②

因此，张栻对于知与行皆给予足够之重视，不偏废任何一方。他说："历考圣贤之意，盖欲使学者于此二端兼致其力。始则据其所知而行之，行之力则知愈进，知之深则行愈达。是知常在先，而行未尝不随之也。知有精粗，必由粗以及精；行有始终，必自始以及终。内外交证，本末不遗，条理如此，而后可以言无弊。然则声气容色之间，扫洒应对进退之事，乃致知力行之原也，其可舍是而它求乎？"③"二端"即知与行，知与行兼顾，兼用力，"始则据其所知而行"意即知之在先，行随其后；"行之力则知愈进"意即行的力度推动知的进步；"知之深则行愈达"意即知的深化促进行的发展。对此，吕祖谦看得真切："张荆州之教人也，必使人体察良心，以圣贤语言而见之行事，因行事而复求圣贤之语言。"④ 知与行互相促进，互相依赖，在互动的过程中谋求各自的发展，二者属于同一个认识过程。实践的深入推动认识的进步，认识的发展影响着实践的广

---

① 张栻：《弗措斋记》，《张栻全集》，长春出版社1999年版，第721页。
② 张栻：《答陆子寿》，《张栻全集》，长春出版社1999年版，第920页。
③ 张栻：《论语说序》，《张栻全集》，长春出版社1999年版，第751页。
④ 吕祖谦：《杂说》，《吕祖谦全集》，浙江古籍出版社2008年版，第256页。

度和深度。可见，张栻对知与行关系的探讨，不仅意识到认识与实践的辩证发展关系，而且已经触及了人的认识是一个由肯定到否定、再到否定之否定的螺旋式上升的过程。在这个过程中，张栻尤其注意到实践起到了不可忽视的重要作用。

三　力行践履的提倡

在主张知行互发相须并进的同时，张栻对当时片面注重知而轻视行、进而忽略躬行的倾向进行了批评，从而提倡力行，强调实践。他说："圣门实学，贵于践履，隐微之际，无非真实。"① "若如今人之不践履，直是未尝真知耳；使其真知，若知水火之不可蹈，其肯蹈乎？"② 有鉴于此，张栻才重视实践，强调实践，甚至将能否躬行践履作为区分君子与小人之标志："君子主于行，而非以言为先也，故其言之所发，乃其力行所至，言随之也。夫主于行而后言者，为君子；则夫易于言而行不践者，是小人之归矣。"③ 小人只是流于空言、停于致知，而不去践履，君子则重在躬行，自觉践履。某种意义上，张栻认为行较之于知更难："知之非艰，行之惟艰。……若曰行者，学者事父事兄事上，何莫不行也？惟其行而不著，习而不察耳。"④ 这是张栻提倡力行，反对离行谈知，主张知源于实践之学理上的原因。"南轩意于'行'字上责得重，谓人虽能知不能行也。"⑤ 从一定意义上而言，行的难度的确要大于知，知可以停于言，行则不仅不能停于言，而且在此基础上要进一步去践履。唯有如此，此"行"才有所进，才可能"进于圣人之门墙"："惟实用其力而后知其难，知其难而后有可进之地也。然则后之学者贪高慕远，不循其本者，终何所得乎？……致知力行，趋实务本，不忽于卑近，不遗于细微，持以缜密，而养以悠久，庶乎有以自进圣人之门墙。"⑥ 胡宏对张栻提倡力行的知行学说给予了高度的肯定："'行贵精进，言贵简约'，钦夫之言真有益！

---

① 张栻：《论语解·述而篇》，《张栻全集》，长春出版社1999年版，第117页。
② 张栻：《答朱元晦》，《张栻全集》，长春出版社1999年版，第961页。
③ 张栻：《论语解·为政篇》，《张栻全集》，长春出版社1999年版，第78页。
④ 张栻：《答朱元晦》，《张栻全集》，长春出版社1999年版，第961页。
⑤ 许衡：《语录下》，《鲁斋遗书》卷二，四库全书集部第1198册，第55页。
⑥ 张栻：《跋希颜录》，《张栻全集》，长春出版社1999年版，第1012页。

便可于此痛加工夫。"①

从诸贤对张栻重视力行的肯定中可以窥见南轩知行观在当时的意义和价值。张栻对力行的重视源于其颇感于知先行后、重知轻行所导致的空谈之风盛行所带来的危害,他说:"致知力行,要须自近,步步踏实地,乃有所进。不然,贪慕高远,终恐无益。近来士子亦往往有喜闻正学者,但多徇名遗实,反觉害事。"②学者踏实务本,要知行并重,这样才足以论道,进而才可达于人伦之至。否则的话,贪慕高远,徇名遗实,如何志于道?"学道者以务实反本为要,耻恶衣恶食者,其心何如哉?外驰如此,虽曰志于道,岂足与议道乎?"③由此可知,张栻提倡力行,强调实践的主张,"实际上反映的是南宋时期旧儒学与新理学之间的歧义互动"④,在当时的作用和意义非常突出,不但扭转了当时学术界游谈相夸、不务本根的学风,而且为其经世致用思想打下了坚实的理论基础,为其经世致用活动提供了直接的理论根据。

张栻提倡力行、强调践履的思想打开了高不可攀的成德成圣之门,为常人指明了通圣之路:"圣人教人以下学之事,下学工夫浸密,则所为上达者愈深,非下学之外又别为上达之功也。致知力行,皆是下学,此其意味深远而无穷,非惊怪恍惚者比也。学者且当务守,守非拘迫之谓,不走作也。守得定,则天理浸明,自然渐渐开拓。若强欲骤开拓,则将穷大而失其居,无地以崇德矣。惟收拾豪气,勿忽卑近,深厚缜密,以进穷理居敬之工,则所望也。"⑤上达与下学,从逻辑顺序而言,是知与行的关系;但是,为了强调下学,为了说明"学可至圣",为了说明"行"的重要性,张栻干脆把二者皆归于下学:"致知力行,皆是下学。""圣人斯言,使学者知夫圣可学而至,虽有其质而不学,则终身为乡人而已。"⑥"圣"是通过"学"达到的,而非"生"而为圣,即便有其美质,但不"学",则终身为乡人。换言之,圣人即使具备其天赋而不知学,也成不了圣人,

---

① 黄宗羲:《五峰学案》,《宋元学案》卷四十二,中华书局1986年版,第1382页。
② 张栻:《答潘端叔》,《张栻全集》,长春出版社1999年版,第935页。
③ 张栻:《论语解·里仁篇》,《张栻全集》,长春出版社1999年版,第94页。
④ 邹锦良:《"知行"之辩:周必大与张栻的学术交谊考论》,《孔子研究》2013年第4期。
⑤ 张栻:《答周允升》第2书,《张栻全集》,长春出版社1999年版,第909页。
⑥ 张栻:《论语解·公冶长篇》,《张栻全集》,长春出版社1999年版,第106页。

只能终身是乡人;即使常人不具备圣人的资质,也可以通过学习,通过进德修业,变化和完善自己的气质,进而可以具有圣人的资质,也有可能成为圣人。成德成圣的关键在于是否"好学",而不在于天赋:"此岂独天资之美哉?盖亦学力所致,因其质而有所成就焉耳。"① 学可以美其质,并进而有所成就。简言之,学是成圣的唯一途径,学是最好的天质,据此,张栻对圣人生而知之的观点进行了思考,并提出了质疑:"圣人之所以异于人者,果独在于好学耶?夫子盖生而知之者,而未尝居焉,使人知圣由学而可至也。然生而好学,则是其所为生知者,固亦莫掩矣,谓圣人所以异于人者,在于好学,亦岂不可乎?"② 所谓的生而知之,究其实是生而好学。圣人与常人的区别,圣人之所以成为圣人,就在于圣人好学,就因为圣人好学。好学是使圣人成为圣人的重要的甚至是唯一的条件。圣人不因生知,常人学可至圣,勉人而学,此处的"知"与"学"是张栻的知行观在圣人理论上的运用。而且,张栻突破了传统的常人与圣人之间界限分明不可改变的思想,并依据其知行观,对生而知之作了创造性的解读。这不能不说是张栻思想的一个创新。从某种意义而言,张栻的知行学说为普通百姓的成德成圣指明了道路,并与其人性论遥相呼应。实际上,"圣学可至"的观点是对知识来源于实践的肯定、对知识来源于后天的学习的重视,否认先天的"良知""良能"说,是对知行互发、提倡力行思想的进一步补充和论证。

第三节 张栻知行观的意义

张栻的知行观简练清晰,不仅修复了知与行之间的畸形关系,而且扭转了当时好高骛远、游谈相夸的学风,对推动学者培根务本、扎实为学具有重要的作用。并且,张栻本人身体力行、躬行实践,真正将知行理论落实于实践,指导实践。

一 经世致用的理论依据

张栻的知行观为其经世思想及其活动提供了直接的理论根据。张栻的

---

① 张栻:《论语解·雍也篇》,《张栻全集》,长春出版社1999年版,第109页。
② 张栻:《论语解·述而篇》,《张栻全集》,长春出版社1999年版,第122页。

第六章 相须并进的知行观

一生，除了潜研学术、授徒讲学外，还积极致力于经邦济世、救国救民的举措和活动。而经邦济世、救国救民的理论来源便是其知行互发、提倡力行的知行观。

张栻以荫补官，内赞密谋，外参庶务，先后除直秘阁、知严州府、吏部员外郎、兼侍讲、除左司员外郎、知袁州、知静江府、经略安抚广南西路、荆湖北路转运副使、知江陵府、安抚本路。居官在朝，忠言进谏，"大抵皆修身学、畏天恤民，抑权倖、屏谄谀之意；至论复仇之义，则反复推明所以为名实之辨者益详"①。为官一方，则以生民困苦为忧，以敦美民风为念，为改善和提高当地百姓的生活和教育，他夙夜难寐，"自昧爽到日夕，未尝少暇，虽差觉倦然，不敢不勉"②。以民为本，张栻采取了一系列措施，改革和建设当地的财政、军政和教育；以爱民为旨归，大力整顿和打击当地的匪盗和豪强；以惠民为原则，积极营造安全和谐的生活环境和淳朴敦厚的文化环境。张栻全方位地立足于民进行改革，除旧布新，为当地的发展开辟了一片崭新的天地，社会安定，经济发展，政治清明，人民安居乐业。以此，他深深地赢得了百姓的衷心拥护和由衷爱戴。

张栻在其短暂的一生中，创造了辉煌的业绩。不仅对南宋理学的发展与完善做出了重要的贡献，而且为南宋的振兴与富强，他犯颜进谏，呕心沥血，颇得孝宗皇帝的肯定与赏识；为人民的安宁与安康，他严惩匪盗，廉洁奉公，深受百姓的拥护与爱戴。可见，张栻不是一个空谈义理的理学家，而是一个高瞻远瞩的管理者、政治家。他清醒地认识到重知轻行所导致的学风问题乃至社会问题，他明白地看到义理之学所能提供的思想架构根本无力解决当时社会的现实问题。学术发展的内在要求和社会现实的实际需要共同助发了为学问道的济世功能及其社会活动。张栻深刻认识到学术必须落实到实践，才能保持其生生不已的生命力，才能实现其润化社会之功能；社会实践只有在理论的指导下，才能收获更大的社会效益，才能实现理论的现实价值。实际上，张栻身体力行地践履了自己的知行观，积

---

① 朱熹：《右文殿修撰张公神道碑》，《朱熹集》卷八十九，四川教育出版社1996年版，第4548页。

② 张栻：《与曾节夫抚干》，《张栻全集》，长春出版社1999年版，第938页。

极从政,为君谋划,为官一任,锐意改革,尤其是对复杂社会现实问题的成功解决贡献一己之力,体现了其强调力行的知行观之现实应用价值。张栻在政治、经济、军事等各个方面之筹划与整顿,都依据其知行观的理念,并诠释了其注重力行的原则,这在宋代理学家中是不多见的。同时,张栻的知行观对其众弟子产生了极大的影响,在南宋社稷危难之际,诸生投笔从戎,身体力行地将张栻的知行观、将张栻经世致用思想付诸保家卫国的民族战争和坚守民族大义的政治实践当中,使经世致用思想和由此孕育的忧国忧民的爱国主义精神深深扎根于三湘四水乃至大江南北。张栻的举措和践行,谱写了湖湘学派经世致用的辉煌篇章,发展了儒学安邦济世的情怀,体现了士大夫深沉的忧国忧民的爱国主义精神。

实践需要理论指导,才能减少失误;理论应用于实践,才能产生价值,才能进一步得到发展;而实践在理论指导下,才具有目的性,才会有成功的保证。换言之,文化与生活相结合,文化才具有生命力,生活才具有高尚性。文化离不开生活,生活需要文化,离开文化的生活,便会有空虚之感;离开生活的文化,便是故纸堆里的文化。这亦是张栻知行观的现实意义。

二 知行关系的必经环节

张栻知行互发的知行观是知行关系发展史上不可或缺的重要一环。知与行是中国思想史上的一对重要范畴,自先秦以来,先贤们便对其不断地进行诠释和讨论。先秦时期,知行并举并重,《左传》中就曾提出"非知之实难,将在行之"[1],《尚书》中也提出:"非知之艰,行之惟艰"[2],认为知和行都比较艰难,同时蕴含着知与行不可分离之义。荀子提出:"不闻不若闻之,闻之不若见之,见之不若知之,知之不若行之。学至于行之而止矣。"[3] 知与行是认识的阶次,是学习的次第,学至于行。从某种意义上言,这一时期的知行观在主张知行并举的同时都认识到行的艰难性,

---

[1] 《左传·昭公十年》,《春秋》卷十二,《四书五经》下卷,北京古籍出版社1993年版,第1446页。

[2] 《商书·说命中》,《尚书》卷三,《四书五经》上卷,北京古籍出版社1993年版,第400页。

[3] 《荀子·儒效》,《诸子集成》第2册,上海书店出版社1986年版,第90页。

在知行问题上也更加侧重于行。

秦以后至唐，儒学式微，关于知行问题的讨论也进入低潮，并且似乎有些偏离知行关系的正轨，主要围绕是"生而知之"还是"学而知之"展开，也就是说，主要探讨知的来源问题。董仲舒认为"生而知之"，王充提出"学而知之"，某种意义上，这一时期的知行观比较片面注重知，更加侧重于知。

宋明时期，随着儒学的复兴，知行问题的讨论再度提上日程，并且沿着先秦知行问题的轨道继续推进。程颐说："故人力行，先须要知，非等行难，知亦难也。《书》曰：'知之非艰，行之惟艰。'此固是也，然知之亦自艰。"① 又云："到底，须是知了方行得。若不知，只是觑却尧学他行事，无尧许多聪明睿知，怎生得如他动容周旋中礼？……然不致知，怎生行得？勉强行者，安能持久？"② 伊川继承了先秦的知行观，同时对其进行了补充，首先，针对先秦认为"行难"的观点，伊川补充"知亦难"。其次，在知行顺序上，伊川认为知先行后，"须是知了方行得"。朱熹对知行关系的阐述更加全面和细致，他说："夫泛论知行之理，而就一事之中以观之，则知之为先，行之为后，无可疑者。"③ 同时又言："论先后，知为先；论轻重，行为重。"④ 朱熹认为知行从总体上，知先行后，这是没有问题的；具细言之，逻辑顺序上，知之在先，轻重权衡上，行之为重。朱熹虽然从宏观和微观两方面入手分析知与行，但未免有将知与行分离的倾向，因为在同一件事情上，或者在同一种行为中，知与行的逻辑顺序和轻重权衡是交织在一起的。

无论是知之在先还是知先行后，在知与行关系上，都侧重对知的强调。正是由于对知的片面强调，使得知与行逐渐脱节，并进而导致游谈相夸的学风盛行。张栻对此及时进行了纠偏，认为知与行不可分离，二者相互依存，相互促进，相互影响，并明确提出知行相须并进、互发并存的知行观。张栻知行互发的知行观，对其后知行问题的发展具有重要的引导作用。

---

① 程颢、程颐：《河南程氏遗书》卷十八，《二程集》，中华书局1981年版，第187页。
② 同上。
③ 朱熹：《答吴晦叔》第9书，《朱熹集》卷四十二，四川教育出版社1996年版，第1970页。
④ 黎靖德编：《朱子语类》卷九，中华书局1994年版，第148页。

明代的王阳明提出知行合一的知行观,将知与行看作一个认识过程:"我今说个知行合一,正要人晓得一念发动处,便即是行了。"①"知是行的主意,行是知的功夫;知是行之始,行是知之成。圣学之一个功夫,知行不可分作两事。"② 在这个过程中,知是行的开始,行是知的完成,故知亦是行,行亦是知,因而知行合一。明末清初的王船山认为:"知行相资以为用,唯其各有致功而亦各有奇效,故相资以互用,则于其相互益知其必分矣。"③ 王船山主张知与行相资互用,但他同时重视行:"行可兼知,而知不可兼行,下学而上达,岂达焉而始学乎?"④ 某种意义上,船山知行相资互用是张栻知行相须互发在新的历史环境下的继承和发展,而船山的"行可兼知而知不可兼行"亦是张栻提倡力行的另外一种表述。

知行问题的演进和发展,体现了人类认识成长的历程。在远古时期,人类的认识源于生产生活实践,所以先秦时期主张知行并举的同时更注重行。秦汉以后至宋,人类认识获得突飞猛进的发展,因而这一时期在知行关系上普遍注重知。宋以后,尤其是南宋和明末,社会现实问题日益突出,是故在知行关系上主张知行并进的同时更突出行。张栻则对知与行之关系进行纠偏,提出知行互发相须并进而提倡力行。这种纠偏,为王阳明的知行合一创造了条件。基于反清复明的社会现实,王船山在主张知行相资的同时更注重行。可见,知行关系之发展经历了知行并举重行,到知先行后重知,到知行相须互发并进,再到知行相资重行的历程。在这个历程中,张栻的知行相须互发并进是知与行关系发展的必经环节。张栻的知行观继承并发展了先秦知行并举而重行的思想,修正和补充了两宋以来重知轻行的片面主张,为王阳明的"知行合一"做了理论上的铺垫,揭开了王船山"知行相资"思想的序幕。就知与行关系发展的逻辑进程而言,确是从程颐到王阳明之间不可或缺的必要环节;就湖湘学发展的历史脉络而论,张栻的知行观成为王船山"知行

---

① 王阳明:《传习录》下,《王阳明全集》,上海古籍出版社1992年版,第96页。
② 王阳明:《传习录》上,《王阳明全集》,上海古籍出版社1992年版,第13页。
③ 王夫之:《礼记章句》,《船山全书》第4册,岳麓书社1991年版,第1256页。
④ 王夫之:《尚书引义·说命中二》,《船山全书》第2册,岳麓书社1988年版,第314页。

相资"思想发展的先声；就思想史发展的实际进程来看，其对中国古代知行观发展具有重要的理论意义和强烈的现实意义。同时，张栻不尚空谈、重在躬行的务实精神，是孔孟以来儒家实践品格的继承和弘扬，对后来的实学思潮有着重要的影响。从某种意义上而言，张栻知行互发而倡力行的知行观是实学的酝酿和启蒙。

第七章　吸佛辟佛的佛教观

佛教原产于印度，在两汉之际传入中国，受中国古代政治、经济和文化的影响，在传入中土的过程中，便深深地烙上了中国文化的印记，并逐渐地发展成为中国化的佛教。佛教中国化既是佛教在中土发展的内在要求，也是佛教在中土发展的必然结果。

佛教在传入之初，主要依附于道家思想以及黄老哲学进行发展，此时传播的主要是安世高一系的小乘佛教。魏晋时期，佛教依助于玄学得到空前发展，支娄迦谶翻译的《般若经》拉开了般若学传播的序幕，鸠摩罗什翻译的《中论》《百论》《十二门论》推动般若学发展至巅峰，"六家七宗"[①] 是佛教中国化的标志，其主要思想及总的特点是"谈无说空"；僧肇对六家七宗进行总结和批判，提出以"不真"说"空"的主张，契合了般若学的缘起性空理论。东晋高僧慧远将佛教的因果报应理论与中土的灵魂不灭思想相糅合，提出了具有中国特色的神不灭理论和因果报应学说。南北朝时期，涅槃学代替般若学而盛极一时，并形成各种学派。竺道生是中国佛教史上承般若学、下开涅槃学的关键人物，他将般若学与涅槃学结合，孤明先发，提出一阐提人也能成佛的思想，震动教界。佛性论成为这一时期关注和探讨的中心，佛教界呈现出异彩纷呈的局面。这一时期的佛性理论为隋唐佛教的繁荣奠定了基础。

隋唐时期，是中国佛教发展的鼎盛时期，佛教由南北时期的学派而发展成为宗派，并且各宗自造家风，"说己心中所行之法门"。天台宗以性

---

① 六家七宗："六家"，指魏晋时期传播般若学的六个派别，即心无宗、即色宗、本无宗、识含宗、幻化宗、缘会宗，其中"本无宗"又分出"本无异宗"，合称"七宗"，代表人物分别是：支愍度、支道林、道安、于法开、道壹、于道邃以及竺法深和竺法汰。

具善恶的佛性理论和止观并重的修行方法以及"五时""八教"的判教学说建立了中国佛教史上第一个具有中国特色的佛教宗派。唯识宗以"五种姓说"以及"转识成智说"和"三自性说"创立了一个烦琐复杂、最具印度佛教特色的中国宗教派别。华严宗以"法界缘起"和"圆融无碍"学说以及"如来性起"的佛性理论建构了一个庞杂而系统的理论体系。禅宗以"即心即佛"的佛性理论和顿悟见性的修行方式以及"解脱不离世间"的禅风建立了影响中国文化最深、中国特色最浓的佛教宗派。净土宗则以"信、愿、行"为宗，形成了一个以称名念佛为主要特色的简单易行、最受欢迎的佛教宗派。另外还有思辨严密的三论宗，戒规严格的律宗以及杂糅融会的密宗等。入宋以后，佛教发展式微，各宗渐趋融合。但是在宋代文化政策的支持和保护下，佛教曾一度出现中兴局面。

第一节 张栻佛教观的背景

张栻生活在文化繁荣的宋代，当时的文化除了理学外，尤其值得一提的是佛教，而且有宋一代，帝王都比较重视和扶持佛教的发展。这为士大夫学佛礼佛营造了良好的客观环境，也为士大夫参禅悟道创造了一定的外部条件，从而使得士大夫与佛教的关系密切而复杂，一方面士大夫频繁出释入佛，一方面又极力辟佛、批佛。这种"密切"的关系，既是宋代佛教的一个显著特色，又是宋代文化的时尚风气。明代学者黄绾曾说："宋儒之学，其入门皆由于禅。濂溪、明道、横渠、象山由于上乘；伊川、晦庵则由于下乘。"[①]

一 帝王对佛教的重视

入宋以后，统治阶级根据历代崇佛抑佛的经验和教训以及宋代的社会政治、经济和文化等具体情况，对佛教采取了适当的保护政策。宋太祖继位不久，便下令停止废毁寺院，并修复已经毁弃的古刹，同时普度天下童行八千余人。乾德四年（966），宋太祖派遣沙门行勤等157人去印度求法，成为中国历史上规模最大的官派僧团。开宝四年（971），诏令张从

[①] 黄绾：《明道编》卷一，中华书局1959年版，第12页。

信等刊刻大藏经，史称"开宝藏"。"开宝藏"的刊刻历时十余年之久，累计刊刻佛经六千多卷。"开宝藏"是宋代第一部大藏经，其印本成为后来一切官刻、私刻以及高丽藏经的底本。宋太宗对佛教更是留意和热心，太平兴国元年（976）普度童行十七万人，与此同时大力修寺和建寺。太平兴国五年（980），兴建议经院，太宗皇帝亲自作《新译三藏圣教序》，揭开了宋代译经事业的序幕。这是继唐朝之后中断了一百多年的官办译经事业的再续和发展。在太宗之后的一个多世纪里，宋朝的译经事业蓬勃发展，翻译出了大小乘佛经六七百卷。同时，组织编纂《高僧传》，端拱元年（988），《高僧传》编撰完成，赞宁上表进呈[1]，此即著名的《宋高僧传》，是目前研究宋代佛教必不可少的资料。不仅如此，宋太宗还自著《妙觉集》，阐述自己对佛教的见解。宋真宗对佛教尤为偏好和崇尚，一方面建立、重修废毁的庙宇，一方面继续大力推进译经事业，并为《四十二章经》《遗教经》等诸多佛经作注释，亲自作《崇释论》，提倡儒家与佛教"迹异而道同"。景德年间，诏令修订《景德传灯录》，并敕准其入藏流通。另外，宋真宗召高僧知礼和遵式入京，准许天台典籍入藏流通，放宽度僧名额。天禧末年，天下僧人近四十六万，达到宋代历史的最高峰。可以说，真宗时期，是宋代佛教最为繁荣的时期，也由此迎来了佛教的"中兴"。

此后，宋朝皇帝对佛教亦不同程度地信奉和扶持。宋仁宗天圣九年（1031），迎取六祖衣钵入京。皇祐元年（1049），在京城建立禅宗寺院，并诏求高僧主持；嘉祐七年（1062），诏许契嵩禅师的《辅教编》等书入藏流通，并赐契嵩"明教大师"之号，契嵩由此"名震海内"。宋代的佛教政策，尤其是仁宗皇帝以后比较倾向于禅宗，诏令诸多寺院改为禅寺。宋神宗元丰三年（1080），"诏革江州东林律院为禅席，命常总禅师居之"[2]，东林寺从此成为宋代著名的禅宗基地。谢守直知潭州时，也将道林律院改为禅寺，请禅师元祐担任住持。宋室南迁之后，统治者适当地调

---

[1] "端拱元年，翰林通慧大师赞宁上表进《高僧传》三十卷，玺书褒美，令遍入大藏，敕住京师天寿寺。"（《佛祖统纪》，《大正藏》第49册，世桦印刷企业有限公司1994年版，第400页。）

[2] 志磐：《佛祖统纪》卷四十五，《大正藏》第49册，世桦印刷企业有限公司1994年版，第415页。

整了对佛教的政策，宋高宗说："朕观昔人有恶释氏者，欲非毁其教，绝灭其徒；有喜释氏者，即崇尚其教，信奉其徒。二者皆不得其中，朕于释氏，但不使其大盛耳。"① 宋高宗采取既不打压佛教，又不崇佞佛教，或者说对佛教实行既限制又扶植的政策。高宗皇帝与多位高僧交游，尤其与佛门龙象克勤及其弟子宗杲过往密切，赐克勤"圆悟禅师"之号，诏宗杲住持径山寺。高宗经常阅经不息、抄经不断，《心经》《金刚经》《圆觉经》等是其床头必备的佛经。宋孝宗期冀大慧"举扬般若"，问宗杲"佛法大意"，"在位二十七年，每宣诸山长老论道，唯佛照禅师最为知遇"。② 佛照禅师，即德光，是宗杲的大弟子，住持多处寺院，颇得孝宗皇帝的赏识和信任，并赐其"佛照禅师"之号，二人经常以禅会友、以佛知遇。除此之外，宋孝宗又宣雪窦寺宝印禅师进殿奏对三教之异同，亦诏其住持径山寺。与此同时，宋孝宗注《圆觉经》，著《原道论》等，表达自己对佛理的看法。孝宗之后的宋代皇帝，亦不同程度地关注和扶持佛教的发展。在此，不一而论。

正是由于统治阶级对佛教的重视和扶持，佛教在宋代呈现出新的发展态势，并一度出现"中兴"的局面。从一定的意义上而言，帝王对佛教的重视，为佛教的发展创造了较为宽松的政治环境和自由的文化环境，而士大夫出入佛教俨然成为当时的思想取向和文化时尚。

二 士大夫出释入佛

在宋代，很多士大夫与佛教高僧都有密切的往来。全祖望曾言："两宋诸儒，门庭径路，半出入于佛老。"③ 理学的开山祖周敦颐曾师事鹤林寿涯禅师④，向黄龙祖心请教教外别传之旨，和东林常总探讨"实际理地"，与佛印了元"相与讲道"。《佛法金汤编》载："（周敦颐）问曰：'天命之谓性，率性之谓道，禅门何谓无心是道？'师曰：'疑则别参。'

---

① 徐松辑：《宋会要辑稿·道释一》，上海古籍出版社 2014 年版，第 16 册，第 9991 页。
② 道融：《丛林盛事》卷下，《续藏经》第 148 册，新文丰出版公司 1994 年版，第 80 页。
③ 全祖望：《鲒埼亭集外编·题真西山集》，《全祖望集汇校集注》，上海古籍出版社 2000 年版，第 1373 页。
④ 寿崖禅师：北宋人，鹤林寺高僧，周敦颐曾师事之并得太极图，其生卒年代及具体情况不详。

公曰：'参则不无，毕竟以何为道？'师曰：'满目青山一任看。'公有省。一日忽见窗前草生，乃曰：'与自家意思一般。'以偈呈师曰：'昔本不迷今不悟，以融境会豁幽潜，草深窗外松当道，尽日令人看不厌。'师和云：'大道体宽无不在，何拘动植与蜚潜，行观坐看了无碍，色见声求心自厌。'"① 濂溪不除窗前草，后儒经常提及，程明道曾云："周茂叔窗前草不除去，问之，云：'与自家意思一般。'"② 实际上，周敦颐是受佛教的启发，然而后儒未必尽知，抑或出于维护儒学道统之正宗性和纯粹性的需要而不愿承认这一事实。不仅如此，周敦颐还与常总、了元结"青松社"，并推举了元作青松社主，结为"方外友"："公虽为穷理之学，而推佛印为社主，苟道之不同，岂能相与为谋耶？"③ 足见其与禅师的交往绝非一般，周敦颐本人曾言："吾此妙心，实启迪于黄龙，发明于佛印，然易理廓达，自非东林开遮拂拭，无由表里洞然。"④

张载游历佛教数年，"访诸释、老之书，累年尽究其说，知无所得，反而求之《六经》"⑤，遍游佛教而却"无所得"，不尽符合事实。从张载思想的实际情况以及张载对佛教的激烈批判中，可以窥见其对佛教不是一般的了解。从思想史发展的逻辑进程而言，只有了解，才能批判；批判佛教是建立在对佛教深刻了解的基础上。某种意义上，对佛教激烈地批判体现了其对佛教深入的研究。程颢亦"泛滥于诸家，出入于老、佛释者几十年"⑥，对佛教有精深的研究。明儒高攀龙说："先儒惟明道先生看得禅书透，识得禅弊真。"⑦ 以醇儒自诩的程颐与灵源惟清禅师交往密切，并嘉叹佛门的禅定功夫："每见人静坐，便叹其善学。"⑧ 程门弟子当中，谢

---

① 心泰：《佛法金汤编》卷十二，《续藏经》第148册，新文丰出版公司1994年版，第940页。
② 程颢、程颐：《河南程氏遗书》卷三，《二程集》，中华书局1981年版，第60页。
③ 晓莹：《云卧纪谭》卷上，《续藏经》第148册，新文丰出版公司1994年版，第5页。
④ 朱时恩辑：《居士分灯录》，《续藏经》第147册，新文丰出版公司1994年版，第600页。
⑤ 吕大临：《横渠先生行状》，转引自《张载集》，中华书局1978年版，第381页。
⑥ 程颢、程颐：《河南程氏文集》卷十一，《二程集》，中华书局1981年版，第638页。
⑦ 黄宗羲：《明道学案》下，《宋元学案》卷十四，中华书局1986年版，第579页。
⑧ 程颢、程颐：《河南程氏外书》卷十二，《二程集》，中华书局1981年版，第432页。

第七章 吸佛辟佛的佛教观

良佐在佛教里"探头探脑",其思想"分明是禅"①;"游定夫之说多入于释氏"②;杨时与东林常总友善,并与之谈禅论道。朱熹说程门弟子"无有无病者"③,"如谢上蔡、游定夫、杨龟山辈,下梢皆入禅学去"④。

湖湘学派的开创者胡安国"壮年尝观释氏书,亦接禅客谈话"⑤,"取《楞严》、《圆觉》亦恐是谓于其术中尤有可取者"⑥。其子胡宏与禅师亦有往来,《和僧二首》《示澄照禅师》等便是与禅师酬酢之作,《答曾吉甫》和《与原仲兄二首》虽然是反佛力作,其中亦可窥见其深厚的佛学造诣。

陆九渊与佛教的关系更是密切,"天下皆说先生(陆九渊)是禅学"⑦,朱熹更是直言"陆子静分明是禅"⑧。先生自号"象山居士",经常在寺院读书、诵经、打坐,"常自洒扫林下,宴坐终日"⑨,并且将象山书院作寺院化设计和管理,《年谱》记载:"先生常居方丈,每旦精舍鸣鼓,则乘山篮至。会揖,升讲坐,容色粹然,精神炯然。"⑩象山书院礼仪严肃,每日有升讲仪式,颇类于佛教升堂讲经之礼。陆九渊对于佛教较之其他理学家更有一种坦诚的胸怀,他说:"天下之理但当论是非,岂当论同异?况'异端'之说出于孔子,今人卤莽,专指佛、老为异端,不知孔子时固未见佛老;虽有老子,其说亦未甚彰著。"⑪

"东南三贤"之一的吕祖谦对佛教进行了多方面的批判,前文已述,批判的前提是了解和研究,批判恰恰说明了吕祖谦曾研习过佛法,对佛教有深刻的体会,朱熹批评其"有疑于伯恭辞气之间,恐其未免有阴主释

---

① 黄宗羲:《上蔡学案》,《宋元学案》卷二十四,中华书局1986年版,第930页。
② 黎靖德编:《朱子语类》卷一百一,中华书局1994年版,第2556页。
③ 黎靖德编:《朱子语类》卷九十三,中华书局1994年版,第2356页。
④ 黎靖德编:《朱子语类》卷一百一,中华书局1994年版,第2556页。
⑤ 胡寅:《先公行状》,《斐然集》卷二十五,中华书局1993年版,第556页。
⑥ 朱熹:《答汪尚书》第2书,《朱熹集》卷三十,四川教育出版社1996年版,第1266页。
⑦ 陆九渊:《语录上》,《陆九渊集》卷三十四,中华书局1980年版,第425页。
⑧ 黎靖德编:《朱子语类》卷一百二十三,中华书局1994年版,第2966页。
⑨ 陆九渊:《年谱》,《陆九渊集》卷三十六,中华书局1980年版,第481页。
⑩ 同上书,第501页。
⑪ 陆九渊:《与薛象先》,《陆九渊集》卷十三,中华书局1980年版,第177页。

氏之意，但其德性深厚，能不发之于口耳，此非小病"①。

以排佛著称的朱熹自认少年时便曾经学习佛教，"盖出入于释老者十余年"②，"熹于释氏之说，盖尝师其人，尊其道，求之切至矣"③。朱熹曾向宗杲、道谦等禅师学道，"熹尝致书道谦曰：'向蒙妙喜开示，从前记持文字，心识计较不得，置丝毫许在胸中，但以狗子话时时提撕，愿投一语，警所不逮。'谦答曰：'某二十年不能到无疑之地，后忽知非勇猛直前，便是一刀两段，把这一念提撕，狗子话头不要商量，不要穿凿，不要去知见，不要强承当。'熹于言下有省"④。早年的朱熹，《大慧语录》不离手，十八岁参加科举考试时只带一本书，便是《大慧语录》。为方便与僧人的交往，朱熹在武夷精舍中专门设立了接待僧人的斋房。

在参佛省禅的士大夫队伍中，除了理学家之外，还有文坛巨匠，诸如苏辙师事洪州上蓝顺禅师、苏轼与佛印了元禅师交游、黄庭坚参拜黄龙祖心禅师等；更有朝廷重臣，诸如富弼谒华严修颙、王安石游蒋山赞元、张商英参兜率从悦、李纲访丹霞宗本、张浚拜圆悟克勤等，不一而足。士大夫手不离佛经，《金刚金》《维摩经》《法华经》《圆觉经》《华严经》等佛经俨然成为士大夫床前案头常见的书籍。可以说，有宋一代，士大夫出释入佛成为一种学术风气，甚至出现了"无座不谈禅"⑤的盛况。这种环境和风气深深地影响了张栻。

三　家学佛教渊源深厚

据《五灯会元》等资料记载，雍国公张咸（张栻祖父）之妻秦国夫人计氏是当时佛门龙象大慧宗杲的法嗣。计氏（1077—1156），法名法真，宋邛州临邛（今四川邛崃）人，出身官宦书香家庭，博览群书，聪明颖慧。张浚四岁时，张咸病故，计氏守节，远离纷华，并一心培养张

---

① 朱熹：《答吕子约》第 19 书，《朱熹集》卷四十七，四川教育出版社 1996 年版，第 2294 页。

② 朱熹：《答江元适》，《朱熹集》卷三十八，四川教育出版社 1996 年版，第 1727 页。

③ 朱熹：《答汪尚书》第 2 书，《朱熹集》卷三十，四川教育出版社 1996 年版，第 1265 页。

④ 朱时恩辑：《居士分灯录》，《续藏经》第 147 册，新文丰出版公司 1994 年版，第 926 页。

⑤ 司马光：《温国文正司马公文集》卷一五《戏呈尧夫》云："近来朝野客，无座不谈禅。"（《四部丛刊》本，第 171 页）。

浚。计氏教子有方，经常以张咸对策之语（"臣宁言而死于斧钺，不能忍不言以负陛下"①）激励张浚，后世誉之以孟母，《紫岩张氏谱系》记载："计氏守志，节孝兼全，训以义方，人钦孟母，以子贵封秦国夫人。"② 张浚成为一代名相离不开母亲的教育和培养，他自己曾坦言："今日做官，皆是老母平昔教育所致。所得俸资，除逐日家常菜饭外，老母尽将布施斋僧，用祝吾君之寿，常有无功受禄之慊。"③ 一方面道出了母亲的培养之恩，一方面说明了母亲布施礼佛之实。秦国夫人斋僧礼佛，与佛门高僧尤其是大慧宗杲及其弟子开善道谦的交游非常密切。道谦（约1093—1155），开善寺高僧，宋福建崇安人，自幼聪颖，早孤皈佛，初依圆悟克勤而无所省发，后参大慧宗杲并成为其上座。计氏日夜参禅修行，却总觉未得其要，宗杲派弟子道谦去看望，张浚说："老母修行四十年，只欠此一著。"④ 挽留道谦数日，为母亲开示。计氏虚心向道谦禅师习佛，据史料记载："真一日问谦曰：'径山和尚寻常如何为人？'谦曰：'和尚只教人看狗子无佛性及竹篦子话，只是不得下语，不得思量，不得向举起处会，不得向开口处承当，狗子还有佛性也无？无。只恁么教人看。'真遂谛信。于是夜坐，力究前话，忽尔洞然无滞。"⑤ 狗子有无佛性是赵州和尚的一个著名公案，大慧宗杲经常拈颂，以开示后学。借夫人问法之际，道谦便向其讲述了大慧禅师的开示法语，夫人力究而洞然。道谦辞归时，夫人亲书数偈呈慧，其中曰："逐日看经文，如逢旧识人，莫言频有碍，一举一回新。"⑥ 经高僧点拨，夫人开悟良多。计夫人寿辰时，道谦禅师亦来庆生，《指月录》载："今日是秦国夫人计氏诞辰，谦禅昨日上来，告山僧子细说些禅病，且与秦国结大众般若缘。"⑦ 计夫人不仅与道谦禅师结下了深厚的大众般若缘，与大慧宗杲的交往也非同寻常，夫人与大慧

---

① 脱脱：《宋史》卷三百六十一《张浚传》，中华书局1997年版，第11306页。
② 刘庆远：《紫岩张氏谱系》，《绵竹县志》，四川科学技术出版社1992年版，第169页。
③ 蕴闻辑：《大慧普觉禅师语录》卷十四，《大正藏》第47册，世桦印刷企业有限公司1994年版，第869页。
④ 彭际清：《善女人传》卷上，庐山东林寺2008年版，第166页。
⑤ 普济：《秦国夫人计氏》，《五灯会元》卷二十，中华书局1984年版，第1354页。
⑥ 同上。
⑦ 瞿汝稷辑：《临安径山宗杲大慧普觉禅师语要》，《指月录》卷三十二，巴蜀书社2012年第2版，第978页。

经常书信往来请教佛法,并"得自在无畏法"①。对于夫人的悟道进步,宗杲非常高兴:"山野为国太欢喜,累日寝食俱忘。"又对计氏说:"儿子作宰相,身作国夫人,未足为贵。粪扫堆头收得无价之宝,百劫千生受用不尽,方始为真贵耳。然切不得执著此贵,若执著,则堕在尊贵中,不复兴悲起智,怜愍有情耳。"②绍兴二十六年(1156),计夫人病危,希望再见宗杲一面,当大慧宗杲日夜兼程赶到长沙时,夫人已经离世。临终时,"遗命供大慧一年,以报激扬之恩,德远从之"③。宗杲则"以九夏之期尽其敬奉,一慰先妣之愿,二伸人子之心"④。夫人临终遗命供养大慧禅师,而大慧则以九夏之期尽其敬奉。与其说夫人与禅师的佛缘深厚,不如说其与佛法的因缘具足。

秦国夫人的佛法因缘深深地影响了张浚父子。张栻的父亲魏国公张浚是圆悟克勤的在家得法弟子。圆悟克勤(1063—1135),彭州崇宁(今成都郫县)人,宋代高僧,多次受皇帝召见,赐"佛果禅师"和"圆悟"之号,为法演禅师门下"三佛"之一,声名卓著。张浚问法于圆悟,受益良多,史料曾记载一则机锋对答:"(圆悟)上智利根,惟务确实研究;当研究时,先机而动,绝物为转。岩头云:却物为上,逐物为下。若能于物上转得疾,一切立在下风,擒纵卷舒,悉归掌握。示以偈云:收光摄彩信天真,事事圆成物物新,内若有心还有物,何能移步出通津。公(张浚)伏膺,投偈云:教外单传佛祖机,本来无悟亦无迷,浮云散尽天元在,日出东方夜落西。师然之,曰:公辅相之日,毋忘卫教之心也。"⑤二人互相点拨,既是省禅悟理,亦是说事谈政。彼此亦师亦友,张浚无论在朝在野,都不忘护持佛教的发展;克勤身居方外,亦心系国家的中兴:"总领英雄,驱貔虎之士,攘巨寇,抚万姓,安社稷,佐中兴之业,皆只

---

① 转引自[日]石井修道《大慧普觉禅师年谱の研究》,《驹泽大学佛教学部研究纪要》1980年第38号,第101页。
② 宗杲:《答秦国夫人》,《大慧书》卷三,中州古籍出版社2008年版,第69页。
③ 彭绍昇:《居士传校注》三十,中华书局2014年版,第266页。
④ 心泰:《佛法金汤编》卷十四,《续藏经》第148册,新文丰出版公司1994年版,第960页。
⑤ 熙仲:《历朝释氏资鉴》卷十一,《续藏经》第132册,新文丰出版公司1994年版,第222—223页。

仗此一著子，拨转上头关键，万世不拔之功，与古佛同见同闻，同知同用。"① 张浚罢官归乡时，资助克勤置田："以礼部度七僧符及俸余二十万钱助成其志"②，并为之作记文。复官出蜀，克勤忍泣相送，并将弟子宗杲推荐给张浚："杲真得吾宗之髓，苟不出，则无支临济宗者。"③

宗杲（1089—1163），俗姓奚，字昙晦，号妙喜，宋宣州宁国（今安徽宣城）人，圆悟克勤得法弟子，赐紫衣及"佛日大师"之号。宗杲辗转于江、浙、广、闽等地弘法，建炎四年（1130）开始独立传教。绍兴七年（1137），张浚聘请其住持余杭径山能仁寺，僧众达两千余人，径山法席从此大盛。绍兴十一年（1141），宗杲因支持张九成力主抗金，"以坐议朝廷"罪被褫夺衣牒，先后贬居衡州（今湖南衡阳）、梅州（今广东梅州）等地，开始了多年的流放生涯。此间，张浚亦谪居长沙，二人书信往来，互相安慰鼓励，互相切磋佛理。宗杲曰："闻到长沙即杜口毗耶，深入不二。此亦非分外，法如是故。愿居士如是受用，则诸魔外道，定来作护法善神也。其余种种差别异旨，皆自心现量境界，亦非他物也。"④ 并称赞张浚："予欲拔其尤扬于世，以厚风俗，舍紫岩而谁？初识公于京师，时为奉常簿，公务之暇，来从圆悟老人游。……后十五年，再会于吴之四安，时公身已贵，名已大。功业以成，而明静渊默，与昔无异焉。又三年，予得谴来衡阳，公亦退身奉母太夫人居长沙新第，名其堂曰'尽心'。盖尽其心以事亲，而食息不忘于君。显忠孝一而不偏也……予与公有方外之契。"⑤ 绍兴二十五年（1155），宗杲获赦，恢复僧籍。二十七年（1157），住持明州（今浙江宁波）育王山光孝寺，"裹粮问道者万二千指，百废并举，檀度响从，冠于今昔"⑥。二十八年（1158），张浚再度举荐宗杲住持径山寺，大弘圆悟之旨。绍兴三十二（1162）年，宋孝

---

① 蓝吉富主编：《禅宗全书》第41册，北京图书馆出版社2004年版，第401页。
② 张浚：《天宁万寿禅寺置田记》，《成都文类》卷三十九，四库全书集部第1354册，第730页。
③ 自融：《南宋元明禅林僧宝传》卷三，《续藏经》第137册，新文丰出版公司1994年版，第652页。
④ 宗杲：《答张丞相德远》，《大慧书》卷三，中州古籍出版社2008年版，第70页。
⑤ 蓝吉富主编：《禅宗全书》第42册，北京图书馆出版社2004年版，第541页。
⑥ 徐自强：《中国历代禅师传记资料汇编》（上册），全国图书馆文献缩微复制中心1994年，第314页。

宗赐"大慧禅师"之号。隆兴元年（1163），宗杲圆寂，谥号"普觉"。张浚撰塔铭，称："我识师之早，此心默契，未言先同，从容酬接，达旦不倦。人间至乐，孰与等拟？……我实知师，宜为之铭。""纵横踔历，无所疑于心，大肆其说如苏张之雄辩、孙吴之用兵，如建瓴水、转圆石于千仞之阪；诸老敛衽，莫当其锋。……师虽为方外士，而义笃君亲。每及时事，爱君忧时，见之词气，其论甚正确。"① 其对宗杲的怀念与赞誉之情溢于言表。宗杲为一代佛门硕德，身居佛门却有着强烈的爱国忧民之心，正如他自己所言："菩提心则忠义心也，名异而体同。但此心与义相遇，则世出世间一网打就，无少无剩矣。予虽学佛者，然爱君忧国之心，与忠义士大夫等。"② 这一颗爱国忧民之心，为其与士大夫的交往奠定了良好的基础，士大夫亦乐与之游。现存30卷《大慧普觉禅师语录》中，《普说》《法语》《书》占《语录》的半数以上，其内容大部分是为居士和士大夫讲禅说法。另外，张浚与道谦、祖秀、妙应等禅师也均有往来："张丞相德远判福州，致秀（祖秀）长乐光严，后归蜀山，翛然燕处，一话一言未尝忘卫宗护教。"③

张浚游历佛教及其与禅师的交往对其思想和言行产生了深远的影响，《朱子语类》载："张魏公谪永州时，居僧寺，每夜与子弟宾客盘膝环坐于长连榻上。有时说得数语，有时不发一语，默坐至更尽而寝，率以为常。"④ 长期游历佛教，其言谈举止深深地烙上了佛教的痕迹。张浚不仅与禅师交游，而且精通佛理："法眼传心，俗眼传形。惟形与心，二总非真。"⑤ 认为学佛之要在于修心，修心之要在于形与心要统一，心形相分，终非真谛。同时认为佛教有补于社会，有益于国家："实际一尘之不受建立，一法之不遗世间，万法切等空幻。圣贤设心，犹有示化，运广大心，具坚忍力，办庄严事。不信者睹相以生善，吝啬者易虑以出材，企慕者舍

---

① 张浚：《大慧普觉禅师塔铭》，载《大慧书》，中州古籍出版社2008年版，第185页。
② 蕴闻辑：《大慧普觉禅师语录》卷二十四，《大正藏》第47册，世桦印刷企业有限公司1994年版，第912页。
③ 熙仲：《历朝释氏资鉴》卷十，《续藏经》第132册，新文丰出版公司1994年版，第203页。
④ 黎靖德编：《朱子语类》卷一百三十七，中华书局1994年版，第3275页。
⑤ 蓝吉富主编：《禅宗全书》第42册，北京图书馆出版社2004年版，第527页。

爱以学道，于教不为无补。"① 总之，张浚一生出将入相，出儒入释，与高僧交游甚密，也因此造就了其良好的佛学素养，国一禅师赞张浚云："出家乃大丈夫之事，非将相之所能为。张德远出将入相，而又与闻单传之旨，非大丈夫而何？"②

张浚之兄张滉也与佛教有染，而且对佛教亦有深刻的体认。张滉与克勤、宗杲等禅师均有交游，宗杲多次提及张滉，并赞叹："悟彻诸法无我，果于诸法自在。谈笑出入生死，敢与诸尘作对。世出世间大丈夫，一系铁围百杂碎。"③

由上可以看出，张栻家学的佛教渊源特别深厚。我们仅以文献和资料为基础考察了张栻家学的佛教渊源，而实际情况不止于此。也就是说，张栻家学中的佛学背景远比我们考察的要丰富复杂得多。但由于文献的佚失以及笔者对资料掌握的局限，故对张栻家学佛教情况的考察还有待深入。但毋庸置疑的是其家学佛教渊源很深厚，这一点深深地影响了张栻，以至于他在日后拜师问学胡宏时被婉言拒绝。张栻后经孙正孺引见，方得以拜师，并曰："栻若非正孺，几乎迷路。""几乎迷路"说明张栻对佛教不是一般的了解与喜好，从张栻本人及其后来对佛教的批判中亦可以看出这一点。但是，由于张栻与佛教的交游多属于其早期的思想，朱熹认为这是"未定之论"，加之朱熹本人对佛教的极力批判，所以朱熹在编订《南轩集》时几乎未加以收录，使得今天我们很少看到张栻本人与佛教的直接关系，这也给研究张栻的佛学思想带来一定的难度。但是我们通过张栻与朱熹及其同时代师友的文集和书信等资料，以及佛教的一些相关典籍等史料，可以了解张栻的佛学思想。

第二节　张栻对佛教的吸收与批判

张栻的佛学思想丰富而复杂，他很早便涉猎佛教，与寺僧交往，自觉不自觉地吸收了佛教的诸多资粮。他一方面将佛教思想融入自己的思想体

---

① 《艺文·重修鼓山自云涌泉禅寺碑》，《鼓山志》卷七，故宫珍本丛刊，海南出版社2001年版，第80页。
② 朱时恩辑：《居士分灯录》，《续藏经》第147册，新文丰出版公司1994年版，第915页。
③ 蓝吉富主编：《禅宗全书》第42册，北京图书馆出版社2004年版，第543页。

系，一方面直接呈现其对佛教的观点，这两方面，我们都视为张栻的佛学思想。另外，张栻"出佛"以后，基于种种因素，又展开了对佛教的反思和批判，这一点我们亦视为其佛学思想。因为批判的基础和前提是对佛教的了解和吸收，没有对佛教的深刻体悟，批判便无从谈起。下面我们详细析之。

一　张栻与寺僧的交游

张栻幼闻过庭之训，其中既有儒学的教育，也有佛教的熏陶。张栻少年时曾读书于金陵天禧寺。天禧寺的前身是素有"江南第一寺"之称的建初寺，建初寺始建于东吴，西晋时改为长干寺，南朝时为报恩寺，宋天禧元年（1017）改为天禧寺，明成祖时改为大报恩寺，被列入中世纪世界七大奇迹之一。大报恩寺为南京著名的寺院，见证了南京佛教乃至中国佛教的发展。如前文所述，宋代是佛教的中兴时期，作为江南第一寺的天禧寺是当时中国佛教的中心，高僧云集，译经事业非常繁荣。张栻于其中读书学习，不受佛教的感染、不涉猎佛典几乎是不可能的。至于张栻为何选择在天禧寺读书，或爱其环境，或喜于佛教，由于资料的缺乏，我们不得而知。但是，张栻在佛教发展繁荣的天禧寺读书确是事实，我们研究张栻，尤其是研究张栻的佛学思想时不能忽略这一段史实。

少年时期的张栻便与高僧有交往，《南轩集》记载："宗杲问先生如何是一以贯之，时先生年甚少，曰：'某今未敢便与尔说一以贯之，且道如何是忠恕。'宗杲叹服。"[1] 前文已述，宗杲是宋代的佛门龙象，而且在士大夫中颇有影响。张栻的祖母计氏、父亲张浚、伯父张滉与宗杲均有很深的交往，张栻在年少时便与宗杲交游，并与宗杲弟子祖庆也有一定的过往，后来应祖庆之请，为宗杲法语作跋："观庆之请以父母为言，而其师特为拈出。嗟呼，是非秉彝之所存而不可已者邪？（自注：今祖庆刻石蒋山，改父母作生死字。）"[2] 张栻少年时期与高僧的往来交游为其日后的佛学思想打下了坚实的基础。

张栻与了信禅师的关系更是密切，了信是高台寺的住持。高台寺位于

---

[1]　张栻：《南轩集补遗》，《张栻全集》，长春出版社1999年版，第1205页。
[2]　张栻：《跋祖庆所藏其师宗杲法语》，《张栻全集》，长春出版社1999年版，第1036页。

南岳衡山之巅,张栻一生数次去高台,在其诗文作品中记载了与了信的交往以及高台寺的景观:"着屋悬崖畔,开窗叠嶂秋;⋯⋯茗椀味能永,竹风声更幽;平生版庵老,得句似汤休。"并自注曰:"寺之前有云庄榭,旧车辙亭,侍郎胡公以其妄谬,易今名。记刻不存,必恶其害己者所去也。长老了信有诗名。"①该诗作于乾道三年(1167),是张栻与朱熹等人游南岳时之作。"侍郎胡公"即胡寅,胡寅认为辙迹"诞乃至此"②,故将车辙亭改为云庄榭,并作《云庄榭记》;而此行之时,即乾道三年,张栻故地重游时,《云庄榭记》已不复存在,只有了信的诗句。张栻拜访了了信禅师并下榻于高台寺,同时与了信题诗赠墨;并求得了了信的诗文集,读后赞叹有加:"萧然僧榻碧云端,细读君诗夜未阑;门外苍松霜雪里,比君佳处让高寒。"③遗憾的是,由于资料的匮乏,关于了信禅师的详细情况现已不甚清楚。

南岳山是佛教的祖庭之一和圣地,寺院众多,张栻与很多寺院的住持和高僧都有较深的交往。张栻在南岳山上建立了南轩书院,经常在山上读书和讲学,而且常到寺院研学,与寺院高僧、禅师的关系都非同寻常。《南岳庵僧上封新茶风味甚高薄暮分送韩廷玉李嵩老》《夜得岳后庵僧家园新茶甚不多辄分数椀奉伯承》记载的是寺院僧人送上等新茶给张栻,张栻又将此茶与好友品尝分享之事。"黄实累累本自芳,西湖名字著诸方,里称圣母吾常避,珍重山僧自煮汤"④,记述的是乾道三年秋,张栻与朱熹同游南岳,途中休憩于上方寺,山僧煮汤进行款待之情。在下山的归途中,由于夜幕将临,山僧屡屡留之宿夜:"归袂随云起,篮舆趁雪明;山僧苦留客,世故却关情。"⑤ 张栻夜宿方广寺,心怀无限感激与感慨:"僧舍孤衾寄此情,庄生梦破晚钟声;浮沤踪迹原无定,惆怅西风一

---

① 张栻:《过高台寺》,《张栻全集》,长春出版社1999年版,第586页。
② "所谓辙迹,乃石脉之修广者耳,道散于异端,人不知鬼神之理,其诞乃至此。⋯⋯乃易亭曰榭,更其名曰'云庄'。"(胡寅:《云庄谢记》,《斐然集》卷二十,中华书局1993年版,第419—420页。)
③ 张栻:《过高台携信老诗集》,《张栻全集》,长春出版社1999年版,第652页。
④ 张栻:《赋罗汉果》,《张栻全集》,长春出版社1999年版,第646页;朱熹次敬夫韵:"目劳足卷登乔岳,吻燥肠枯到上方;从遣山僧煮罗汉,未妨分我一盃汤。"(《罗汉果次敬夫韵》,《朱熹集》卷五,四川教育出版社1996年版,第199页。)
⑤ 张栻:《和元晦十六日下山之韵》,《张栻全集》,长春出版社1999年版,第653页。

夜清。"① 多方位而频繁的交往，使张栻与禅师建立了深厚的感情。方广寺高僧守荣圆寂，张栻以诗缅怀："夜入精蓝意自真，上方一笑政清新；山僧忽复随流水，可惜平生未了身。"② 字里行间既流露出对长老的敬佩和嘉许，又流露出对长老圆寂的痛惜与无奈。在与寺僧交往的过程中，或与禅师诗词酬酢，或描写寺院景观成为其必不可少的内容。在张栻的作品中有很多这方面的题材，如赠上封寺长老的诗："上方元自好，一榻有余清；只趁晨钟起，宁闻山鸟声；高僧足幽事，野客富诗情。"③ 既描写了上封寺清幽的环境，又赞叹长老自在的生活。在题金山寺的诗中曰："我来最奇绝，霜月与璀璨；褰衣到绝顶，恍若上河汉；悠然发遐思，俯仰为三叹；乾坤无余藏，今古有长算；更深寂群动，树杪独鸣鹳；回头唤山僧，为记此公案。"④诗中展现的是张栻与禅僧同游金山寺，金山寺绝美的风光触发了南轩的般若智慧，故唤山僧记此公案。张栻的诸多诗文不仅描写了秀美静谧的寺院风光，而且充满了对寺院生活的向往，"相望几兰若，胜处是南台，阁迥规摹稳，门空昼夜开"⑤，"步入招提境，云间有古台……登临思不尽，何日再重来"⑥，描写了南台寺的清静和淡雅；"俗尘元迥隔，景物自天成，山近四围碧，泉鸣永夜清"⑦，"山头更尽无穷境，非是人间别有天"⑧，展现了方广寺的清新和绝妙；"回首尘寰去渺然，山中别是一风烟"⑨，"天竺西方寺，人从此地来……梵寺依严舍，禅宫傍日开"⑩，尽现了福严寺的壮观和庄严；其他如《登法华台》《游章华台》《自方广过高台》《同常甫宿南台寺》等，均是描写寺院风光和生活的作品。张栻的足迹遍布上封寺、福严寺、方广寺、高台寺、上方寺以及南台

---

① 张栻：《方广寺睡觉》，《张栻全集》，长春出版社1999年版，第1149页。
② 张栻：《闻方广长老化去有作》，《张栻全集》，长春出版社1999年版，第648页。
③ 张栻：《和元晦赠上封长老》，《张栻全集》，长春出版社1999年版，第652页。
④ 张栻：《留题金山寺》，《张栻全集》，长春出版社1999年版，第530页。
⑤ 张栻：《题南台》，《张栻全集》，长春出版社1999年版，第585页。
⑥ 同上书，第1151页。
⑦ 张栻：《宿方广寺》，《张栻全集》，长春出版社1999年版，第586页。
⑧ 张栻：《方广道中半岭小憩》，《张栻全集》，长春出版社1999年版，第644页。
⑨ 张栻：《和择之福严回望岳市》，《张栻全集》，长春出版社1999年版，第651页。
⑩ 张栻：《题福严寺》，《张栻全集》，长春出版社1999年版，第1151页。

寺等，而且其经常寄宿于寺院，"晓起寻路归，题诗寄此情"①，则是南轩夜宿方广寺、晓起题诗留别之作；"明朝问征路，回首白云闲"②，记载的是张栻夜宿清修寺，晨起再问征路之事，字里行间流露出了对寺院及其生活的憧憬和赞叹。

综上所述，张栻与诸多寺僧有着广泛而频繁的交往，参访禅师，游历寺院，与禅师诗词唱游，各说自己心中法门。与寺僧的交游，一方面使佛教的思想深深地影响了张栻，另一方面张栻也自觉不自觉地吸收了佛教的资粮。

二 张栻对佛教的吸收

据《佛法金汤编》等③资料记载，张栻是东林道颜禅师的法嗣。东林寺是著名的佛教圣地。道颜禅师，宋潼川（今四川三台县）人，曾经学法于克勤，但"微有省发"，克勤推荐其参学宗杲。道颜拜师宗杲后，常伴其左右，成为大慧的得意弟子。"朝夕质疑，方大悟。"上堂法语惊人："一叶落，天下秋；一尘起，大地收。"④ 落叶知秋、起尘尽收，这是何等的胸怀和智慧！

张栻曾与道颜禅师有绝妙的机锋问答："（张栻）见万庵颜禅师曰：'道之所在，可以心寓，不可以力求，师谓如何？'师（道颜）曰：'会医少病。'公（张栻）曰：'见即便见，拟思即差，又作么生？'师曰：'知有还同不知有。'公曰：'正当知有时如何？'师曰：'闻声见色只如常。'公豁然有省，乃留偈曰：'闻声见色只如常，熟察精粗理自彰，脱似虚空藏碧落，曾无少剩一毫芒。'"⑤ 张栻认为道要用心去体会，不能以力强求，道颜认为这样还不够，还需继续修炼，体悟"知有"与"不知有"的关系，只有真正体悟到二者之间的关系，才能理解"道在如常"。这段

---

① 张栻：《宿方广寺》，《张栻全集》，长春出版社1999年版，第586页。
② 张栻：《题益阳清修寺》，《张栻全集》，长春出版社1999年版，第604页。
③ 《佛法金汤编》卷十四，另《历朝释氏资鉴》卷十一、《居士分灯录》卷下等均记载张栻为道颜禅师的法嗣，除文字上略有差别外，所记内容完全相同。
④ 普济：《道林道颜禅师》，《五灯会元》卷二十，中华书局1984年版，第1330页。
⑤ 朱时恩辑：《居士分灯录》，《续藏经》第147册，新文丰出版公司1994年版，第925页。

问答精彩纷呈,尽现般若智慧,道在心里,不必以力外求,识心便见道;闻声见色只是平常事,但却是道之所在;心虚若空,却有山河大地。所以后人赞曰:"碧落虚空,蝉蜕春融,点颜川眼,挺濂溪松,且道是禅学?是圣学?一任天下人摸索。"① 到底是禅学是圣学,的确任天下人摸索。但一句"是禅学是圣学"至少说明张栻对佛教的吸收以及佛教对其影响之深刻。实际上,亦无须摸索,是禅学还是圣学,答案就在其中!

张栻的很多诗词作品亦带有很深很浓的禅味,有的亦在说禅机谈佛理。"山中好景年年在,人事多端日日新;不向青山生恋着,只缘身世总非真。"② 不恋青山,身世非真,说明张栻认识到宇宙间的万事万物都是因缘而起的假相,是无自性的,所以非真而空。"两寺清闻磬,群峰石作城;风生云影乱,猿啸月华明;香火远公社,江湖鸥鸟盟;是中俱不著,俯仰见平生。"③ "两寺"指的是方广寺和南台寺,"是中俱不著"即人世间的一切都不必执着,剥落身心,澄明清透,俯仰之间,平生尽收尽显。"阴壑传闻炯夜灯,几人高阁费追寻,山间光景只常事,堪笑尘寰万种心"④,"山间光景只常事"究其实是"道在如常"的注脚,故不必起各种分别心便可以得道成佛。朱熹和此韵:"神灯照夜惟闻说,皓月当空不用寻,个里忘言真所得,便应从此正人心。"⑤ 在习佛省禅和与禅师交游的过程中,张栻和朱熹等理学家发现了佛教在正人心方面的巨大作用。此后,张栻故地重游,物是人非,有感而作《上封有怀元晦》⑥。"忽漫参龙象,行将混鹿麋,何年释簪绂,于此独幽栖。"⑦ 此诗是谈禅,还是说理,或是感怀? 任人玩味和摸索。

张栻具有很深的佛学造诣和良好的佛学素养,对佛理佛趣有一定的研究和体悟。这一点不仅体现在其与禅师的机锋对答及其诗词作品中,同时

---

① 朱时恩辑:《居士分灯录》,《续藏经》第147册,新文丰出版公司1994年版,第925页。
② 张栻:《和择之韵》,《张栻全集》,长春出版社1999年版,第653页。
③ 张栻:《自方广过高台》,《张栻全集》,长春出版社1999年版,第649页。
④ 张栻:《方广圣灯》,《张栻全集》,长春出版社1999年版,第646页。
⑤ 朱熹:《方广圣灯次敬夫韵》,《朱熹集》卷五,四川教育出版社1996年版,第199页。
⑥ "忆共朱夫子,登临冰雪中;剧谈无俗调,得句有新功;别去雁横浦,重来月满空;遥怜今夕意,清梦倘相同?"(《张栻全集》,长春出版社1999年版,第584页。)
⑦ 张栻:《过上天竺寺》,《张栻全集》,长春出版社1999年版,第1159页。

还渗透在其理学思想中。张栻的人性论较之其他理学家，更明确地提出"性善"的遍在性和彻底性，这是其思想的一个突破和创举："太极动而二气形，二气形而万物化生，人与物俱本乎此者也，原物之始，亦岂有不善者哉？其善者天地之性也，而孟子道性善，独归之人者，何哉？"① "何独人尔？物之始生，亦无有不善者。"② 这说明不仅人的本质是善的，物的本质也是善的，推此而论，禽兽的本质也是善的，这是张栻性论中隐含而又必然的结论，也是张栻论性超出前儒的地方。以往儒者论性皆局限在"人"上，"物"性善与否几乎是不去思考的，或者说是被排除在外的。张栻则明确提出善是宇宙万物的本质属性，也就是说，宇宙万物的本性，包括物在内都是善的，既然如是，为何将性善独归之于人呢？张栻进一步释之："惟人得二气之精，五行之秀，其虚明知觉之心有以推之，而万善可备，以不失其天地之全。故性善之名独归于人，而为天地之心也。"③ 即人得二气之精，五行之秀，又有虚明知觉之心，故得天地之全。性善之名独归于人，并不意味着仅仅人之本性是善的，人只是独得性善之名而已；物未得性善之名，并不表明其本性是不善的，二者没有必然之联系。在此，张栻首先解决了性善之名独归于人的问题，紧接着便关注物性善的问题。那么，张栻为何将善视为宇宙万物的本质，从而认为人、物乃至禽兽的本性皆善？换言之，张栻提出性善之遍在性的根据是什么？这是笔者从事张栻研究以来一直在思考的问题。

南北朝时期佛性成为讨论的焦点问题，竺道生"孤明先发"，率先提出"一阐提人皆可成佛"的主张，引起教界震动。"一阐提人皆可成佛"的主张是针对印度佛教中"一阐提人不能成佛"的观点而提出的，从理论上说明了众生皆有作佛之根据，皆有成佛之可能。"众生"指的是有情物，甚至可以说主要指的是人。三论宗创始人吉藏则明确提出："众生有佛性，则草木有佛性"，"若众生成佛时，一切草木亦得成佛"④，认为如果有情之众生具有成佛之理体，那么无情之草木亦具有成佛之理体，如果有情之众生能成佛，那么无情之草木也能成佛。我们可以看出，吉藏的草

---

① 张栻：《存斋记》，《张栻全集》，长春出版社1999年版，第719页。
② 张栻：《孟子说·告子上》，《张栻全集》，长春出版社1999年版，第426页。
③ 同上。
④ 吉藏：《大乘玄论》卷三，《续藏经》第97册，新文丰出版公司1994年版，第647页。

木有佛性是有对待条件的，条件（若众生有佛性）存在，才会有结果（则草木有佛性）产生。

天台九祖荆溪湛然高举"无情有性"的大旗，在中国佛教史上，是第一个正面提出并从理论上进行全面论证"无情有性"的思想家。所谓"无情有性"是指不但有情众生有佛性，无情草木也有佛性。湛然通过"假梦寄客、立以宾主"的以破立论的方式，多角度、全方位系统深入地阐述了无情有性的思想。首先湛然解决并驳斥了野客的种种疑虑和疑问，之后则正面独立地提出无情有性的观点："从事则分情与无情，从理则无情非别，是故情具，无情亦然。"就因位而言，无情与有情在佛性上无差别；但就果位而论，无情与有情在佛性上是有区别的。即就"理"而言，无情与有情无别，有情物有佛性，无情物亦有佛性，"从因从迷，执异成隔；从果从悟，佛性亘同"。湛然进一步指出有情与无情、众生与佛究其实都是"二而不二，始终体一"①的，之所以将二者对待，是因为我们存在分别心和执着心，还没有真正体悟佛法"体一"之真谛。最后，湛然以"一切唯心"，果断而明确地提出"无情有性"："一切万法摄属于心，心外无余岂复甄隔？但云有情，心体皆遍，岂隔草木独称无情？"②万法俱摄于心，心体遍在，草木岂能无情？可见，湛然"无情有性"的理论非常严密，不仅破除了他人在无情有性问题上的种种疑虑和疑问；在立论的同时，又从事和理、迷和悟两个方面去论证；并以"一切唯心岂复有隔赅遍"回扣主题。

湛然之后，中国佛教界唱"无情有性"最热闹的便是禅宗。洪州禅主张"触类是道"，石头禅强调"即事而真"，临济宗认为"立处皆真"，这些无不蕴含着"无情有情"的思想。据《五灯会元》等史料载，（道悟）问："如何是禅？"师曰："碌砖。"问："如何是道？"师曰："木头。"③《指月录》记载，僧问慧忠："哪个是佛心？"师（慧忠）曰："墙壁瓦砾是。"僧曰："与经大相违也。《涅槃》云：'离墙壁无情之物，故名佛性。'今云是佛心，未审心之与性为别不别？"师曰："迷即别，悟即

---

① 石峻主编：《中国佛教思想资料选编》第一册，中华书局1983年版，第264页。
② 以上引文均见湛然《止观辅行传弘诀》卷二，《大正藏》第四十六卷，世桦印刷企业有限公司1994年版，第152页。
③ 普济：《石头希迁禅师》，《五灯会元》卷五，中华书局1984年版，第256页。

不别。"① 此与湛然"迷异成隔,悟佛亘同"的思想何其相似!分灯禅对于"佛""道"说得更是直接和干脆,有僧问洞山:"如何是佛?"答:"麻三斤。"② 赵州从谂说佛是"殿里底(泥龛塑像)",德山宣鉴说"佛是西天老比丘",云门文偃说"佛是干屎橛",等等。总之,佛教"无情有性"的思想说明不仅有情众生具有佛性,无情草木亦具有佛性,在理论上为佛性的遍在性和彻底性确立了根据。

张栻家学佛教渊源深厚而浓郁,年少便与佛僧交游,既长则出佛入释,与禅师倡酬,对佛教比较了解,对中国佛教史更为熟知,对"无情有性"的思想必然会有一定的体悟和独到的认识。从前文我们对张栻关于性善遍在性问题的分析中可以看出,其论述原物皆善与湛然论无情有性极其相似!湛然说藏通三乘由于未禀性或者禀性不周,所以说无情无佛性,而《法华》圆教一切不隔,故无情有性:"自《法华》前,藏通三乘俱未禀性,二乘悼教,菩萨不行,别人初心教权理实,以教权故所禀未周,故此七人可云无情,不云有性。圆人始末,知理不二,心外无境,谁情无情。《法华》会中一切不隔,草木与地四微何殊?举足修途皆趣宝渚,弹指合掌,咸成佛因。"③ 张栻指出不善是因为禀气之偏或禀气之昏,并非性之本然:"若以为有性善、有性不善乎?不知其善者乃为不失其性,而其不善者因气禀而汩于有生之后也。……盖所禀之昏明在人各异,而其不善者终非性之本然者也。"④"人与万物同乎天,其体一也,禀气赋形则有分焉。至若禽兽,亦为有情之类,然而隔于形气,而不能推也。人则能推矣。"⑤ 人与万物体一,"体一"指的是性之本然,它是善的,即善是人与物的共同本质属性,区别是人能推而物有隔,湛然的"一切不隔,咸成佛因"的观点在张栻这里得到了很好的阐释和说明。可以说"原物皆善"是"无情有性"的最好注脚。性善具有遍在性和彻底性的观点在宋以前难以见到,因为"孟子道性善,独归之人";即使在宋明时期,也

----

① 瞿汝稷辑:《南阳慧忠国师》,《指月录》卷六,巴蜀书社2012年版,第164页。
② 圆悟克勤:《碧岩录》卷二,中州古籍出版社2011年版,第70页。
③ 湛然:《金刚碑》,《中华佛学通典》,南海出版公司1998年版,第1895页。
④ 张栻:《孟子说·告子上》,《张栻全集》,长春出版社1999年版,第431—432页。
⑤ 张栻:《孟子说·离娄下》,《张栻全集》,长春出版社1999年版,第379页。

只有张栻明确提出并论证性善的遍在性和彻底性。因此，笔者认为张栻是深受佛教的影响和启发，吸收了佛教"无情有性"的观点而提出了"原物皆善"的思想。

张栻的道器观也深受佛教的影响和启发，其言曰："形而上者之道，托于器而后行，形而下者之器，得其道而无弊。"① "形而上曰道，形而下曰器，而道与器非异体也。"② 并云："体用一源，显微无间，其太极之蕴欤!"③ 道与器的关系是不即不离，体同用异；同时张栻强调体用并举，由体达用，由用见体。兴起于湖南沩山的沩仰宗则以"理事不二、体用双彰"为其基本宗风。灵祐上堂法语即言："纵有百千妙义，抑扬当时，此乃得坐披衣自解作活计始得。以要言之，则实际理地不受一尘，万行门中不舍一法，若也单刀直入，则凡圣情尽，体露真常，理事不二，即如如佛。"④ 尤其是著名的"采茶"公案向来被认为是沩仰"理事不二、体用双彰"宗风的精彩呈现："师（沩山）摘茶次，谓仰山曰：'终日摘茶，只闻子声，不见子形。'仰山撼茶树。师曰：'子只得其用，不得其体。'仰山曰：'未审和尚如何？'师良久。仰山曰：'和尚只得其体，不得其用。'师曰：'放子三十棒。'仰山曰：'和尚棒某甲吃，某甲棒教谁吃？'师曰：'放子三十棒。'"⑤ 这是一则被认为是体现沩仰宗宗风的典型案例，因而常被拈唱。师徒二人对如何见得体用尽显其般若智慧，仰山撼树，沩山举棒，都在示人要体用双彰；不可以体遗用，亦不可以用忘体。正如《五家宗旨纂要》称："沩仰家风，父子一家，师资唱和，语默不露，明暗交驰，体用双彰。"⑥ "体用双彰"是沩仰宗的宗风和家训，与张栻"体用并举"的湖湘学派学风在本质和精神上是一致的。从一定意义上而言，沩仰"理事不二、体用双彰"的宗风直接影响了张栻及其湖湘学派。

---

① 张栻：《南轩易说》卷一，《张栻全集》，长春出版社1999年版，第17页。
② 张栻：《论语解·子罕篇》，《张栻全集》，长春出版社1999年版，第138页。
③ 张栻：《答吴晦叔》第1书，《张栻全集》，长春出版社1999年版，第822页。
④ 普济：《沩山灵祐禅师》，《五灯会元》卷九，中华书局1984年版，第522页。
⑤ 同上。
⑥ 性统：《五家宗旨纂要》卷三，《续藏经》第114册，新文丰出版公司1994年版，第549页。

第七章 吸佛辟佛的佛教观

胡安国提出"冬裘夏葛，饥食渴饮，昼作入息"[①] 皆是道之所在，与灵祐所言"纵有百千妙义抑扬当时，此乃得坐披衣自解作活计始得"如出一辙。胡宏的"学圣人之道，得其体，必得其用"[②]，以及张栻的"道器不离"的观点与沩仰宗的"理事不二、体用双彰"的宗风都极其相似。张栻等湖湘学者"道器不离、体用并举"的思想深受沩仰宗"理事不二、体用双彰"宗风的启发，二者在内涵与实质上都是相同的，从而形成了湖湘文化一脉相承、别具一格的特质。虽然张栻等湖湘学者不愿承认这是受佛教的启发，并且为了表明其思想的纯粹性和正统性，极力将自己思想的渊源归结到二程，如张栻言"《遗书》中所谓道外无物，物外无道"，《遗书》是二程的作品，这里张栻显然将"道器不离"的思想渊源追溯到二程。宋明理学家长期出入佛老，自觉不自觉地吸收了佛教的因子，这是事实，但是出于维护和捍卫儒学道统的需要，理学家又不愿意承认这个事实，而且还极力地批判佛教。吸收是为了成长，成长是为了更好地捍卫。换言之，理学家卫道的立场注定了其吸收是具有选择性地吸收，有目的性地借鉴。当然，佛教在传入中国伊始，亦吸收了中国文化的诸多资粮，从而不断地成长完善，并形成了自己的风格，进而又深深地影响了中国文化。

众所周知，湖南在历史上属于蛮荒之地，人迹罕至，距离中原比较远，虽有屈原、贾谊等文人学者问津，但文化不是个体的行为，个人或者个体的行为难以构成一个地区的文明或文化。文化和文明需要一个团体或者学派等去推动，去教化，何况屈原、贾谊等人当时是被流放至湖南。而在唐朝末年，灵祐禅师和慧寂禅师便在荒无人烟的大沩山开辟了一个一千五百多人的丛林道场，接引徒众，开示教化，法音远播，四众弟子、十方丛林云集辐辏，沩山一时成为湖南地区乃至全国规模最大的丛林道场。沩山道场的开辟和建立毫无疑问是开创性的，沩仰宗风的浸润和传播对湖南文明和湖湘文化的建设具有重要的启示和引领作用。从这个意义上说沩山是湖南文化的策源地不为过。当然，衡山主峰的天台宗道场和律宗道场要

---

① 《武夷学案》载，曾吉甫尝问："今有人居山泽之中，无君臣，无父子，无夫妇，所谓道者果安在？"（胡安国）曰："此人冬裘夏葛，饥食渴饮，昼作入息，能不为此否？"曰："有之。"曰："只此是道。"（黄宗羲：《宋元学案》卷三十四，中华书局1986年版，第1178页。）

② 胡宏：《与张敬夫》，《胡宏集》，中华书局1987年版，第131页。

早于沩山的沩仰宗道场,但天台宗和律宗对湖南文化和中国文化的影响远不及禅宗。沩仰宗作为禅宗"一花五叶"之首出,同时也是湖湘地区文化文明之首创,给湖南文化带来了深远的影响。张栻等湖湘学者的"道器不离、体用并举"的思想究其实是沩仰宗"理事不二、体用双彰"宗风的继承和转化,二者在内涵及精神上一脉相承,进而铸就了湖南文化独有的内在特质和精神风貌。所以,笔者认为沩山佛教拉开了湖南文化的序幕,开启了湖南文明的新旅程。如今在大沩山,我们既可以驻足寻访高僧大德的余风,又可以追思大儒张栻的遗韵,湖湘文化一脉相承的特质和精神以沩山为策源地而源远流长,对湖南乃至中国历史都具有深远的影响。

三 张栻对佛教的批判

不论张栻如何吸收佛教,吸收了佛教的多少资粮,但是张栻毕竟是一个儒者,换言之,张栻是站在儒家的立场上吸收和审视佛教,故而对佛教始终有一个比较清醒的认识。由于长期出释入佛,有的士大夫则被佛教吸引过去,有的士大夫则堕入佛教而不自知,有的士大夫则失去了立场而浸于其中不能自拔。张栻对此非常忧虑和担心:"石子重之对如何?后来有何学子及人才中有可见语者?因书却幸笔及。英州两遣人看之,数日前得书,颇似悔前非,有欲闲中读书之意,未知如何?又恐为释氏乘此时引将去也。"① 石子重即石墩,涉猎佛教比较深,与朱熹过往比较密切,朱熹曾为其作《克斋记》《传心阁传》;张栻在与朱熹的书信往来中问及石墩的情况,担心他被佛教牵引过去。在答彪德美的书函中说:"来书虽援引之多,愈觉泛滥,大抵是舍实理而驾虚说,忽下学而骤言上达,扫去形而下者而自以为在形器之表,此病恐不细,正某所谓虽辟释氏,而不知正堕在其中者也。故无复穷理之工,无复持敬之妙,皆由是耳。"② 彪德美是胡宏的弟子、张栻的讲友,其主观上欲辟佛,但是客观上却陷于佛教之中,所以张栻在信中谆谆叮嘱他要注意避免这个问题。对于主观上佞佛而不能自拔者,张栻则一针见血地进行批评:"近见季克寄得蕲州李士人周

---

① 张栻:《答朱元晦》第9书,《张栻全集》,长春出版社1999年版,第876页。
② 张栻:《答彪德美》,《张栻全集》,长春出版社1999年版,第896页。

翰一文来，殊无统纪，其人所安本在释氏，闻李伯谏为其所转，可虑可虑！"① 李周翰浸于佛教不能自拔，张栻批评其殊无统纪，安本在释氏；同时又为李伯谏担忧。因为李伯谏与李周翰在交往——吕季克从李伯谏处得到李周翰的文章，并将其寄与张栻，由此我们可知李伯谏与李周翰、吕季克都有较深的交往。后张栻又云："《原说》中弊病似不难见，不知李伯谏何故下乔木而入幽谷如此？如季克复礼之说，所谓礼者天之理也，以其有序而不可过，故谓之礼。凡非天理，皆己私也。"② 此时张栻的担忧已经变成现实：李伯谏"入幽谷如此"，"幽谷"即指佛教。《原说》是李周翰的作品，即上文提到的吕季克寄与张栻的"周翰一文"。吕季克与张栻和朱熹都有交往，《南轩集》和《朱熹集》中均有与吕季克往来的书信，这里我们可以看出张栻对吕季克充满了肯定和嘉许，原因即在于吕季克始终站在儒家的立场上，没有被李伯谏带入"幽谷"。石子重被释氏引将过去、彪德美欲辟佛却堕入其中、李伯谏入于幽谷等，此不过是宋代士大夫出入佛教而不能自拔的典型代表，事实上，当时还有很多士大夫迷失于佛教，故而张栻慨叹："近世学者之弊，渺茫臆度，更无讲学之功，其意见只类异端'一超径诣'之说，又出异端之下。非惟自误，亦且误人。"③

与此同时，佛教对儒学的冲击以及对社会的影响也越来越大："儒而言道德性命者不入于老，则入于释。间有希世杰出之贤，攘臂排之，而其为说复未足以尽吾儒之指归，故不足以抑其澜而或反以激其势。嗟乎！言学而莫适其序，言治而不本于学，言道德性命而流入于虚诞，吾儒之学其果如是乎哉？陵夷至此，亦云极矣。"④ 佛教在方方面面冲击着儒学，并对儒学造成了巨大的危害，为学没有章法，治国没有根基，空言道德性命，虽有贤者欲排佛，但由于不得儒学之指归，不懂佛教之精神，非但不能抑佛反而助长了佛教。如此下去，儒学岌岌可危！

对于宋代文化的现状和社会的现实，张栻剖析了其根源。张栻认为宋代文化混乱的局面，王安石是始作俑者："宋兴百有余年，四方无虞，风

---

① 张栻：《答朱元晦》，《张栻全集》，长春出版社1999年版，第688页。
② 张栻：《答吕季克》，《张栻全集》，长春出版社1999年版，第916页。
③ 黄宗羲：《南轩学案》，《宋元学案》卷五十，中华书局1986年版，第1630页。
④ 张栻：《道州重建濂溪周先生祠堂记》，《张栻全集》，长春出版社1999年版，第699页。

俗敦厚，民不识干戈。有儒生出于江南，高谈诗书，自拟伊、傅，而实窃佛、老之似，济非、鞅之术，举世风动，虽巨德故老有莫能烛其奸者。其时私说一行，而天下始纷纷多事，反理之评，诡道之论，日以益炽，邪慝相乘，卒兆裔夷之侮，考其所致，有自来矣。"①"自熙宁相臣以释老之似乱孔孟之真，其说流遁，蠹坏士心，波荡风靡。中间变故，伏节死义之臣鲜闻焉，论笃者知其有所自来也。"②"窃观左右论程氏、王氏之学，有兼与而混为一之意。此则非所敢闻也，学者审其是而已。王氏之说皆出于私意之凿，而其高谈性命，特窃取释氏之近似者而已。夫窃取释老之似，而济之以私意之凿，故其横流，蠹坏士心，以乱国事，学者当讲论明辨而不屑焉可也。"③ "有儒""熙宁相臣""王氏"所指都是王安石，本来宋代风气是很好的，四方无虞，风俗敦厚，但是王氏之说出，则蠹坏士心，邪慝相乘，伏节死义之士难求。张栻认为王安石窃取佛老之似而乱孔孟之真，附之以私意，一方面致使儒学面目全非，学风败坏；一方面导致儒佛关系混乱，儒佛界限不清。因此士人难辨儒佛、不清良莠，进而或堕于佛教而不自知，或沉迷于佛教而不自拔，从而为佛教的传播和流布提供了土壤和契机。基于对当时士大夫溺佛境况的忧虑以及拯救儒学道统的需要，也为了让士大夫对佛教有一个清醒和全面的认识，张栻展开了对佛教的分析和批判以及对儒佛之间关系的梳理。

1. 佛教凭虚舍实，溟涬臆度

张栻说："今日异端之害烈于申、韩，盖其说有若高且美，故明敏之士乐从之。惟其近似而非，逐影而迷真，凭虚而舍实，拔本披根，自谓直指人心，而初未尝识心也。使其果识其心，则君臣、父子、兄弟、夫妇是乃人道之经，而本心之所存也，其忍断弃之乎？嗟乎！天下之祸莫大于似是而非、似非而是，盖霄壤之隔也。"④"有物必有则，此天也，若非其则，则是人为乱之，妄而已矣。只如释氏扬眉瞬目，自以为得运用之妙，

---

① 张栻：《浏阳归鸿阁龟山杨谏议画像记》，《张栻全集》，长春出版社1999年版，第709页。
② 张栻：《跋孙忠憨帖》，《张栻全集》，长春出版社1999年版，第1034页。
③ 张栻：《与颜主簿》，《张栻全集》，长春出版社1999年版，第822页。
④ 张栻：《答陈择之》，《张栻全集》，长春出版社1999年版，第904页。

而不知其为妄而非真也。此毫厘之间正要辨别得。"① "理有会有通，会而为一，通则有万，厘分缕析，各有攸当，而后所谓一贯者，非溟涬臆度矣。此学所以贵乎穷理，而吾儒所以殊夫异端也。"② 从以上所录引文，我们可以看出张栻屡次指出佛教舍实求虚，遗弃伦理，追求虚空幻妄。实即是万事万物，尤指儒家的伦理道德；虚即是指佛教抛弃万事万物，尤其是抛弃儒家的伦理道德。张栻采用步步深入的方式：君臣、父子、兄弟、夫妇是人道之经，此即是彝伦，即是实物实理；而物必有则，此是天理，因此儒家的伦理道德是天之理；通达天理，不可溟涬臆度，贵在格物穷之。儒家伦理道德不仅是"实理"，而且是天理，以此严肃地说明儒家的伦理道德不可乱、不能乱，更不能弃，只能是格物以穷之，否则就是拔本披根，所以张栻紧接着便说："不知既不穷理，如何去得物蔽？其所谓非蔽者，未必非蔽，而不自知也。释氏之学，正缘不穷理之故耳，又将尽性至命，做一件高妙恍惚事，不知若物格、知至、意诚、心正，则尽性、至命亦在是耳。"③ 一针见血地指出佛教的弊端在于不知道格物穷理，更不懂得尽性至命的意义所在。我们看到张栻对佛教的分析，以儒家为参照和比照，一方面凸显了佛教的"不足"，一方面昭示了儒佛之间的不同："此学所以贵乎穷理，而吾儒所以殊夫异端"，即格物穷理是儒学与佛教的主要区别，穷理与去物是儒学与佛教的分判。

佛教认为万法都是因缘和合而成的假相，是无自性的，所以不真实，因而是空。这是佛教最基本的理论，即缘起说，它揭示了佛教对世界和人生的基本看法。佛教讲空，认为空与色没有区别："色即是空，空即是色，受想行识亦复如是。"④ 张栻认为佛教凭虚舍实、溟涬臆度，实际上是对佛教缘起性空的分析和批判，可谓一语中的。换言之，张栻看到了佛教缘起理论所存在的问题和不足：万法皆空，这一点也是佛教最遭病诟之处。儒家以"天下兴亡、匹夫有责"的责任感和使命感立于世间，孜孜不倦地追求和践履着治国平天下的事业。佛教则以此为空，逃避现实，较之儒家，确实是少了一份担当。但值得一提的是，佛教的缘起性空揭示了

---

① 张栻：《答吴晦叔》，《张栻全集》，长春出版社1999年版，第955页。
② 张栻：《答彭子寿》，《张栻全集》，长春出版社1999年版，第918页。
③ 张栻：《答王居之》，《张栻全集》，长春出版社1999年版，第917页。
④ 转引自赖永海《佛典辑要》，中国人民大学出版社2007年版，第96页。

人生痛苦产生的根源，即众生执着于因缘而成的假相，执着生苦，从而昭示了佛陀拔众生出苦海、度众生至彼岸的价值，非常具有智慧。既然万法都是因缘而起，所以万事万物都是"不真"的存在，以此启示众生不必执着诸法。然而现实生活中，众生往往不能悟空破执，并因执生苦，故而佛教强调破执离苦证涅槃，这是佛教缘起理论的意义所在。

2. 佛教混淆天理人欲，弊不胜言

张栻言："释氏只为认扬眉瞬目、运水搬柴为妙义，而不分天理、人欲于毫厘之间，此不可不知也。"①"何孟子独以爱亲敬长为言也？盖如饥食渴饮、手持足履之类，固莫非性之自然形乎气体者也。形乎气体，则有天理，有人欲；循其自然，则固莫非天理也。然毫厘之差，则为人欲乱之矣。若爱敬之所发，乃仁义之渊源。故孟子之所以启告人者，专指夫此，揭天理之粹以示人也。若异端举物而遗，则天理人欲混淆而莫识其源，为弊有不可胜言者矣。"②天理与人欲是中国哲学，尤其是宋明理学的一对重要范畴，理学家强调天理和人欲的分判，二程云："视听言动，非礼不为，礼即是理也。不是天理，便是私欲……无人欲即皆天理。"③胡宏讲："天理人欲，同体异用，同行异情，进修君子，宜深别焉。"④张栻讲："天理、人欲不并立也，操舍存亡之机，其间不能以毫发。所谓非礼者，非天之理故也；苟非天理，即人欲已。"⑤尽管理学家之间分判天理与人欲的方法以及对理欲之间关系的理解不尽相同（或者强调在日用伦常中注意察识，或者侧重于存心养性，或者主张察识与涵养互发并进，或者主张天理和人欲对立，或者认为天理和人欲同体异用），但是，注重分别天理与人欲则是共同的指归。换言之，在理学家看来，天理与人欲绝不可混淆，要存心分辨，否则毫厘之差，便有霄壤之别。不分理欲，则泯灭物理，淹没道德伦常，其害无穷；辨别理欲则是践行为社会"立人极"的公天下事业。正因为如此，理学家特别强调工夫论，可以说宋明理学千言万语其核心都在讲"存心养性"的工夫，只有工夫做到精深扎实，才能

---

① 张栻：《答俞秀才》，《张栻全集》，长春出版社1999年版，第930页。
② 张栻：《孟子说·尽心上》，《张栻全集》，长春出版社1999年版，第472页。
③ 程颢、程颐：《河南程氏遗书》卷十五，《二程集》，中华书局1981年版，第144页。
④ 朱熹：《胡子知言疑义》，《朱熹集》卷七十三，四川教育出版社1996年版，第3859页。
⑤ 张栻：《勿斋说》，《张栻全集》，长春出版社1999年版，第805页。

辨别天理与人欲。

佛教则认为万法包括天理在内都是因缘而起的假相，都是虚幻不真的，故而不去分判，也无须去分判天理与人欲之间的界限。佛教不仅不分辨天理与人欲，甚至将二者都看成是分别心执着的对象而禁之去之："释氏本恶人欲，并与天理之公者而去之，吾儒去人欲，所谓天理者昭然矣。"① 去掉理欲，身心自由，才能证得涅槃。佛教强调遏制人欲，去掉人欲以见本心，求得本心的通透澄滢；但是在遏制人欲的同时也去掉了天理。儒家去人欲，却将天理剥落出来，去人欲的目的，就是为了彰显天理。究其实，佛教的去欲看到的是心物之隔，儒家的去欲强调的是理欲之辨，二者有着本质上的不同。

3. 佛教万法心造，自私自利

张栻说："夫天命之全体流行无间，贯乎古今，通乎万物者也。众人自昧之，而是理也何尝有间断？圣人尽之，而亦非有所增益也。未应不是先，已应不是后，立则俱立，达则俱达，盖公天下之理，非有我之得私。此仁之道所以为大，而命之理所以为微也。若释氏之见，则以为万法皆吾心所造，皆自吾心生者，是昧夫太极本然之全体，而返为自利自私，天命不流通也，故其所谓心者是亦人心而已，而非识道心者也。"② 佛教认为万法心生，心转万法："所言法者，谓众生心，是心则摄一切世间法、出世间法，依于此心显示摩诃衍义。"③ 将心规定为万法的终极本体和自由主体，故"心生则种种法生，心灭则种种法灭"④。张栻批评佛教夸大心的地位和作用，是"昧夫太极本然之全体"，不知晓太极本体的含义；而"昧夫太极本然之全体"必然将公天下之理的天命也看成是一心所造，从而导致天命不流通，也不懂得天命流行的意义，所以日用之间尽是为己，故为自私自利，以此必然自灭天命。前文已述，张栻认为太极是宇宙万物的生化之根，是宇宙万物的终极本体和自由本体；张栻言心亦具有本体意义，这一点不排除受佛教的影响，但"心"在张栻思想体系中却是限制本体，不是终极本体和自由本体。限制本体即说明心乃彰显事理，而非创

---

① 叶绍翁：《四朝闻见录》甲集，中华书局1989年版，第3页。
② 张栻：《答胡季立》，《张栻全集》，长春出版社1999年版，第900页。
③ 真谛译：《大乘起信论》，中华书局1992年版，第12页。
④ 赖永海：《佛典辑要》，中国人民大学出版社2007年版，第291页。

生事理:"心本虚,理则实,应事物,无辙迹,来不迎,去不留,彼万变,我日休。"① 终极本体和自由本体则有"生"之功能,因此具有主动性和主观性,故曰"心转万法"。限制本体则是"显"之功能,因而具有被动性和客观性,故曰"尽心知命"。如此,存心则至关重要。如何"存心"也就成为儒佛分度的关节点。张栻说:"某详佛学所谓与吾学之云'存'字虽同,其所为存者固有公私之异矣。吾学操则存者,收其放而已。收其放则公理存,故于所当思而未尝不思也,于所当为而未尝不为也,莫非心之所存故也。佛学之所谓存心者,则欲其无所为而已矣。故于所当有而不之有也,于所当思而不之思也,独凭藉其无所为者以为宗,日用间将做作用(原注:其云令日用之间,眼前常见光烁烁地,是弄此为作用也),目前一切以为幻妄,物则尽废,自利自私,此其不知天故也。"② 张栻指出佛教万法唯心,自私自利,故其存心也是为私,也是私心,因而所当有而不有之,所当思而不思之,以无所为为宗。儒家则是为了公天下之理而存心,故其存心是为公,是公心,所以所当思则思,所当为则为,以有所为为旨。可见,"心"的定位,即存心为公还是为私成为儒佛分判之关键。

佛教抬高心之地位并将心视为本体,过分夸大心之作用,难免有"以一切为幻妄,物则尽废"之嫌。张栻确实是看到了佛教心自由本体之弊,并精心爬梳了儒佛存心之异。某种意义上,心在则人在,心自主自由,人便自主自由。万法唯心是佛教非常重要的一个思想,亦有其深刻的用意和意义。万法因缘而起无自性故为空,因此不必起分别心而执着。说空为显实,此实即为佛性本体,意欲众生追求佛性本体。但是追求佛性本体,众生难免又陷入执着;而万法唯心,因此佛性本体亦是一心所现,所以追求自己的本性本心,即是真佛:"我心自有佛,自佛是真佛,自若无佛心,何处求真佛?汝等自心是佛,更莫狐疑,外无一物而能建立,皆是本心生万种法。"③ 心即是佛,佛即是心;如此,方是自由般若境界,也是佛教心终极本体和自由本体的意义所在。

---

① 张栻:《虚舟斋铭》,《张栻全集》,长春出版社1999年版,第1043页。
② 张栻:《答朱元晦》,《张栻全集》,长春出版社1999年版,第966页。
③ 赖永海:《佛典辑要》,中国人民大学出版社2007年版,第290页。

4. 佛教一闻便悟，自欺欺人

"一闻便悟、一超直入"是张栻对佛教顿悟之修行方法的概括与评价。在中国佛教史上，竺道生比较早也比较系统地阐述了"顿悟成佛"的思想："夫称顿者，明理不可分，悟语极照。以不二之悟，符不分之理，理智恚释，谓之顿悟。"① 佛性理体不可分，因而佛性理体只能通过观照体悟的方式豁然得到，顿见诸法实相，悟见佛性本体；顿悟之时，便是成佛之际。竺道僧的观点直接影响了禅宗，禅宗讲"明心见性，顿悟成佛"，惠能"一闻经语，心即开悟"②，并言"若识自性，一悟即至佛地"，即如果认识到自己的本性本心，无须修行，便可达到作佛之境地，一听见佛说，无须习经，顿见本心佛性。但张栻认为佛教顿悟的修行方法缺少积累工夫，没有循序渐进的过程，欲一蹴而就，他说："一日克己复礼，天下归仁，盖是积累工夫到处，非谓只勇猛便能如此，如释氏一闻一超之说也。如云尚何序之循，又何必待于自迩自卑而后有进？此等语意全不是学者气象，切宜戒之。所谓循序者，自洒扫应对进退而往皆序也，由近以及远，自粗以至精，学之方也。如适千里者，虽步步踏实，亦须循次而进。今欲阔步一蹴而至，有是理哉？自欺自误而已。"③ "夫思者沉潜缜密，优游涵泳，以深造自得者也。今而曰'奔逸绝尘'，则有臆度采取之意，无乃流入于异端'一闻便悟，一超直入'之弊乎？非圣门思睿作圣之功也，推此类察之。"④ 儒家注重为学工夫，学必循序，即遵循由近及远、由浅入深、由精到粗的顺序，优游涵泳，才能深造自得；舍弃工夫积累而欲一步即至、一闻便悟，这是自欺欺人。张栻认为佛教的"一闻便悟，一超直入"的修行方法很容易导致学者崇尚浮夸、臆度之风："近世一种学者之弊，渺茫臆度，更无讲学之功，其意见只类异端一超径诣之说（原注：又出异端之下），非惟自误，亦且误人，不可不察也。"⑤ "浮夸""臆度"之风与佛教"一超径诣"相类，但又出其下，因此不仅害己又害人。张栻一方面批评佛教的"一闻便悟，一超直入"的修行方法，一方

---

① 慧达：《肇论疏》，《续藏经》第150册，新文丰出版公司1994年版，第425页。
② 《坛经》，赖永海主编《佛教十三经》本，中华书局2013年版，第2页。
③ 张栻：《答胡季随》，《张栻全集》，长春出版社1999年版，第999页。
④ 张栻：《答陈平甫》，《张栻全集》，长春出版社1999年版，第969页。
⑤ 张栻：《答周允升》，《张栻全集》，长春出版社1999年版，第908页。

面纠正当时学者的"浮夸""臆度"之风,帮助学者甄别儒学与佛学在为学工夫上的区别,指出循循有序与一超径诣是儒佛之间的分判。

"顿悟"是佛教的修行方式之一,它强调对不可分的佛性理体的当下体悟,一悟即是圆满。实际上,这种"当下体悟"的背后亦凝聚着渐修的工夫。竺道生强调顿悟,但并没有废除渐修。禅宗讲"一闻便悟",其后亦是扎实的佛学基础和深厚的佛学素养。没有一定的渐修工夫,很难当下体悟佛性理体;没有深厚的佛学修养,也不可能一闻便悟。换言之,渐修"修"的是为道工夫,顿悟"悟"的是佛性理体,所谓"理需顿悟,事资渐修"。张栻批判佛教"一超径诣",主要是缘于有些学者对于佛教的修行方法、佛教的义理没有很好地理解,只学其表,未得其意,似是而非,这样不仅使儒佛界限模糊,进而导致"浮夸""臆度"之风盛行。可以说,张栻批判佛教缺少为学工夫,旨在纠正儒学浮夸之风。

5. 佛教破坏社会礼仪风俗

儒家从个人到社会,在婚丧嫁娶、祭祀郊社等各个方面都有一套完整的规章制度。儒家重视礼仪,君君、臣臣、父父、子子是人道之经,此不能紊乱,更不能废弃;并且认为礼仪对人的行为规范乃至安身立命都具有重要的作用,所以孔子言:"不学礼,无以立。"① 张栻认为:"礼者,理也。"② "礼者,理之所存也。"③ 礼即是理,即是天之理,将礼上升至"天"的高度,进一步凸显了礼对于社会和人生的重要性。关于礼仪规模和风俗习惯,儒家亦有一定的标准和原则:"礼,与其奢也,宁俭;丧,与其易也,宁戚。"④ 礼仪与其铺张奢侈,不如简单约俭;丧事与其仪式周备,不如伤心悲痛。也就是说,儒家认为礼仪规模适当则可,重要的是内心的诚意。

佛教也有其自己的仪礼、戒律和规范,但是佛教传入中国以后,无论在内容上还是在形式上均对儒家的礼制产生了很大的影响和一定的冲击,并导致儒家礼仪风俗混乱。张栻对此有着深深的忧虑,因而对佛教破坏混乱儒家礼制的做法提出了严肃的批评:"祭不可疏也,而亦不可数也。古

---

① 《论语·季氏》,《诸子集成》第 1 册,上海书店出版社 1986 年版,第 363 页。
② 张栻:《论语解·八佾篇》,《张栻全集》,长春出版社 1999 年版,第 83 页。
③ 张栻:《论语解·为政篇》,《张栻全集》,长春出版社 1999 年版,第 76 页。
④ 《论语·八佾》,《诸子集成》第 1 册,上海书店出版社 1986 年版,第 44 页。

第七章　吸佛辟佛的佛教观

之人岂或忘其亲哉？以为神之之义或黩焉则失其理故也。良心之发，则天理安也。时祭之外，冬至祭始祖，立春祭先祖，季秋祭祢，义则精矣。元日履端之祭亦当然也。而所谓岁祭节祠者，亦有可议者乎！若夫其间如中元，则甚无谓也。此端出于释氏之说，何为徇俗至此乎？"①祭礼既不可太简单，亦不可太复杂，而且礼制自古以来就有规定，时祭、履端之祭等都是中国古礼，但岁祭节祠则不符合《周礼》，比如"中元"即农历的七月十五，是佛教的"盂兰盆节"，佛教于此日举行盂兰盆法会，宣传众生做善事，为善行，供养十方佛僧，以渡济六道苦难，超度先祖脱离苦海；寄望众生尽孝报养父母，期冀父母健康长寿。张栻对佛教此礼此节颇有微词，认为其"徇俗至此"，冲击儒家礼教，导致社会风俗的混乱乃至礼仪的破坏，故而对于张载、程颐等人消除佛教之影响、恢复儒家礼仪风俗的做法充分肯定："今姑即昏、丧、祭三者而论之，幸而有如三公之说，其可不尽心乎！三公之使定，虽有异同，然至其推本先王之意，罢黜异端之说，是则未尝不同也。司马氏盖已著言，若横渠、伊川二先生虽尝草定而未具，然所与门人讲论反复，其所发明深矣。抑尝谓礼之兴废，学士大夫之责也，有能即是书探考而深思，深思而力行，宗族相亲，朋友相辅，安知风俗之美不由是而作兴乎？"② "三公"即司马光、张载和程颐，"三公"都有关于婚、丧、祭的看法和论述，后人将其收集整理编为《三家昏丧祭礼》，张栻为其作跋。在跋中可以看出，张栻对于佛教冲击和破坏儒家礼仪风俗非常忧虑和担心，因此对"三公""罢黜异端之说"的行为和做法大加赞扬，认为其可以"美风俗"，"助圣时善俗"，修补佛教对儒家礼仪风俗的冲击和破坏。

实际上，七月十五中元节源于道教，道教于此日焚纸扫墓，祭拜先祖，旨在倡导人们修德尽孝。佛教的盂兰盆节亦杂糅了道教的成分，并且在当时非常热闹和兴旺，严重地威胁和影响了儒家的礼制习俗。张栻站在儒家的立场上，对此进行了严厉的批评，对罢黜佛教、修复儒家礼仪的做法则极力表彰。

---

① 张栻：《答朱元晦秘书》第3书，《张栻全集》，长春出版社1999年版，第831页。
② 张栻：《跋三家昏丧祭礼》，《张栻全集》，长春出版社1999年版，第1010页。

四 张栻救佛之弊之措施

对于佛教及其"弊端",张栻不仅仅停留在批判的层面上,更不是为了批判而批判,在发现问题之后,张栻更加思考如何去解决问题。在批判佛教的同时,张栻提出了一些修补佛教"弊端"、消除佛教影响的具体方法。这些方法不仅可以进一步帮助学者分辨儒佛之间的区别,认识佛教之"病",而且能够更好地抵制佛教,从而减小乃至消除佛教的"负面"影响。

首先,求仁妙义以补佛教闭目空言。佛教讲诸法缘起,因而万事皆空,儒者认为此乃佛教之最大弊端。如何应对和弥补呢?张栻提出一"仁"字。"仁"既是儒学的入门钥匙,更是儒学的指归,所以其言:"欲游圣门,以何为先?其惟求仁乎?仁者圣学之枢,而人之所以为道也。有见于言意之表,而后知吾儒真实妙义,配天无疆,非异端空言比也。"[1] 游学圣门,必先学仁,仁是人道的根本,是儒学的精神所在;学者要用心体仁,体会仁的真正意蕴,确立安身立命的根本,这样才不会流于异端:"来说大似释氏,讲学不可老草。盖'过'须是子细玩味,方见圣人当时立言意思也。过于厚者谓之仁则不可,然心之不远者可知,比夫过于薄甚至于为忮、为忍者,其相去不亦远乎?请用此意体认,乃见仁之所以为仁之义,不至渺茫恍惚矣。"[2] 此为张栻答周允升关于《论语》中"观过斯知仁"[3]之疑惑而言,南轩告诉周奭(允升)仔细玩味"过"字,深刻而恰当地体会"过",才能真正把握仁;"过厚"与"过薄"离"仁"皆有差距,因此都不能谓之"仁";心中有仁便不会"渺茫恍惚"。张栻一再告诫学者只有求仁、识仁、体仁,才不会陷溺异端:"惟仁者为能尽性至命,学者能精察于视听言动之间,而知心之所以为妙,则性命之理盖可默识,然后知先生之意与古人若合符节矣。不然,不知求仁而居然论性,则几何其不流于异端之归乎!"[4] 佛教之说开阔,深受学者喜欢,但一旦陷于其中,则丧失本心,荒废万事,其祸不可胜言,只有"仁者"才能

---

[1] 张栻:《答陈择之》,《张栻全集》,长春出版社1999年版,第904页。
[2] 张栻:《答周允升》,《张栻全集》,长春出版社1999年版,第979页。
[3] 《论语·里仁》:"人过也,各于其党,观过,斯知仁矣。"
[4] 张栻:《胡子知言序》,《张栻全集》,长春出版社1999年版,第757页。

够尽性至命，不会陷于异端。所以张栻告诫学者要善于在视听言动中精察、了解仁之妙用所在，进而默识性命之理。否则，不去求仁，不知识仁，不会体仁，则难免陷溺异端。但是求仁悟仁与佛教的闭目坐禅不同："'敬以致知'之语，'以'字有病，不若云'居敬致知'；'公'字只为学者不曾去源头体究，故看得不是。观元晦亦不是略于省察，令人不知有'仁'字，正欲发明'仁'字。如说'爱'字，亦是要人去所以爱上体究，但其语不容无偏，却非闭目坐禅之病也。"① 求仁妙义要从源头上入手，否则的话，便不能体悟"仁"之真精神；比如"爱"字，既要知爱，又要究所爱；仁也是如此，既要知仁，又要悟所以仁。换言之，"仁"是体用合一、即体即用，知仁是用，所以仁是体，故只从用（知仁）上把握"仁"是不够的，而且容易走偏，还要从体（所以仁）上去体悟，才能真正把握仁之精神与妙义。佛教的闭目坐禅只是从用上作工夫，所以容易走偏，因此儒学的求仁悟仁与佛教的闭目坐禅不同。儒学工夫有体有用、体用合一，佛教工夫则是有用无体、舍本逐末，故求仁妙义可补佛教无体而导致的闭目空言之病。

其次，格物穷理以救佛教臆度恍惚。前文已述，张栻认为佛教舍实凭虚，臆度溟涬，那么如何克服这种状况呢？张栻说："凡非天理，皆己私也。己私克则天理存，仁其在是矣。然克己有道，要当深察其私，事事克之。今但指吾心之所愧者必其私，而其所无负者必夫礼，苟工夫未到，而但认己意为，则且将以私为非私，而谓非礼为礼，不亦误乎！又如格物之说，格之为言至也，理不循乎物，至极其理，所以致其知也。今乃云'物格则纯乎我'，是欲格去夫物，而己独立，此非异端之见而何？且物果可格乎？如其说，是反镜而索照也。"② 天理与己私是一对对立的范畴，儒家讲克己之私，以存天之理；要克己之私，首先要深刻认识"己私"，并且每一件事上都要认真地"克之"；如果仅仅把内心感觉惭愧看成"私"，把"无负者"当作"礼"，修养工夫未达到或没有修养工夫，只是以"己意"而为，那么必将"以私为非私、谓非礼为礼"，这是极为错误的，实际上张栻直指佛教：格物不能离开物，格物的目的是"致其

---

① 张栻：《答吴晦叔》，《张栻全集》，长春出版社1999年版，第953—954页。
② 张栻：《答吕季克》，《张栻全集》，长春出版社1999年版，第916—917页。

知",而佛教所言"物格"则是去物存我,最后剩下一个光秃秃的"己",这样势必造成任己意而为,必将臆度渺茫。是故只有格物穷理才能弥补佛教虚妄臆度之"病",格必有物,有物必有理,有物有理方能克服佛教之臆度恍惚。张栻一再强调在"格"字上下工夫:"所论尚多驳难,如云'知无后先',此乃是释氏之意,甚有病。知有浅深,致知在格物,'格'字煞有工夫。又云'倘下学而不加上达之功',此尤有病,上达不可言加功。圣人教人以下学之事,下学工夫浸密,则所为上达者愈深,非下学之外又别为上达之功也。致知力行皆是下学,此其意味深远而无穷,非惊怪恍惚者比也。"① 知有浅深,是通过"格物"的工夫逐步积累而来的;下学而上达,也是"格物"工夫的积累上升过程,"格物"是进德修业的扎实工夫,其可以弥补佛教之"臆度想象",尤其在"格"上煞有学问,意味无穷,值得学者体会。

再次,兴校讲学以拔学者出异端。当时很多学者对于佛教或喜而佞之,或佞而迷之,如何挽救这种局面呢?张栻认为"讲学"非常重要。讲学就要有学堂、学校,所以张栻首先关注学堂、学校的兴建,并为诸多学堂、学校的修复和兴建作记,如《郴州学记》《雷州学记》《静江府学记》《河源县徙学记》《江陵府松滋县学记》等。"郴州学""雷州学""静江府学""河源县学"都是在"浮屠废宫"的基础上改建的学校,"袁州学""钦州学""邵州学"等是兴建和复建的学校。学校的兴建为讲学创造了良好的条件,而讲学可使学者远离异端。张栻认为当时很多学者不知所学、不知所向,所以才容易被异端所惑,正是缘于不"讲学"的原因:"嗟夫,学之不可不讲也久矣!今去圣虽远,而微言著于简编,理义存乎人心者,不可泯也。善学者求诸此而已。虽然,圣贤之书未易读也。盖自异端之说行,而士迷其本真,文采之习胜,而士趋于蹇浅,又况平日群居之所从事,不过为觅举谋利计耳。如是而读圣贤之书,不亦难乎!故学者当以立志为先,不为异端詶,不为文采眩,不为利禄汩,而后庶几可以言读书矣。圣贤之书,大要教人使不迷失其本心者也。"② 圣贤之书本身就不易读,加之长久不讲学,学者对圣贤之书越来越陌生,离圣

---

① 张栻:《答周允升》,《张栻全集》,长春出版社1999年版,第909页。
② 张栻:《桂阳军学记》,《张栻全集》,长春出版社1999年版,第684—685页。

贤之书越来越遥远，因而很容易被异端蛊惑。所以为学要先立志，有了志向，才能坚定地读圣贤之书，读圣贤之书，才能使人不会迷失本心，唯此"讲学"负有重要的职责。讲圣贤之书，学圣贤之学，离异端之惑。张栻说：

> 某惟古人所以从事于学者，其果何所为而然哉？天之生斯人也，则有常性；人之立于天地之间也，则有常事。在身有一身之事，在家有一家之事，在国有一国之事。其事也非人之所能为也，性之所有也。弗胜其事则为弗有其性，弗有其性则为弗克若天矣。克保其性而不悖其事，所以顺乎天也。然则舍讲学其能之哉！凡天下之事皆人之所当为，君臣、父子、兄弟、夫妇、朋友之际，人事之大者也，以至于视听言动、周旋食息，至纤至悉，何莫非事者？一事之不贯，则天性以之陷溺也。然则讲学其可不汲汲乎！学所以明万事而奉天职也。虽然，事有其理而著于吾心；心也者，万事之宗也。惟人放其良心，故事失其统纪。学也者，所以收其放而存其良也。夏葛而冬裘，饥食而渴饮，理之所固存，而事之所当然者，凡吾于万事皆见其若是也，而后为当其可学者求乎此而已。尝窃怪今世之学者其所从事往往异乎是。[①]

天之生人有"常性"，人立于天地之间有"常事"，此"常事"是人之所当为。讲学劝人做"常事"，具体为"明万事、奉天职""收其放、存其良"，而当时学者往往不是以此为"常事"（而"从事"于佛教），此乃缘于学之不讲，所以很多学者陷溺于异端而不自知："世固有不取异端之说者，然不知其说乃自陷于异端之中而不自知，此则学之不讲之过也。试举天理、人欲二端言之，学者皆能言有是二端也，然不知以何为天理而存之，以何为人欲而克之，此未易言也。天理微妙而难明，人欲汹涌而易起。君子亦岂无欲乎？而莫非天命之流行，不可以人欲言也。常人亦岂无一事之善哉？然其所谓善者未必非人欲也。故《大学》之道以格物致知为先。格物以致知，则天理可识，而不为人欲所乱。不然，虽如异端

---

① 张栻：《静江府学记》，《张栻全集》，长春出版社1999年版，第678页。

谈高说妙，自谓作用自在，知学者视之皆为人欲而已矣。"① 张栻以天理、人欲为例，天理微妙难明，人欲汹涌易起，并且君子也有人欲，常人亦有天理，如果不讲学，便很难分辨何为天理、何为人欲。所以《大学》之道首先讲格物致知，格物才能致知，才可识天理，才不会被人欲所扰乱。如果不格物穷理，像佛教那样谈高说妙、闭目坐禅，清醒的学者一看便知其乃非为天理，但是沉潜于异端之中的学者便难以分辨之，因而讲学负有重要的职责，也具有重要的作用。讲学可使学者明"常性"、知"常理"、做"常事"，从而出异端并远离之。张栻认为"学之不讲"是使学者不知所学、不知所从，进而被异端迷惑的主要原因。正是因为"学之不讲"，所以很多学者趋于佛教，以至于陷溺其中而不能自拔。因此，张栻指出唯有讲学，才能助学者辨理欲、明是非、判儒佛，进而出异端。

最后，"反经"以遏邪说。"反经"即是恢复儒家的"常经"和"大道"。常经大道是儒家伦理道德之根基，其关乎百姓之行为导向和价值取向，孟子讲："君子反经而已矣。经正，则庶民兴；庶民兴，斯无邪慝矣。"② 正道树立起来了，百姓就会奋发振作，以此，便不会惑于异端。一个社会有良好的风气，邪说则无法侵入。儒家的"大经"具体指君臣、父子、夫妇、兄弟、朋友等道德伦理纲常，"五伦"是伦理道德之纲，纲正则目举："经便是大经，君臣、父子、夫妇、兄弟、朋友五者。若便集义，且先复此大经，天下事未有出此五者，其间却煞有曲折，如《大学》亦先指此五者为言。使大纲既正，则其他节目皆可举。"③ 张栻同样肯定"经"的作用，并且认为"反经"可以抵制邪说的侵入："经乃天下之常经，所谓尧舜之道也。经正则庶民晓然趋于正道，邪说不能入矣。但反经之妙，乃在我之事，不可只如此说过也。只如自唐以来名士韩、欧辈攻异端者非不多，而卒不能屈之者，以诸君子犹未能进夫反经之学也。如后周、李唐及世宗盖亦尝变其说矣，旋即兴复而愈盛者，以在上者未知反经之政故也。"④ "反经"并非简单说过，关键在于要下工夫，并实实在在地去做。唐代的韩愈、欧阳修等人也极力排佛，但是最终佛教还是发展起来

---

① 张栻：《答直夫》，《张栻全集》，长春出版社 1999 年版，第 927 页。
② 《孟子·尽心下》，《诸子集成》第 2 册，上海书店出版社 1986 年版，第 608 页。
③ 黎靖德编：《朱子语类》卷六十一，中华书局 1994 年版，第 1478 页。
④ 张栻：《答朱元晦》，《张栻全集》，长春出版社 1999 年版，第 962 页。

了,就是因为他们不能进入"反经之学";北周武帝、唐武宗以及后周世宗都曾对佛教采取过打压遏制政策,但是佛教很快复兴并且愈加盛旺,也是因为他们不懂得"反经之政",所以不能有效地抵制佛教的发展。值得注意的是,根据实施的主体不同,张栻将"反经"分为"反经之学"与"反经之政"。"反经之学"针对的是学者士大夫,而"反经之政"则针对的是当权的统治者;换言之,"反经之学"立足于学术层面,"反经之政"则立足于政治层面。士大夫通晓"反经之学",统治者懂得"反经之政","邪说"便不能侵入。可见,"反经"不仅可以正人心,扶善俗,而且对抑制佛教具有极为重要、甚至是决定性的作用:"夫将以正人心,则异端之攻亦有不得而已者,然君子贵于反经而已矣。"[①]只有"反经",只有恢复儒家的伦理纲常,只有树立社会的"正气",学者才能有本有根,政治才会清明和谐,异端便无可乘之机。这样,不仅不会被佛教诱惑去,而且还能有效地抵制佛教的侵袭。

张栻的评佛、批佛既指出了佛教的问题所在,又提出了补救问题的方案,这是张栻佛教观的殊胜之处。其间始终围绕着儒佛之间的分判进行论述,《酒诰说》可以说是其对评佛辟佛的总结和概括:"酒之为物,本以奉祭祀、供宾客,此即天之降命也。而人以酒之故,至于失德丧身,即天之降威也。释氏本恶天降威者,乃并与天之降命者去之;吾儒则不然,去其降威者而已。降威者天而天之降命者自在,为饮食而至于暴殄天物,释氏恶之,而必欲食蔬茹;吾儒则不至于暴殄而已。衣服而至于穷极奢侈,释氏恶之,必欲衣坏色之衣;吾儒则去其奢侈而已。至于恶淫慝而绝夫妇,吾儒则去其淫慝而已。释氏本恶人欲,并与天理之公者而去之;吾儒去人欲,所谓天理者昭然矣。譬如水焉,释氏恶其泥沙之浊而窒之以土,不知土既窒则无水可饮矣;吾儒不然,澄其沙泥而水之澄清者可酌。此儒释之分也。"[②]张栻以"酒"为例,申论和总结了儒佛之间的差别,并以水为喻,认为儒佛之间的分际在于:佛教恶水之浊便以土窒之,结果无水可饮;儒家则澄其泥沙,结果得清水而用。张栻站在儒家的立场上,深刻意识到佛教的发展可能给儒学带来的冲击与危害,为维护儒学,发展儒

---

① 张栻:《论语解·为政篇》,《张栻全集》,长春出版社 1999 年版,第 79 页。
② 张栻:《酒诰说》,《张栻全集》,长春出版社 1999 年版,第 1187—1188 页。

学，稳固道统，进而对佛教展开了深刻的反思和批判。从这个意义上而言，我们应该肯定张栻对佛学的反思和批判。诚然，儒佛之辨并非张栻的首创，理学家大都站在儒家的立场上评佛、辟佛，张栻的贡献则在于将其条理化、系统化，将儒佛之间的区别纲举目张地进行总结分析，使学者一目了然；并深刻剖析儒佛差别之根源，进而提出解决问题的方案和方法。故而朱熹称其评佛、批佛"诚千百年儒者所不及"①。

综上所述，张栻的佛教观丰富而深刻，他早期习佛吸佛，后期评佛辟佛。也正是因为早期的习佛吸佛，才有后期的评佛辟佛。正是因为早期对佛教精深和广泛的研究，才有后来对佛教深入和系统的批判。较之于同时代的学者，张栻的佛教观具有独到性和创新之处。第一，张栻吸收了佛教的诸多资粮，他的人性论、道器观以及诗文之作等都明显地印有佛教的痕迹。第二，张栻对佛教的批判全面而深刻，从内容到形式，从本体论、认识论、理欲观以及修行观等各个方面都对佛教进行了反思和评判。第三，张栻全面梳理了儒学与佛学之差异，为学者明辨了儒佛之间的界限：穷理与去物、公心与私心、去欲见理与理欲俱除、循循有序与一超径诣是儒学和佛学之间的主要分判。第四，张栻不仅指出了佛教的问题和弊端，并且提出了补救的措施和方法：求仁妙义以救佛教闭目空言，格物穷理以补佛教虚无臆度，兴校讲学以拔学者出异端，"反经"以固学者之本根。尤其值得一提的是，张栻对儒佛差异的梳理和把握不仅仅停留在儒佛区别的表象上，而且触及了表象背后的深层根源。儒佛之间的分际实际上缘于儒佛的理论根基不同。佛教的理论根基是缘起说，缘起说清晰地阐明万法都是因缘而起的假相，是不真的空，因此佛教自然不讲求格物穷理，所做的工夫自然也就是去物禁欲，工夫境界处便是"唯我一心"，在儒家看来，此心必然是"私心"；因此在证修方法上，佛教必然强调一超径诣见此心。儒学的理论旨归是天理说，尽心知命以达天理，故而此心必然是公心；因此在修行方法上强调格物以凸显天理，而格物的工夫则是循循有序；由于天理与人欲相对立，所以儒学强调理欲之分，天理与人欲绝不可混淆。

当然我们也不可否认张栻的佛教观也具有局限性和不足之处。张栻虽然指出和批判佛教所存在的问题和弊端，但是对佛教的评价和批评有失公

---

① 叶绍翁：《四朝闻见录》甲集，中华书局1989年版，第3页。

允，也有不当之处。立足于儒学立场的视域，张栻未能完全认识到佛教的世界观和认识论的理论意义及其现实价值。佛教的世界观和认识论深刻地揭示了人生痛苦的根源，并指出了摆脱痛苦的方法，启迪众生无住无念于万物，从而修得一颗洒脱自由的心而证得涅槃境界。佛教确实是不分理欲，但不分理欲不尽如张栻所讲"弊不胜言"，因为佛教不需要厘清天理与人欲的界限。在佛教看来，天理也是欲望，因此无须分辨而一并去掉，从而才能呈现无所执着的本心；如此方是般若，方是佛。总之，张栻是站在儒学的立场上研习和反思佛教，梳理分判儒佛之间的关系，提出补救佛教"弊端"的方法，拔学者出异端，这亦是时代赋予张栻的责任和使命。但较之同时代的学者，张栻对佛教有一个比较理性的客观的认识，这在当时是不多见的。因此，我们要重视并深入地研究张栻的佛教观，客观、理性、全面地看待张栻的佛教观。

第三节　张栻佛教观的意义

张栻的佛教观既具有时代的共性，又具有鲜明的个性，他的佛教观是当时士大夫与佛教关系的一个典型代表。张栻的佛教观经历了一个与寺僧的交往、对佛教的吸收、对佛教的批判的发展历程，这个发展历程是宋代士大夫与佛教关系的一个真实写照。一定意义上，张栻的佛教观凸显了儒学与佛教既互相排斥又互相吸收的复杂而微妙的关系。

一　士大夫出入佛教的典范

如前文所述，在宋代，无论是张载、二程、朱熹等理学名儒，还是苏轼、黄庭坚、黄林亿等文坛巨匠，以及李纲、韩琦、富弼等朝廷权贵，都有出佛入释的经历，都与佛教有密切的交往。这个交往几乎都经历了与寺僧的交游、对佛教的吸收、对佛教的批判的思想发展历程。可以说，有宋一代，士大夫出入佛教成为宋代的一种学术风气，是宋代文化的一个基本特征，明代学者黄绾曾说："宋儒之学，其入门皆由于禅。濂溪、明道、横渠、象山由于上乘；伊川、晦庵皆由于下乘。"[①] 士大夫出入佛教，既

---

① 黄绾：《明道编》卷一，中华书局1959年版，第12页。

是宋代文化繁荣、思想自由的推助，也是重建学术道统的需要，习佛而辟佛的佛教观很好地诠释了士大夫肩上的使命。另外，宋代社会的现实与士大夫理想的冲突，士大夫兴邦济世的忧患意识与社会政治现实的矛盾，也使得士大夫参禅省禅之风盛行。入佛皈佛既是一种对现实无奈的逃避，也是身心最好的安顿。因为佛教不仅可以为士大夫带来无穷的智慧，还可以为士大夫带来心灵上的寄托，故而出入佛教、玩味佛教成为当时的文化时尚。

宋代是灯录和语录编撰的高峰时期，士大夫在灯录、语录的编撰方面起了相当重要的作用。灯录以言简意赅的记言、机锋巧妙的问答所展示的妙理玄机深受士大夫们的喜爱，成为士大夫桌前案头常见的书籍，并且士大夫对其耳熟能详。张商英曾说："比看《传灯录》，一千七百尊宿机缘，唯疑德山托钵话。"[①]《景德传灯录》所记载的一千七百多位禅师的机锋妙语，张商英只对"德山托钵"这则公案不太理解（此亦是张商英自谦之词），可见其对《景德传灯录》的熟悉和掌握程度。某种意义上，张商英这番话也是当时士大夫参禅的真实写照。一方面士大夫为灯录、语录作序和跋，有些士大夫所作的序或跋特别为禅僧称道："本朝士大夫与当代尊宿撰语录序，语句斩绝者，无出山谷、无为、无尽三大老。"[②] 山谷即黄庭坚、无为指杨杰、无尽是张商英，此三人为语录所作的"序"深得禅僧赏识。另一方面士大夫直接参与灯录、语录的编撰和修订，禅宗第一部巨型灯录《景德传灯录》就是在士大夫的直接参与下完成的。宋真宗景德元年（1004），禅师道原将其编撰的三十卷《传灯录》呈送朝廷，真宗皇帝命翰林学士杨亿等人进行修订。杨亿（974—1020）根据灯录题材的特点和要求，以历代禅师的机锋妙语为主要内容，对之进行史料考证、增补裁剪、去粗取精、去伪存真："旧录所载，或掇粗而遗精，别集具存，当寻文而补缺，率加采撷，爰从附益。"[③] 杨亿用了一年左右的时间，完成了这部巨型灯录的校对和修订工作，诞生了宋代佛教史上第一部语录体著作——《景德传灯录》。杨亿等人所修订的《景德传灯录》成为后来灯

---

① 晓莹：《罗湖野录》卷上，《续藏经》第142册，新文丰出版公司1994年版，第972页。
② 道融：《丛林盛事》卷下，《续藏经》第148册，新文丰出版公司1994年版，第83页。
③ 杨亿：《景德传灯录》序，载苏志雄主编《历代大藏经序跋略疏》（下册），宗教文化出版社2012年版，第828页。

第七章　吸佛辟佛的佛教观

录题材的典范,之后,居士李遵勖撰《天圣广灯录》、僧人惟白撰《建中靖国续灯录》、僧人悟明撰《联灯会要》、僧人正受撰《嘉泰普灯录》,这五部灯录后来经僧人普济整理汇编而成《五灯会元》。

士大夫在参与佛教灯录编撰的同时,也自编语录、语类,理学史上比较有影响的《伊洛渊源录》就是在佛教灯录的直接诱发下完成的。明清之际著名学者顾亭林说:"今之言学者必求诸语录,语录之书,始于二程,前此未有也。今之语录几于充栋矣,而淫于禅学者实多……夫学程子而涉于禅者,上蔡也;横浦则以禅而入于儒,象山则自立一说,以排千五百年之学者,而其所谓'收拾精神,扫去阶级'亦无非禅之宗旨矣。后之说者递相演述,大抵不出乎此。"[①] 不仅如此,有些士大夫甚至为佛经作注作解,如王安石作《维摩诘经注》《楞严经解》《华严经解》等,这些"注解"体现了士大夫相当高的佛学造诣,诗僧惠洪称王安石之《楞严经解》"文简而肆,略诸师之详,而详诸师之略,非识妙者莫能窥也"[②]。

正因为长期出入佛教,致使士大夫的思想深受佛教的启发,吸收了佛教的诸多资粮,"周敦颐之学,据《居士分灯录》谓启迪于慧南,发明于佛印,廓达于常聪。其余如程颐之于灵源,游酢之于道宁,杨时之于常聪,陈瓘之于明智,胡安国之于祖秀,朱熹之于道谦,皆有相当之关系"[③]。士大夫与寺僧的交游以及对佛教的研习和吸收为其后来反思和批判佛教打下了坚实的基础。尤其是宋代理学家,早期出佛入释,后来基本上都反思和批判佛教,归宗于儒学。张载游历佛教数年,最后反而求之《六经》,认为:"释氏妄意天性而不知范围天用,反以六根之微因缘天地。"[④] 二程批评佛教"自古至今,欺诈天下,人莫不溺其说而不自觉也"[⑤],胡宏批评佛教"不足以开物成务,终为邪说也"[⑥],朱熹则言:"佛、老之学,不待深辨而明,只是废三纲五常这一事已是极大罪名!其

[①] 顾炎武:《顾亭林诗文集》,中华书局1983年版,第131页。
[②] 惠洪:《林间录》卷上,《续藏经》第148册,新文丰出版公司1994年版,第646页。
[③] 《周予同经学史论著选集》,上海人民出版社1983年版,第115页。
[④] 张载:《正蒙》,《张载集》,中华书局1978年版,第26页。
[⑤] 程颢、程颐:《河南程氏外书》卷十,《二程集》,中华书局1981年版,第408页。
[⑥] 胡宏:《皇王大纪论》,《胡宏集》,中华书局1987年版,第224页。

他更不消说。"① 理学家对佛教的批判恰恰体现了其深厚的佛学功底。

宋代士大夫与佛教复杂而微妙的关系，在张栻身上有具体而微的呈现。张栻早年沉潜于佛教，与多位高僧都有着密切的交往，对佛教有着精深的研究；后期则对佛教进行反思、总结乃至批判。较之于其他士大夫，张栻的佛教观则更具有典型性和代表性。他家学佛教渊源深厚，幼闻过庭之训，自幼便打下了扎实的佛学基础。既长，与寺僧广泛交游，切磋佛理，究研佛法，吸收了佛教的诸多资粮；其后，为捍卫道统，复兴儒学，便转为反思、总结和批判佛教。佛教家学的深厚性、对佛法研究的精深性、对佛教批判的彻底性成为张栻佛教观的基本特征。无论吸收还是批判，都建立在对佛教精深研究和独到理解的基础上，这一点从其作品中可以看出，从其对佛教的反思和批判中亦可以看出。正是因为对佛教精深的研究，才能对佛教"合理"地恰当地吸收，才有对佛教深刻的彻底的批判。张栻对佛教的研习和吸收是宋代士大夫与佛教关系的一个真实写照，对佛教的反思和批判是士大夫批判佛教的一个典型案例。通过对张栻佛教观的掌握，我们可以管窥豹，了解宋代士大夫佛教观的一般状况。

二 儒佛冲突的反映

张栻对佛教的吸收与批判表明了儒学与佛教二者既相融合又相冲突，既相互影响又互动发展的复杂关系。这种关系首先表现为儒佛冲突。张栻对佛教的反思和批判也首先折射出了儒学与佛教之间存在着一定的冲突。

儒学与佛教究其实是两种不同质的文化，当两种不同质的文化相遇时，势必产生冲突。虽然佛教在传入中国的过程中，为了能够在中国生根和发展，自身做了很大的调整，但是仍然与儒学有着很大的甚至本质的区别，以至于二者经常产生冲突。

众所周知，中华民族是一个礼仪之邦，儒学是一种礼乐文化，礼乐文化实质上就是一种等级文化，其核心便是"孝"，即孝亲。中国社会是以血缘关系为纽带、以家庭为基础的宗法制社会，孝是调整这种关系最重要、最基本的道德观念和道德准则。推广于社会国家，便是"忠"，即忠君，可以说忠是孝的自然延伸。而佛教产生于印度，它是在反对婆罗门教

---

① 黎靖德编：《朱子语类》一百二十六，中华书局1994年版，第3014页。

的等级压迫下产生的，因此平等成其为教义的核心，这样便与儒家的等级文化，尤其是孝的观念发生了矛盾，具体表现为：第一，僧人断发毁服与儒家"身体发肤，受之父母，不敢毁伤"的矛盾。佛教徒出家修行必须剃尽头发，因为头发是烦恼的象征、修行的障碍，剃发意味着断尽"三千烦恼丝"，一心修行。儒家认为"身体发肤，受之父母，不敢毁伤"，人的生命来源于父母，因此不能随便损伤，其中就包括头发。第二，僧人弃俗无后与儒家"不孝有三，无后为大"的矛盾。佛教徒修行要离家弃亲，不娶妻，不生子，而宗法制的中国社会正是靠血缘关系维系家庭的稳定和世代的传承，因此佛教这一做法直接违背了中国传统中"不孝有三，无后为大"的道德伦理观念。第三，僧人离家不事亲与儒家赡养父母的矛盾。佛教徒离家修行，不事养父母，放弃了对家庭的责任。而儒家强调要赡养父母，孝亲成为衡量人们行为的一个重要的道德准则。为了避免矛盾和冲突，在佛经的翻译和宣讲上，佛教徒都进行了巧妙的回旋与回复，与儒家道德伦理相冲突之处尽量少译或者不译，并尽可能译著宣讲事养父母的经文，如《阿含经》《四十二章经》《父母恩难报经》等。

儒学内圣而外王，正德然后利用，王权是道德伦理在政治领域的实际运行与操作，佛教与儒学在道德伦理上的冲突势必引发其与王权的矛盾。这种矛盾首先表现为沙门是否敬"王"的问题，此乃沙门争取法权独立的关键，是关系到佛教前途和命运的至关重要的大事。佛教教义规定，佛教徒一不敬王，二不拜父母，即除佛陀以外，不跪拜任何人。慧远详细地阐发了沙门不敬王的基本主张，指出信佛有两种情况，一是处俗弘道，一是出家修道。处俗弘道的信佛之人应当遵守名教礼法，孝亲忠君；出家修道的沙门则不同，沙门既不重视生命，也无须顺应自然的变化，进而也无须服从王化，无须对天地君亲的养惠而感恩。为了缓解冲突，慧远又言："如令一夫全德，则道洽六亲，泽流天下，虽不处王侯之位，亦已协契皇极在宥生民矣。"[①] 即沙门修行的宗旨与王权的政治目的是一致的，二者只是形式不同，实际上是以折中的手法巧妙地回避了儒佛之间的矛盾。但是，回避矛盾并不等于解决矛盾。随着佛教的发展，其与王权的冲突日益

---

① 慧远：《沙门不敬王者论》，收于刘立夫等译注《弘明集》卷五，中华书局2013年版，第318页。

尖锐，并最终导致佛教史上著名的"三武一宗"灭佛事件①。统治阶级的这几次灭佛行动，原因基本上是相同的，主要是佛教的日益壮大威胁到了统治阶级的利益。这四次法难充分体现了佛教与王权之间的冲突与矛盾，当佛教的发展真正威胁到王权统治的时候，统治者便会付诸行政和军事的手段来解决。

　　儒佛对社会与人生都有深刻的体会，儒家充满了忧患意识，充满了对社会、对历史高度的责任感和使命感，充满了对民族和苍生深切的同情与关怀，因此积极地践行治国平天下的政治抱负，虽有坎坷而愈挫愈勇，如孔子"知其不可而为之"的锲而不舍精神，孟子"如欲平治天下，舍我其谁"的自信豪情，到张栻"男子四方志，胡为守一丘"的家国情怀，无不显示了士大夫强烈的忧患意识和爱国精神，可以说，"居庙堂之高则忧其民，处江湖之远则忧其君"是对中国士大夫使命感与责任感的最好写照和深刻注脚。佛教则认为社会与人生本身即是苦，现实一切即是虚幻，因而主张离苦破执一心修行求解脱，这一做法直接触发了儒家对其严厉之批判。实际上，儒家尊天道而重人事的入世情怀必然要求个体积极践行当下，佛教拜佛陀而远人事的超脱意识必然要求众生追求彼岸世界，这一"入"一"出"、一"实"一"虚"使儒学与佛教经常产生矛盾与摩擦。那么，儒佛之间为何会存在冲突与矛盾？其根源是什么？此问题的探讨亦是张栻之批判佛教的深层原因。

　　儒学主要关注人性之正面，要求并期望人人都能成德成圣，可以说是以最高限度的道德约束个体，要求个体自觉地践履道德，应当地履行职责。佛学主要关照人性之负面，以最低限度的道德约束个体，个体践履道德的行为具有一定的被迫性和他律性，职责的履行非属应当而是必然。换言之，儒学对现实观照有余而批判不足，佛学对现实批判有余而观照不足。这样势必导致由此隐含的另一问题，即个体与社会关系问题的不同取向，儒学偏重于整体与社会，进而在一定程度上以公私义利进行价值之分判，注重社会，以天下为己任，则为公，为义。张栻曾说："某详佛学所谓与吾学之云'存'字虽同，其所为存者固有公私之异矣。吾学操则存者，收其放而已。收其放则公理存，故于所当思而未尝不思也，于所当为

---

① "三武一宗"灭佛：即北魏太武帝灭佛，北周武帝灭佛，唐武宗灭佛，后周世宗灭佛。

而未尝不为也，莫非心之所存故也。佛学之所谓存心者，则欲其无所为而已矣。故于所当有而不之有也，于所当思而不之思也，独凭藉其无所为者以为宗，日用间将做作用（自注：其云令日用之间，眼前常见光烁烁地，是弄此为作用也），目前一切以为幻妄，物则尽废，自利自私，此其不知天故也。"[①] 佛教的存心，是自利自私的行为，其于所当为、所当思而不当为、不当思，是故无所为，将现实一切视为虚妄。儒学所讲的存心，是廓然大公的行为，收其放心而进行操存涵养以事天的行为，于所当为而为，所当思而思，是故有所为而为。因此二者存在着公私之异。儒学与佛学虽然都讲存心，但意义差别很大，价值取向形同霄壤。张栻深刻地分析了儒学与佛学的不同，从而揭示了二者冲突的根源，虽然这种分析带有一定的情感色彩，但不可否认的是，张栻已经触及了两种文化冲突之根本原因。同样是基于对现实及人生的体认，儒家唤起的是深沉的忧患意识，从而积极入世，积极地担当起对家国天下的责任与使命。佛学则注重和强调个体，以证涅槃为己求，以个体的解脱实现众生的解脱；逃离现实，消极出世，置社会国家于不顾，故为私，为利。虽然佛教讲自度度人，但其前提是首先解脱自己，因此，在一定意义上，公和私、义和利是儒学与佛教分际的标准和尺度。实际上，这是两种文化的价值取向不同。

儒学与佛教对体用及其关系的不同理解是二者矛盾的深层原因。儒学注重体用一源，即体即用，以用见体，"学圣人之道，得其体必得其用；有体而无用，与异端何辨？"[②] 异端即指佛教，儒家认为佛教平居高谈，临事茫然，不知性命之所在，故有体无用，意即佛学有心性之体而无治国平天下之用。张栻也指出佛教"逐影而迷真，凭虚而舍实，拔本披根。"[③] 从孔子的"罕言天"，到宋明儒者的于日用之间见大本，都强调于"用"上作工夫，在实践中践履道德性命，并成就自身人格，其体用合一之义一以贯之。不同的是先秦敬天而畏天，故而一心于人事（用），宋明儒者强调于人事中见天理（体），此是儒家体用义发展之必然。佛教则以真如（真心）为体，妄心为用，除妄心而现真心，故是消用为体。消用为体，

---

① 张栻：《答朱元晦》，《张栻全集》，长春出版社1999年版，第966页。
② 胡宏：《与张敬夫》，《胡宏集》，中华书局1987年版，第131页。
③ 张栻：《答陈则之》，《张栻全集》，长春出版社1999年版，第904页。

则无用可言，重在或只在言体。从原始佛教到部派佛教、再到宗派佛教都讲除烦恼，见佛性，除妄心见真心，因此佛学之体用义是体用分离的。实际上，佛学之体用义是体用之遮诠义；儒家之体用义是体用之表诠义。

儒家的理想是成圣，佛家的目标是成佛，更重要的不仅仅是这种表面的区别，如果仅仅停留于这种表面，正像佛教徒所辩解的那样，儒佛的最终目的是相同的。然而在如何成圣、如何成佛的问题上，儒佛走的是截然不同甚至是相反的路径。儒家的圣人是一个道德化身，在道德上完满自足才能称之为圣人，实现道德完满的途径无他，只有孜孜不倦地进行道德实践，于日用伦常中作工夫，磨炼自己，修养身心，体认天理。这其中艰难曲折甚多，但是儒者认为只有经过艰难曲折，道德工夫才具体实在，天理才能朗现。佛家的佛陀是一个解脱的象征，它脱离了人间一切具体而实在的东西，包括道德在内，既要破除我执，又要破除法执，达到一切皆空才能称之为佛陀，佛教徒正是因为世俗坎坷痛苦，万法因缘而生无自性，故为虚幻假合而不真，所以才空掉万法而一心修行，破除一切执着而显现真如。从这种意义上来讲，儒佛都具有强烈的理想主义色彩，儒学的理想主义不仅体现在形式的完美（认为断发毁服不仅是不道德，同时是不吉利的），而且追求道德的完满，并力求论证道德的永恒性和形而上性，要建立一道德的形上学——天理。因此儒家十分重视道德修养与道德实践，不会也不可能视道德为"空"。佛学则具有浓厚的虚幻色彩，它视万法皆空，当然包括道德在内，而且尤其要破除道德，因为道德就是执着，是成佛的最大障碍，故而佛学极力论证和说明道德亦是因缘合和而成的性空假有。换言之，儒学的理想主义是建立在现实基础之上的，通过对现实的肯定来实现理想，职是故，此理想主义是理想主义之实义。佛学的理想主义是在脱离现实的基础上，通过对现实的否定而肯定佛陀的存在，故此理想主义是理想主义之虚义。

儒学与佛教属于两种不同意识形态的文化，不同的意识形态，其思维方式就不一样。梁漱溟先生在谈到中国、印度和西方文化的区别时指出，西方文化以意欲向前为主，中国文化以意欲调和持中为主，印度文化以意欲反身向后为主。意欲向前的西方文化解决人与物的关系问题，意欲调和持中的中国文化解决人与人之关系问题，意欲反身向后的印度文化解决人的身与心的关系问题。① 朱谦之也说："以意欲反身向后要求的印度文化即是解脱的知识，也就是我所谓宗教的文化；以意欲自身调和持中的中国文化即是教养的知识，也就是我所谓哲学的文化；以意欲向前要求的西洋文化即是实用的征服自然的知识，也就是我所谓科学的文化。"② 意欲即思维方式，不同的思维方式其人生态度和人生指向不同，由此导致安身立命的方法不同，佛学是通过解脱安顿生命，儒学是通过实践安顿生命，二者是从不同的角度体会人生和生命，由此难免产生分歧和矛盾。

儒学与佛学之间的矛盾是客观存在的，我们既不能忽视，也不能夸大。矛盾及其根源正是不同质文化之特征所在，只有正确地把握了这一点，才能深刻地领悟不同文化的真正内涵，才能正确处理不同民族、不同文化之间的矛盾与冲突。冲突是融合的前提，有冲突才有融合，从而才有发展。正是因为儒学与佛教之间存在着冲突和矛盾，所以才导致张栻对佛教的批判。换言之，张栻对佛教的批评与批判是儒学与佛教冲突的直接体现。考察儒学与佛教的冲突与矛盾，方能更好更深入地理解张栻批评和批判佛教的缘由和意义。

三 儒佛融合的缩影

张栻对佛教的研习和吸收，表明了儒学与佛教之间存在着相似性、互补性，可以相互吸收和借鉴，最终导致二者之融合。那么儒学到底在哪些方面吸收了佛教的思想？佛教又在哪些方面借鉴了儒学的资粮？对该问题的考察有助于我们更好更深刻地理解张栻吸收佛教的深层原因。

（一）儒学对佛教的吸收

佛教比较注重抽象的本体，各部经典都在反复宣讲"实相""真如""法性""如来藏"等范畴，《往生论注》曰："真如是诸法正体。"③《大乘义章》云："法之体性，故云法性。"④ 尽管称谓有异，但都是佛体之异名。天台宗以"实相"作为诸法的本体，世间一切诸法都是实相本体的

---

① 详见梁漱溟《东西文化及其哲学》，商务印书馆2005年版，第60—70页。
② 朱谦之：《文化哲学》，商务印书馆1990年版，第160页。
③ 戒修：《往生论注讲义》，宗教文化出版社2009年版，第532页。
④ 同上。

体现，诸法与实相同体而一体。湛然说："一切诸法皆是法界，无非实相，则诸法皆体。"① 唯识宗以"阿赖耶识"为万法之种子，世间诸法都是由阿赖耶识派生的，甚至出世间也要靠阿赖耶识"转识成智"来证得："依止赖耶识，一切诸种子，心如境界现，是为说世间。"② 华严宗以法界为一切诸法之本体，众生诸佛都是法界称性而起的产物，"法界者，是总相也，包理包事及无障碍，皆可轨持，具于性分；缘起者，称体之大用也"③。禅宗一个最基本的观点是"本心本体本来是佛"，修行以"明心见性"、复见自性之体为归。尽管各宗理论阐述方式有别，但都强调破除执着，开显实相，离妄返真，与体合一。这种强调和注重本体的思维方式对宋明理学影响很大，宋明理学与传统儒学之不同即在于对道德本体的追问与探求。传统儒学比较注重人事和人道，对于天及天道很少进行追问和探求，子贡说："夫子之文章，可得而闻也，夫子之言性与天道，不可得而闻也。"④ 至于夫子为何罕言性与天道，笔者不拟去探讨，我们关注的是子贡道出这样一个事实：孔子注重人事。孟子继承孔子的思想，同样注重人道，故曰尽心知性以知天："尽其心者，知其性也，知其性则知天矣。"⑤ 但是宋明理学的情形则不同，无论是张载的气本论、胡宏的性本论、张栻的太极本体论、朱熹的理本论、陆九渊的心本论等都是对道德形而上本体的追问与探求，即气、性、太极、理、心等范畴都是道德的形而上根据，其性质与意义是完全相同的，只是表述方式不同，或曰只是论证的理路不同而已。兹就张栻的太极本体论进行简单的剖析，以窥见儒学对佛教的吸收，或曰佛教对儒学影响。

首先，张栻认为天地万物生化的根源在于太极："太极动而二气形，二气形而万物化生，人与物俱本乎此者矣。"⑥ 太极是宇宙万物产生的根据，宇宙万物皆太极所有。张栻又言："盖何莫而不由于太极，何莫而不

---

① 湛然：《法华玄义释签》卷二，《大正藏》卷三十三，世桦印刷企业有限公司1994年版，第828页。
② 不空译：《大乘密严经》，《大正藏》卷十六，世桦印刷企业有限公司1994年版，第740页。
③ 澄观：《大华严经略策》，《大正藏》卷三十六，世桦印刷企业有限公司1994年版，第702页。
④ 《论语·公冶长》，《诸子集成》第1册，上海书店出版社1986年版，第98页。
⑤ 《孟子·尽心》，《诸子集成》第1册，上海书店出版社1986年版，第517页。
⑥ 张栻：《存斋记》，《张栻全集》，长春出版社1999年版，第719页。

具于太极，是其本之一也。然有太极，则有二气五行氤氲交感其变不齐，故其发见于人物者，其气禀各异，而有万之不同也。虽有万之不同而其本之一者亦未尝不各具于气禀之内。"① "其本一"之"一"即太极，即本于太极；天地万物是太极的展现，并统一于太极；太极是天地万物的本原。显然，太极在张栻这里是一个形而上的绝对本体范畴，但是随之而来的问题是理、性、心范畴及其与太极的关系，这个问题不解决，张栻的本体论是驳杂不清的。对此，张栻则言："理之自然，谓之天命，于人为性，主于性为心。天也、性也、心也，所取则异，而体则同。"② 这里，张栻已明确指出天、性、心同体异则，这种思维理路与论证方式与佛教的实相（法界）与诸法关系的内涵与实质是基本相同的。其次，张栻认为太极是道德的形而上根据，此点乃太极为宇宙万物本原的自然延伸，宇宙万物自然包含道德在内，故太极是道德的本原是题中应有之义，也是张栻乃至宋明理学关注的重心。"所谓礼者，天之理也，以其序而不可过，故谓之礼。"③ "盖三纲五常，人之类所赖以生而国之所以为国者也，上无礼则失是礼矣。"④ 在张栻的思想体系中，理是太极的转换使用形式，是同样具有本体论意义的一个范畴，关于此点，前文已有详述。把礼视为理，视为天之理，自然而然地把儒家伦理道德上升到天的高度，从而为儒家伦理道德确立了宇宙论和本体论的根据。此处需要注意的是，儒学由先秦注重人道、注重现实人心到宋明理学注重天道、强调对道德本体的追问，这种思维模式之转变在很大程度上源于佛教的影响和启发。⑤ 同时这种本体论的思维模式亦受当时社会现实和时代背景的推助。宋代社会，文化上、观念上受佛教的冲击很大，道德沦丧，纲常扫地，而现实政治中又有少数民族的侵略和对少数民族称臣的耻辱。重整儒家的伦理道德，寻求和确立儒家伦理道德的本体论根据，对宋代儒者而言，是一项不可回避且迫在眉睫的历史任务。当时的社会现实要求宋儒有一种担当意识，有为天地立心的精神。在佛教的刺激和诱发下，在儒学发展的要求和推助下，宋儒从不

---

① 张栻：《孟子说·告子上》，《张栻全集》，长春出版社1999年版，第427页。
② 张栻：《孟子说·尽心上》，《张栻全集》，长春出版社1999年版，第464页。
③ 黄宗羲：《南轩学案》，《宋元学案》卷五十，中华书局1986年版，第1618页。
④ 张栻：《孟子说·离娄上》，《张栻全集》，长春出版社1999年版，第347页。
⑤ 关于此点，详见赖永海《佛学与儒学》，浙江人民出版社1992年版，第23—28页。

同的进路纷纷地为儒家的伦理道德探求和确立本体论上的依据。当然，这一发展趋向也不能排除儒学自身的发展以及其他因素的影响，但此非本书探讨之重，不详述。

唐末以后，由于战争频繁，民生凋敝，官学衰废；即便是已有之官学，亦是"文具胜而利禄之意多，老师宿儒尽向之"①。唐代的书院主要是中央政府设立的藏书机构，故曰官学，但是却孕育了宋代书院——私学的萌芽。宋代，既是佛教寺院遍天下的时期，也是儒学书院蓬勃发展的时期，书院的建设与发展吸取了佛教的诸多经验。士大夫往往选择在清静的山林胜地建屋立舍，读书治经，聚徒讲学，这在很大程度上是受佛教的影响。天下名山僧占多，寺院多建在环境清新幽静的山林之中，书院也傍山或在山上结庐建舍，有的书院甚至直接在僧舍旧址上扩建而来。白鹿洞书院建在江西庐山五老峰南麓，朱熹知南康军时，访寻白鹿洞书院旧址，"观其四面山水清邃环合，无市井之喧，有泉石之胜，真群居讲学、遁迹著书之所。……不复振起，吾道之衰，既可悼惧"。"慨念庐山一带，老、佛之居以百什计"②，可见，朱熹决心修复并主教白鹿洞书院的因缘，一方面是"悼惧吾道之衰"，另一方面就是慨念庐山佛老之盛。象山书院，亦称"象山精舍"，位于江西应天山上，应天山"陵高而谷邃，林茂而泉清"，因其"宛然巨象山"，故陆九渊易其名为象山。朱熹在《衡州石鼓书院记》中说："前代庠序之教不修，士病无所于学，往往相与择胜地，立精舍，以为群居讲习之所。"③ 元人赵介如曾言："书院不趋城阙而于山林，不事科举而专义理之学，先贤之遗规也。"④ 所谓"先贤之遗规"一方面指宋人将书院建立于山寺的习惯，一方面指宋人读书不为科举而专攻义理的治学精神。这种以义理之学为主的书院与以藏书机构为主的书院在功能上发生了很大的变化，成为宋代意义上的书院。

寺院灵活自由的教学方式也影响了书院。寺院在讲经习课之前礼拜佛、法、僧三宝，书院在开坛讲课之前要祭拜先师。象山精舍甚至鸣鼓"揖升讲座"，从容授学；朱熹亦定白鹿洞书院升堂礼，这种礼仪与佛教

---

① 陈谷嘉、邓洪波：《中国书院史资料》，浙江教育出版社1998年版，第109页。
② 朱熹：《白鹿洞牒》，《朱熹集》卷九十九，四川教育出版社1996年版，第5056页。
③ 朱熹：《衡州石鼓书院记》，《朱熹集》卷七十九，四川教育出版社1996年版，第4123页。
④ 王昶：《天下书院总志》卷五，台北广文书局1974年版，第45页。

升堂讲经之形式极为相似。讲课之前的礼仪是严肃而神圣的，讲课的气氛却是活跃和自由的。以岳麓书院为例，张栻主教岳麓书院后，对书院的教育宗旨、教育内容以及教学方法等各方面进行了全方位的改革，提出了一整套全新的教育方案，为当时的书院注入了一股新风。张栻提出"传道济民"的教育宗旨："岂特使子群居族谈，但为决科利禄计乎？亦岂使子习为言语文辞之工而已乎，盖欲成就人材，以传斯道而济斯民也。"[①] 教育的目标不是为了功名利禄，也不是为了培养言语文辞之"专家"，而是为了培养传道济民、治国安邦的"实用"人才。书院教学方法灵活多样，讲论问辩；讲学方式公开透明，参与讲学者或几日或数月不等；听学者来去自由，可以到不同书院、听不同的学者讲学，亦如佛教的公开讲经、游学参禅，不限于一师、一寺，从宋儒现存的《语录》《语类》《或问》等中亦可以明显地感受到佛教影响的痕迹。另外，书院在管理模式上也不同程度地借鉴了寺院的做法。众所周知，佛教具有比较完备的规章制度、比较严格的戒规戒律，如怀海禅师的《百丈清规》、宗赜禅师的《禅院清规》等，都对寺院的生活、修行、学习等各方面进行了严格的规定。寺院是院主（住持）负责整个寺院全部事宜，下设"四大班首"和"八大执事"[②]；书院实行山长负责制，下设副讲、堂长、管干、讲书等协助山长工作。岳麓书院在当时山长虚设的情况下，张栻全面负责书院的行政事务并担任主讲；朱熹担任白鹿洞书院山长，全权负责书院的行政和教学事务。同时书院制定的院规和学规，很多也受禅林清规的启发，朱熹与陆九龄讨论制定白鹿洞书院学规之事时，提出"只做禅院清规样亦自好"[③]。

宋代书院无论从其制度、管理、功能以及教学方式等各方面，都有佛教寺院影响的痕迹。诚然，书院的形成与发展因素很多，有政治、文化上的原因，但也不可忽视佛教的影响。在佛教传入中国后，寺院便逐渐成为学术讨论的基地，成为儒佛之间交流与对话的场所；而且很多儒者在寺院讲学，庐山结社便是一个典型的范例。正是在佛教的影响下，宋代建立了一批书院，而书院的建立又推动了理学的传播和发展。

---

① 张栻：《潭州重修岳麓书院记》，《张栻全集》，长春出版社1999年版，第695页。
② 四大班首：即首座、西堂、后堂、堂主，主要协助住持处理寺院的行政事务。八大执事：监院、知客、僧值、维那、典座、寮元、衣钵、书记，主要负责寺院的日常事务。
③ 朱熹：《白鹿洞牒》，《朱熹集》卷九十九，四川教育出版社1996年版，第5056页。

毋庸置疑，儒学在发展创新的过程中，在与佛教交往斗争的过往中，借鉴和吸收了佛教的诸多思想和经验，诚如朱熹所言："明道适僧舍，见其方食，而曰：三代威仪尽在是矣，岂真欲入丛林耶？胡文定所以取《楞严》、《圆觉》，亦恐是谓于其术中尤有可取者，非以为吾儒当取之以资己学也。"① 实际上，不惟程颢、胡安国，包括张栻在内，很多理学家都不同程度地吸收了佛教的资粮。这种吸收正是源于佛教与儒学存在着共性和互补性，此为理学家借鉴佛教提供了可能，亦是理学家吸收佛教思想的深层原因。

(二) 佛教对儒学的借鉴

佛教作为一种外来文化，在传入中国的过程中，也潜移默化地吸收了中国文化的很多思想，吸收了儒家的诸多资粮。心性论是儒家思想的核心问题，孟子可以说是先秦心性论的代表，他提出四端非由外铄，而是良知良能②。从这个意义上而言，人心即是人性，人性与人心本是二而一的东西。心与性的关系是心以知性，尽心方能知性，从而才能事天："尽其心者，知其性也。知其性，则知天矣。存其心，养其性，所以事天也。"③ 西汉时的董仲舒以质言性，提出著名的"性三品"说："圣人之性，不可以名性；斗筲之性，又不可以名性；名性者，中民之性。"④ 上、下两品即圣人和斗筲都不足以言性，只有中品——中民之性能够言性，因为中民之性具有"天朴之质"。值得注意的是，董仲舒引入"情"之范畴："身之有性情也，若天之有阴阳也。言人之质而无其情，犹言天之阳而无其阴也。"⑤ 性与情不可分，言性不离情，这一思想为降后心性论的发展奠定了理论基础。魏晋玄学时期围绕名教与自然的关系问题谈有说无，讨论名教是出于自然还是违于自然，名教出于自然即是道德出于人性，反之即是违于人性。究其实还是探讨道德与人性的关系问题，其讨论的主题仍

---

① 朱熹：《答汪尚书》第 2 书，《朱熹集》卷三十，四川教育出版社 1996 年版，第 1266 页。
② "人之所不学而能者，其良能也；所不虑而知者，其良知也。孩提之童，无不知爱其亲者，及其长也，无不知敬其兄也。"（《孟子·告子上》）
③ 《孟子·尽心上》，《诸子集成》第 1 册，上海书店出版社 1986 年版，第 517 页。
④ 苏舆：《春秋繁露义证·实性》，中华书局 1992 年版，第 311 页。
⑤ 同上书，第 299 页。

离不开人性、心性问题。降及宋代理学，心性论思想更是百家殊唱，精彩纷呈。张载提出"心统性情"："心统性情者也，有形则有体，有性则有情。发于性则见于情，发于情则见于色，以类而应也。"[①] 程颐认为"心分体用"："心一也，有指体而言者，寂然不动是也；有指用而言者，感而遂通天下之故是也。"[②] 胡宏指明"性体心用"："圣人指明其体曰性，指明其用曰心。性不能不动，动则心矣。"[③] 张栻主张"心主性情"："自性之有动谓之情，而心则贯乎动静而主乎性情者也。"[④] 陆象山"发明本心"："其教人以发明本心为始事，此心有主，然后可以应天地万物之变。"[⑤] 朱熹吸收百家而概括为："心兼体用而言，性是心之理，情是心之用。"[⑥] 纵观中国思想史，尤其是理学史，几乎都围绕心性问题而发，都在探讨心性问题。而宋代又是儒佛交游、交锋频繁的历史阶段。

佛教在与儒学交涉的过程中，自觉不自觉地吸收了儒家的心性论思想，使佛性理论呈现出一种心性化的倾向，尤其在唐宋以后，佛性理论心性化的倾向更加明显。众所周知，佛教以成佛为指归，而佛性是成佛的关键；佛性即佛的体性，是一个具有浓厚本体意义、极其抽象的范畴，通译为成佛的可能性。考诸印度佛教史，都强调和注重佛性这个抽象本体，只是表述不同而已。关于此点，前文已述。但是，佛教传入中土之后，受中国文化的影响，不再仅仅抽象地谈佛性，而是以心、性论佛，出现一种佛性心性化的倾向，天台宗智𫖮曾说："心是诸法之本，心即总也。"[⑦] 华严宗则直言："一切法皆唯心现，无别自体，是故随心回转，即入无碍。"[⑧] "心心作佛，无一心而非佛心。"[⑨] 禅宗的心性论色彩更浓厚，其主要经典

[①] 张载：《性理拾遗》，《张载集》，中华书局1978年版，第374页。
[②] 程颢、程颐：《河南程氏文集》卷九，《二程集》，中华书局1981年版，第609页。
[③] 朱熹：《胡子知言疑义》，《朱熹集》卷七十三，四川教育出版社1996年版，第3866页。
[④] 张栻：《答吴晦叔》，《张栻全集》，长春出版社1999年版，第952页。
[⑤] 黄宗羲：《象山学案》，《宋元学案》卷五十八，中华书局1986年版，第1888页；又见全祖望《淳熙四先生祠堂碑文》，《鲒埼亭集外编》卷十四。
[⑥] 黎靖德编：《朱子语类》卷五，中华书局1994年版，第97页。
[⑦] 智𫖮：《法华玄义》卷一，《大正藏》卷三十三，世桦印刷企业有限公司1994年版，第685页。
[⑧] 法藏：《华严经旨归》，《大正藏》卷四十五，世桦印刷企业有限公司1994年版，第595页。
[⑨] 法藏：《华严经探玄记》卷一，《大正藏》卷三十四，世桦印刷企业有限公司1994年版，第107页。

《坛经》以心、性释佛的思想随处可见："汝今当信佛知见者，只汝自心，更无别佛"①，"我心自有佛，自佛是真佛；自若无佛心，何处求真佛，汝等自心是佛，更莫狐疑"②，"自性迷即是众生，自性觉即是佛"③。受儒家心性论思想的影响，佛教以心释佛、以性解佛成为各宗派发展的一个趋势，佛性问题不再晦涩和抽象，不再虚无和缥缈，而变得简明和具体，真实而可行。心即是佛体，自性即佛，成佛便是对自心自性的证修，这样由对菩萨的崇拜转而为对自心、自性的认可。在一定意义上，修行的证悟成为一种道德的自觉，他律的宗教转为自律的宗教。

儒学在本质上为道德哲学，儒学的旨归即是通过自身的道德修养而达到成德成圣，成为一个道德高尚而完满之人。这一点对佛教影响很大。沙门以前不敬王，但是佛教在传入中国以后，就展开了一场关于沙门是否敬王的争论，这场争论表面上是佛教与政治的冲突问题，实际上是佛教需不需要遵守中国传统文化的伦理道德问题。孝与忠是儒家生活中最基本、最核心的伦理道德，敬王则体现为忠；不敬王则是对儒家伦理道德的挑战。辩论的结果不言而喻，佛教为了能够在中国发展，不得不向儒学妥协。这种"妥协"在一定意义上便是被动地吸收。降及唐宋，这种状况明显改变，不但没有类似激烈的争论，而且沙门高僧大讲特讲伦理道德。百丈怀海（720—814）在其《百丈清规》中明确规定佛门首座必须以德业兼修者当之："禅门所谓首座者，必择其己事已办，众所服从，德业兼修者充之。"④ 宋代契嵩（1007—1072）的佛教思想之道德化、伦理化最具影响、最具代表性，其著作《孝论》《原教》是阐述佛教伦理化的重要作品。契嵩认为佛教与儒家的宗旨和目的是相同的，皆是劝人为善，只是劝善的方法不同而已，很多伦理道德虽然发端于儒家，但却在佛教中广泛地推行与实施："皆造其端于儒，而广推效于佛。"⑤ 可见，契嵩对儒家伦理道德吸

---

① 《坛经》，赖永海主编《佛教十三经》本，中华书局2013年版，第110页。
② 同上书，第189页。
③ 同上书，第68页。
④ 德辉：《敕修百丈清规》，《大正藏》卷四十八，世桦印刷企业有限公司1994年版，第1130页。
⑤ 契嵩：《万言书上仁宗皇帝》，《镡津文集》卷八，上海古籍出版社2016年版，第160页。

收程度之深。诚然,契嵩的佛教伦理观是出于护教的立场,其主动吸取儒家的思想,目的是为佛教的发展注入生机。

儒学吸取佛学,佛学亦吸收儒学,二者互相吸收,相互影响,在互动中谋求各自的发展。这种相互吸收与互动究其实是儒佛之间的会通与融合,因此在宋代产生了很多儒佛融合的作品,如《禅林宝训》《居士分灯录》《居士传》等。《禅林宝训》主要是关于立身、处世、修学、住持之道,此书历来盛行于禅林,但同时被理学誉为宝典;《居士传》《居士分灯录》是对士大夫出入佛教及其佛学思想的记录,是士大夫佛学思想历程的真实再现,是儒佛关系在新的历史时期所呈现出的新特征。

总之,儒学与佛学既有冲突,又有融合;既存在矛盾,又互相吸收。二者相互影响,彼此交涉,势必使得儒佛之间的界限变得越来越"模糊",尤其是在宋代儒佛趋于融合的背景下,有些学者便"迷失"了方向。就是在这样的历史条件和文化背景下,张栻在与佛教交游的过程中却始终保持着清醒的头脑,吸收佛教,评判佛教,对儒佛关系进行了艰难的分判和细致的梳理,为当时沉陷于佛教、迷茫于儒佛分际的士大夫指明了方向。毫无疑问,张栻是当时士大夫出入佛教的一个典型代表,在与佛教交游的过程中,吸收了佛教的诸多因子,进一步丰富和完善了自己的思想体系;站在儒家的立场上,他又对佛教之"弊端"进行了批判,从而厘清了儒佛之间的界限,其与佛教之关系是儒学与佛学关系的一个缩影。由此不难发现,儒佛之间具有的融合性是张栻吸收佛教的深层原因,而二者之间的冲突导致了张栻对佛教的批判。

莲池大师云:"儒佛二教圣人,其设化各有所主,固不必歧而二之,亦不必强而合之。……若定谓儒即是佛,则六经、《论》、《孟》诸典灿然备具,何俟释迦降诞达磨西来?定谓佛即是儒,则何不以《楞严》、《法华》理天下?而必假羲农尧舜创制于其上,孔孟诸贤明道于其下,故二之合之其病均也。虽然,圆机之士,二之亦得,合之亦得,两无病焉,又不可不知也。"[1] 儒佛既有区别又有联系,这是客观事实,故不必强为之分与合,但圆机之士,不受分合之限,分之亦得,合之亦得,分合决于

---

[1] 莲池大师:《竹窗二笔·儒佛配合》,《莲池大师全集》,金陵刻经处藏版2000年版,第3877页。

人。张栻吸收佛教批判佛教收放自如，分合自在，教随人转，但很多士大夫却是人随教转，不能自拔以至于迷失方向。张栻毅然肩起时代的使命，艰难地爬梳儒学与佛学之间的区别。究其实，学术研究重在文化之间的差异性，差异性是文化百花竞放的基础和前提。张栻对儒佛之间差异性的梳理客观上为儒学和佛学的"独立"发展廓清了道路；只有各自"独立"地发展，才会互相吸收和彼此影响，从而才会有成长。这是张栻佛教观的历史意义和文化价值所在。

第八章 张栻的影响及地位

第一节 张栻思想的特征

张栻是南宋时期重要的思想家、教育家和政治家,其思想丰富而深刻。在生命成长的历程中,在不断的总结反思中,在与学者的交流讨论中,他逐渐形成了自己的思想体系和自身的学术特色。

笔者将张栻置于宋明理学史乃至于中国思想史发展之长河中考察,是为尽可能客观而全面地展现张栻的思想及其精神。作为理学大家,张栻以问题为中心,以道学为己任,潜心致力于理学的研究,其思想的成长与发展是其独立思考和参究之结果,重要的是,这种思考与参究,不仅立足于学术本身,而且立足于社会现实,是其思想发展之自觉要求和必然趋向,是当时社会和时代之必然要求和客观反映。因此,张栻的思想到底属于胡宏之"湖湘学",还是归于朱熹之"闽学",已不重要。学术不一定分门别户才称其为学术,不一定固守师说才称其为继承和发展;换言之,门户不应成为学术与思想的评判标准。张栻在继承胡宏思想的基础上,又有自主的创新和发展。由此,不仅招致湖湘学派的批判,也使得朱熹或欣赏或质疑,诸学者之态度充分说明了张栻思想独立发展之心路历程。当然,张栻思想亦离不开其他学者尤其是朱熹的影响,但这种影响终究是一种外因;外因的重要作用代替不了内因的决定作用,切不可将其夸大,更加不能将其绝对化。[1]

---

[1] 简宗修在其硕士学位论文中说:"南轩之转变,全受朱子影响,这是无可怀疑的。"(《张南轩研究》,台湾大学硕士学位论文,1973年,第123页。)同时引录朱子门人陈淳之语为证:"如陆学,从来只有尊德性底意思而无道问学底工夫,盖厌繁就简忽下趋高者,其所精要处,乃阴窃释氏之旨而阳托诸圣人之传,确然自立一家。文公向日最欲挽而归之正,而偏(转下页注)

全祖望在《南轩学案》中案:"南轩似明道,晦翁似伊川。向使南轩得永其年,所造更不知如何也。北溪诸子必欲谓南轩从晦翁转手,是犹谓横渠之学于程氏者。欲尊其师而反诬之,斯之谓矣。"① 以明道和伊川类比南轩和朱子,明道和伊川是兄弟,其思想尚且有别,南轩与朱子之思想差别不言而喻。"北溪诸子"主要指陈淳等朱子门人,朱子门人认为南轩思想是从朱子"转手",本欲尊敬自己的老师,但这样的做法反而诬陷了自己的老师。全祖望的评价可谓客观亲切又寓意深远,某种程度上,"转手"一语亦可借为当前学术界对张栻与朱熹学术关系的"定位"。张栻与朱熹两人不仅私交至深,而且志同道合,虚心相与,以身任道,互相影响是自不待言。这种影响不仅说明了两人思想成长之历程,同时亦体现了理学发展之过程,理学正是在学者之间不断之切磋中走向成熟和完善的。这是二人对理学、对中国思想发展的贡献。但是,作为学术研究,我们必须注意二者思想之歧异,这是由学术研究之性质决定的,是学术研究之必然要求。事实上,两人思想确实存在着一定之差异,否则便不存在切磋与争论,便不存在相互影响的问题。"此一百一十八条者,特一时各抒所见,共相商榷之言,未可以是为栻病。且二十三条之外,栻不复改,朱子亦不复争,当必有涣然冰释,始异而终同者,更不必执文集旧稿,以朱子之说相难矣。"② "一百一十八条"是朱熹对于张栻的《论语解》提出了一百一十八条修改意见,值得注意的是,张栻只接受了其中的二十三条:"从朱子改正者仅二十三条,余则悉仍旧稿",并且张栻坚持己见到最后:"二十三条之外,栻不复改",朱熹见张栻如此坚持己见,自己亦"不复

(接上页注)执牢不可破;非如南轩之资,纯粹坦易,一变便可至道也。"(陈淳:《与姚安道》,《北溪大全集》卷三十一,四库全书集部第 1168 册,第 743 页。)笔者认为此观点有待商榷。张栻的转变,是其自己"省过矫偏"的必然结果,是其思想成长发展的必然规律;当然离不开朱熹的影响,但"全受朱子影响"未免不符合史实和事实。另外,朱熹对陆学和南轩学之态度是不同的,对陆学多持批评,对南轩学虽有批评,但多中肯和服膺。朱熹对陆学和南轩学态度之差异本身就说明南轩思想与其有更多谋合处,而象山思想与其有诸多相异处,此是研究朱、张、陆思想及其关系之前提条件。学者之间观点有相合之处或相异之处,这很正常,但我们不能断然曰"全受"某人之影响。

① 黄宗羲:《南轩学案》,《宋元学案》卷五十,中华书局 1986 年版,第 1609 页。
② 王云五主编,永瑢等撰:《癸巳论语解提要》,《四库全书总目提要》(七),商务印书馆 1939 年版,第 170 页。

争"。这是两位具有思想个性的学者，皆不肯轻易"附和"依从于他人，都为自己的"真理"而坚定地坚守。《论语解》脱稿于乾道九年（1173），是张栻的代表作，是其思想成熟的标志性作品，颇得朱熹的肯定。一部颇得朱熹肯定的作品，他都提出了一百一十八条意见，其他作品就可想而知了，由此足见两人思想之分歧。对此，《四库全书总目》的评价非常客观："未可以是为栻病。"不要认为这是张栻的毛病，更不要以朱熹的观点责难张栻，"更不必执文集旧稿，以朱子之说相难矣"，只不过是两人观点不同罢了。张栻与朱熹都是南宋时期重要的思想家、学术界之领袖人物，因此不能说其中一个思想之变化全受另外一个之影响，甚至从某个人"转手"，谁受谁的影响，都不足以用"转手"一语。查阅《朱熹集》和《南轩集》及相关资料，朱熹与张栻本人亦无有此意，只是后人妄加之而已。实际上，真正决定一个思想家思想及其变化的是其个人之生命历程及当时的社会历史环境，此是构建思想体系之关键。

深远中蕴含着平实，平实中体现着深远，这是张栻思想总的特征。这种特征贯穿于张栻思想的各个方面，如本体论上坚持形而上与形而下的一体以及道器不两离；工夫论上强调居敬与穷理并进；知行观上主张知与行互发等。深远与平实相结合的特征，使得张栻的思想在南宋理学群儒辈出中既有别于朱熹，又不同于陆九渊，而自成一家，别具特色。因此，切不可将张栻的思想分作两截看，只看上面一截，则显得迂阔；只看下面一截，便显得粗浅，这两种倾向都是张栻所反对的。只有整体地全面地看待和把握张栻的思想，才能真正体悟和领会其思想的真谛和特征。朱熹评价："盖玩索讲评，践行体验，反覆不置者十有余年，然后昔之所造深者益深，远者亦远，而反以得乎简易平实之地。"[1] 黄宗羲誉称："南轩之学，得之五峰，论其所造，大要比五峰更纯粹。盖由其见处高，践履又实也。"[2] 孔炜在《南轩先生张宣公谥议》中说：

> 公丞相魏国忠献之嗣子，五峰先生胡公之门人也。钟美萃灵，英

---

[1] 朱熹：《右文殿修撰张公神道碑》，《朱熹集》卷八十九，四川教育出版社1996年版，第4546页。在《张南轩文集序》中，朱熹亦称："其见于言语文字之间，始皆极于高远，而足反就于平实。"（《张南轩文集序》，《张栻全集》，长春出版社1999年版，第1234页。）

[2] 黄宗羲：《南轩学案》，《宋元学案》卷五十，中华书局1986年版，第1635页。

特迈往。亲承忠孝之传，讲切义理之学。慨念孔孟既没，正论沦郁，言道德者溺虚无，尚功利者急变诈，而儒者功用泯然无见于世，去古愈远，流靡日激。宋兴百年，河南二程始唱明道学，开迪人心，由是圣贤不传之绪，赖公复绪。然俗之久安者难变，理之仅明者易微，公为此惧，毅然以斯文为己任，採摭遗书，寻绎精义，居敬穷理以立本，开物成务以致用。其学极于广大高远，究其归则不离于简易笃实。故凡见于言语文字之间，职守事功之会，无非爽闿明白，务实求是。……公平生大节所以蔽天地而不惭，质鬼神而无疑者，其学自不欺始。盖理之实然者，谓之不欺。公能存此心，充此理，任重道远，无强自然，讲于己者为实学，复于君者为实德，建于利者为实力，笃志明善以知之，鞠躬尽力以行之。夫是以天下无不可为之事，临事无不可成之功，而儒者有益于人之国，信矣夫！唐人有言曰："上不负天子，下不负所学"，其斯之谓与？①

"谥议"中数次提到"实"字，足以说明张栻能够极于广大高远而归于简易平实，此实属不易，因而难能可贵。不难发现，不同时期、不同学者对张栻思想的评价几乎惊人的一致。我们通过对张栻思想的梳理与分析，更加真切地感觉到深远与平实完美有机的结合，确实是张栻思想的亮点和特点。

第二节　张栻在当时的地位

张栻作为南宋乾道、淳熙时期重要的学者和湖湘学派重要的学术领袖，在当时与朱熹齐名，与朱熹、吕祖谦并称"东南三贤"。周密

---

① 孔炜：《南轩先生张宣公谥议》，载李心传编《道命录》卷八，中华书局1985年版，第97页。杨汝明在《覆议》中称："公以尧舜军民之心振一世沉溺，以孔孟性理之学起一世膏盲。……自周公、孔子以至于孟子，厥后罕传。虽间有经生文士，性提是谈，体用未明，或相矛盾。宋兴百年，濂溪、二程明于前，吕、谢、游、杨扶持于后，义理贯彻，复出前儒。公与晦庵朱氏出而嗣之，相为师友，于是演洫溥博，丕阐于世，得其大者足以名当世，得其小者亦足善一身。考论渊源所自，公力居多。"（杨汝明：《南轩先生张宣公覆议》，载李心传编《道命录》卷八，中华书局1985年版，第98—99页。）

(1232—1298)称:"伊洛之学行于世,至乾道、淳熙间盛矣。其能发明先贤旨意,溯流徂源,论著讲解卓然自为一家者,惟广汉张氏敬夫、东莱吕氏伯恭、新安朱氏元晦而已。……盖孔孟之道,至伊洛而始得其传,而伊洛之学,至诸公而始无余蕴。必若是,然后可以言道学也已。"① 在张栻倡领下,湖湘学派成为当时远近闻名的学术派别,成为当时的"显学",黄宗羲称:"湖南一派,在当时为最盛,然大端发露,无从容不迫气象。自南轩出,而与考亭相讲究,去短集长,其言语之过者,裁之归于平正。"② 尤其在张栻主教岳麓书院期间,岳麓书院名震天下,成为"四大书院"之首,湖湘学派闻名天下,各地学者"以不得卒业湖湘为恨"。在研学、讲学的同时,张栻还培养众多弟子,全祖望说:"宣公身后,湖湘弟子有从止斋(陈傅良)、岷隐(戴溪)游者;然如彭忠肃公(彭龟年)之节概,吴文定公(吴猎)之勋名,二游文清、庄简公(游九言、游九功)之德器,以至胡盘谷(胡大时)辈,岳麓之巨子也。再传而得漫塘(刘宰)、实斋(王遂)。谁谓张氏之后弱于朱乎?"③ 李肖聃说:"南轩讲学于岳麓,传道于二江湘蜀,门徒之盛,一时无两。"④ 在某种意义上,张栻在当时的地位和影响不在朱熹之下,甚至高于朱熹。在张栻的带领和诸儒的努力下,湖湘学派成为以注重经世致用为主要特色的学术派别,并且这种注重经世致用、强调实践的学风和精神源远流长。

朱熹(1130—1200)早期服膺于湖湘学派,对张栻的学问非常佩服,称其"名质甚敏,学问甚正"⑤。"钦夫学问愈高,所见卓然,议论出人意表,近读其语说,不觉胸中洒然,诚可叹服!"⑥ 朱熹与张栻有长达十六年的学术交往,据今存二人文集所载,朱熹致张栻之信函55件,张栻致朱熹之信函73件,答问25件。两人就理学中的一些重要问题,诸如太极、已发未发、心性关系、为学问道之方法及其次序等问题进行了深刻的切磋、广泛的交流和激烈的论辩,使朱熹受益匪浅。这一点从朱熹之书信

---

① 周密:《齐东野语》卷十一,中华书局1983年版,第202页。
② 黄宗羲:《南轩学案》,《宋元学案》卷五十,中华书局1986年版,第1611页。
③ 黄宗羲:《岳麓诸儒学案》,《宋元学案》卷七十一,中华书局1986年版,第2368页。
④ 钱基博、李肖聃:《近百年湖南学风·湘学略》,岳麓书社1985年版,第130页。
⑤ 朱熹:《答罗参议》,《朱熹集·续集》卷五,四川教育出版社1996年版,第5237页。
⑥ 朱熹:《与曹晋叔》,《朱熹集》卷二十四,四川教育出版社1996年版,第1027页。

中可以看出:"我昔求道,未获其友。蔽莫予开,吝莫予剖。盖自从公而观于大业之规模,察彼群言之纷纠,于是相与切磋以究之,而又相厉以死守也。"① 因此,张栻的逝世,给朱熹以沉重的打击,他倍感道之孤独与无助:"钦夫之逝,忽忽半载。每一念之,未尝不酸噎。……盖钦夫向来尝有书来,云见熹诸经说,乃知闲中得就此业,殆天意也。因此略述向来讲学与所以相期之意,而叹吾道之孤且穷,于钦夫则不能有所发明也。"② 在此,我们一方面可以看出朱熹对张栻的怀念和思念之情,另一方面可以看出张栻对朱熹学业的进步和思想的成长具有很大的启发和推助作用,在与张栻的交流论辩中,朱熹才"有所发明"。黄宗羲亦云:"朱子生平相与切磋得力者,东莱、象山、南轩数人而已。东莱则言其杂,象山则言其禅,惟于南轩,为所佩服。一则曰:敬夫见识卓然不可及,从游之久,反复开益为多;一则曰:敬夫学问愈高,所见卓然,议论出人表。近读其语,不觉胸中洒然,诚可叹服。"③ 在当时众多的学者中,朱熹对他们都颇有微词,甚至批评,唯独佩服张栻。可见,张栻对于朱熹的影响不言而喻。正如任继愈先生所说:"张栻的仁说、中和说、已发未发说,对朱熹的哲学体系形成影响很大。"④ 正是与张栻的交流、切磋和论辩,朱熹才逐渐形成并完善了其博大精深的思想体系,从这个意义上而言,没有张栻,便没有朱熹,便没有朱熹思想的集大成。当然,二人的学术交流与切磋论辩,对张栻思想的成长也起到了一定的促进作用。客观上,推动并完善了宋代理学之发展与繁荣。

　　张栻对著名诗人和思想家杨万里(1127—1206)的影响颇深。杨万里起初欲习宏词科,后遇张栻,改习德行科,人生理想和志向发生改变,罗大经《鹤林玉露》载:"杨诚斋初欲习宏词科,南轩曰:'此何足习,盍相与趋圣门德行科乎?'诚斋大悟,不复习。"⑤ 张栻一语点醒杨万里,从而使杨万里日后学问名噪天下。杨万里对张栻的学问以及人品非常欣赏

---

① 王懋竑:《朱熹年谱》,中华书局1998年版,第99页。
② 朱熹:《答吕伯恭》,《朱熹集》卷三十四,四川教育出版社1996年版,第1503页。
③ 黄宗羲:《南轩学案》,《宋元学案》卷五十,中华书局1986年版,第1635页。
④ 任继愈:《致首届张栻学术讨论会贺信》,收录于《天府新论》1992年第2期。
⑤ 罗大经:《鹤林玉露》甲编卷三《德行科》,中华书局1983年版,第47页。

和佩服,誉称张栻"名世之学,王佐之才"①,又称:"圣域有疆,南轩拓之,圣门有钥,南轩扩之;圣田有秋,南轩获之。"② 二人平生交往密切,且交情极为深厚,既有学术上的交流切磋,又有政治上的相同立场以及对政治问题的远见卓识。张栻因反对近臣执政而触忤宰相虞允文,乾道七年(1171)被贬知袁州;杨万里据理力争,抗章挽留,又致书虞允文,以公利正理相劝之,反复申明张栻不可去位,深为世人所称道。

  吕祖谦(1137—1181)对张栻亦尤为嘉许,与张栻之学术交往也比较频繁,称其"举措详审,问学平正而又虚心从善,善类中甚难得也"③。尤其是乾道六年(1170),张栻被召为尚书吏部员外郎,兼权左右司侍立官,兼侍讲,除左司员外郎,吕祖谦除秘书郎、兼国史院编修官,实录院检讨官。二人在临安百官宅同巷而居,共为夜课,不仅共同讨论张载之《西铭》④,而且就为学进德之工夫次第问题进行了充分的交流与探讨⑤。吕祖谦在给朱熹的信中说:"荆州之赴,深思渠学识分晓周正如此,而从游之士往往不得力。记得往年相聚时,虽未能尽领解渠说话,然觉得大段有益。"⑥ 盖张栻立言较高,故从游之士往往不得力,但细味其言,则意味深长。这种学术交往给吕祖谦带来了很深的影响:"昔者某以郡文学事公于严陵,声同气合,莫逆无间。自是以来,一纪之间,面讲书请,区区一得之虑,有时自以为过公矣。及闻公之论纲举领挈,明白严正,无缴绕回互激发偏倚之病,然后释然心悦,爽然自失,邈然始知其不可及。此某所以愿终身事公而不去者也。"⑦ 吕祖谦希望终身与张栻交游请益,"终身事公而不去",足见其对张栻的敬重以及张栻对其影响之深。

---

 ① 杨万里:《张钦夫画像赞》,《诚斋集》卷九十八,商务印书馆2006年版,第859页。
 ② 杨万里:《祭张钦夫文》,《诚斋集》卷一百二,商务印书馆2006年版,第876页。
 ③ 吕祖谦:《答潘叔度》,《吕祖谦全集》,浙江古籍出版社2008年版,第497页。
 ④ 胡宗懋《张宣公年谱》云:"公自省中归,读《西铭》。寓舍与吕公伯恭所居相望,八月,约共为夜课。"(《张宣公年谱》卷上,胡氏梦选楼丛刊本,载《宋人年谱丛刊》,四川大学出版社2003年版,第6291页。)吕祖谦在给戴在伯的信中也说:"某所居乃在旧王承宣园,今号东百官宅,正与张丈寓舍相望,于讲论甚便。"(《张宣公年谱》卷上,胡氏梦选楼丛刊本,载《宋人年谱丛刊》,四川大学出版社2003年版,第6292页。)
 ⑤ 参见张栻《寄吕伯恭》,《张栻全集》,长春出版社1999年版,第891页。
 ⑥ 吕祖谦:《与朱侍讲》,《吕祖谦全集》,浙江古籍出版社2008年版,第433页。
 ⑦ 吕祖谦:《祭张荆州文》,《吕祖谦全集》,浙江古籍出版社2008年版,第135页。

南宋事功学派著名代表人物陈亮（1143—1194）也给予张栻极高的评价，称其为"一世学者宗师"①，又说："往时广汉张敬夫、东莱吕伯恭于天下之义理，自谓极其精微，而世亦以是推之，虽前一辈亦心知其莫能先也。余犹及见二人者，听其讲论，亦稍详其精深纡余。"② 张栻学问精微，世人推尊，即使是前一辈学者亦觉得"莫之先"，故陈亮以"一世学者宗师"誉张栻。陈亮之评价，既客观公允又空前绝后，一定意义上，成为学术界对张栻的"定评"，后世学者常以陈亮此语评价张栻。

宋代蜀学蓬勃发展，张栻亦功不可没。张栻在绅绎理学、理政为官的同时，培养了一大批弟子，尤以湖湘和川蜀弟子居多；虞刚简、魏了翁则因仰慕张栻，而私淑之；张栻讲学湖南时，很多川蜀弟子跋山涉水不远万里来问师求学。这些弟子学业有成后返蜀传道授业，大力弘扬张栻思想，使得蜀学一时间蔚然壮观。在众多川蜀弟子中，陈平甫是比较早从张栻问学的，在他的带动下，很多川蜀弟子从学张栻，为张栻之学返传川蜀、蜀学大盛打下了坚实的基础。对此，黄宗羲说："蜀士除宇文枢密（绍节）外，尚未有从南轩游者，平甫请益最先；自是，范文叔（仲黼）、范季才（荪）始负笈从之，则皆平甫倡导之功也。"③ 黄宗羲还认为淳熙、嘉定而后，蜀士宵续灯、雨聚笠以从事于南轩之书，亦是"平甫之功"。④

范文叔，名仲黼，《宋元学案》载："初，南轩虽蜀产，而居湖湘，其学未甚通于蜀，先生（范文叔）始从南轩学，杜门十年，不汲汲于进取，鹤山谓其'剖析精微，罗络隐遁，直接五峰之传'；晦翁、东莱皆推敬之。后以著作郎知彭州，学者称为月舟先生。晚年讲学二江之上，南轩之教遂大行于蜀中。"⑤ 在范文叔的带动下，范子长、范子该、范荪皆从南轩学，时人谓之"四范"；"二江"即江、沱两河，两河双流绕成都而汇于城东合江亭下，文叔于此大力传播南轩之学，当时参与讲学的还有宋

---

① "乾道间，东莱吕伯恭、新安朱元晦及荆州（张南轩）鼎立，为一世学者宗师。"（陈亮：《与张定叟侍郎》，《陈亮集》卷二十一，中华书局1974年版，第322页。）
② 陈亮：《跋朱晦庵送写照郭秀才序后》，《陈亮集》卷十六，中华书局1974年版，第202页。
③ 黄宗羲：《二江诸儒学案》，《宋元学案》卷七十二，中华书局1986年版，第2409页。
④ 同上。
⑤ 同上书，第2410页。

德之、薛绂、邓谏从、虞刚简、程遇孙,时人称之"二江九先生",而以范文叔为学术领袖。南轩对范文叔也非常欣赏,曾为其斋作铭①,鼓励后学,嘉其心志。范氏之学是"南轩后一大派",对南宋后期著名理学家魏了翁的思想及其生命的成长影响较大,引领魏了翁走进圣学之门,并终于成为南宋后期理学的殿军人物。

私淑南轩、最得南轩学之精神的是虞刚简。虞刚简乃虞允文之孙,"二江九先生"之一,一生"未尝得登朝",潜心于南轩之学,并在成都筑建沧江书院,授徒讲学:"士之请益有肩摩袂蜀,谒无留门,座无虚席,灶无停炊,自二十年来,知与不知,皆曰沧江先生。"② 虞刚简在简州立周、张、二程四先生祠堂,魏了翁为之作记。虞刚简与魏了翁交往密切,而且二人有着共同的学术立场:"昔者虞侯仲易尝为我言:'伊洛之学,非伊洛之学,洙泗之学也;洙泗之学,非洙泗之学,尧舜三代之学也。'余以其言为然。"③ 二人的学术活动对南宋后期理学的发展有着极为重要的作用,虞刚简倾其心力"尽阐胡安国父子以至张栻所讨论于岳麓者而致精焉","学非空言,而才济实用"④ 便是虞刚简对张栻经世致用思想的继承与发扬,其学术活动在当时影响非常大。

张栻弟子遍天下,川蜀弟子无数计,除上文提到的之外,著名者还有很多,篇幅所限,不一一列举。正如夏君虞所说:"南轩一人站住了蜀学和湖南学两席。"⑤ 杨东莼也说:"南轩之学,盛行于湖湘,流衍于西蜀。"⑥ 黄宗羲在《宋元学案》中开列《二江诸儒学案》,专门为川蜀弟子作传,并称:"宣公居长沙之二水,而蜀中反疏。然自宇文挺臣(宇文绍节)、范文叔(范仲黼)、陈平甫(陈概)传之入蜀,二江之讲舍不下长沙。黄兼山(黄裳)、杨浩斋(杨子谟)、程沧州(程公许)砥柱岷、

---

① 张栻:《主一斋铭》,《张栻全集》,长春出版社1999年版,第1043页。
② 陆心源:《虞刚简传》,《宋史翼》卷十六,中华书局1991年版,第322页。
③ 魏了翁:《简州四先生祠堂记》,《鹤山先生大全文集》卷四十二,商务印书馆2006年版,第358页。
④ 魏了翁:《除权工部侍郎举虞刚简自代奏状》,《鹤山先生大全文集》卷二十四,商务印书馆2006年版,第221页。
⑤ 夏君虞:《宋学概要》,上海商务印书馆1937年版,第136页。
⑥ 杨东莼:《中国学术史讲话》,江苏教育出版社2005年版,第298页。

峨，蜀学之盛，终出于宣公之绪。"① 弟子们从各个方面诠释和发展着南轩学的内容和精神，使得南轩之学在巴蜀大地不断地被继承和发扬，并且影响绵长深远。

张栻除了在当时学术界享有崇高的声誉之外，在政治界影响也很大。张栻在年少时便显示出非凡的政治才能，与父亲共同谋划抗金大计，又成功帮助刘珙平定农民起义。皇帝多次召见其入奏，他的远见卓识深得孝宗皇帝的赏识，遂与之定"君臣之契"②，并委之以重任——经略安抚广南西路，知静江府；除秘阁修撰、荆湖北路转运副使，知江陵府。为官一任的张栻，体察民隐，关心民瘼，始终把百姓的利益放在重要的位置，提出了一系列具体的恤民、养民思想和措施，严惩贪吏，缉捕匪盗，将"两江"治理得井井有条，深深赢得了百姓的拥护和爱戴。保护百姓之利益，严惩贪官酷吏，二者是相辅相成的，也是终其一生的政治活动，张栻继承并身体力行地贯彻了儒家"民为邦本、本固邦宁"的思想。作为上层阶级的一分子，张栻为南宋朝廷考虑，这是张栻的职责，也是时代的使命，为此，我们就不难理解张栻助刘珙平定郴州农民起义的行为；作为百姓的父母官，他体恤民隐，以民为虑，以国为忧，这是张栻的远见。总之，张栻在当时的政坛是一位非常有谋略、具卓识、有远见的政治家。以至于在他辞世时，百姓挽车哀悼，哭声数十里不绝，士大夫"出涕相吊"，皇帝"深为嗟悼"③。

张栻英年早逝，对朱熹是一个沉重的打击，对湖湘学派是一个巨大的损失，对理学的发展、对中国思想史的发展是一个不可估量的损失，曾如

---

① 黄宗羲：《二江诸儒学案》，《宋元学案》卷七十二，中华书局1986年版，第2407页。

② 宋绍兴三十二年（1162），孝宗新位，张栻以军事入奏："陛下上念宗社之仇耻，下闵中原之涂炭，惕然于中而思有以振之。臣谓此心之发即理之所存也。诚愿益加省察，而稽古亲贤以自辅焉，无使其或少息，则不惟今日之功可以必成，而千古因循之弊亦庶乎其可革矣。"上异其言，盖于是始定君臣之契。（朱熹：《右文殿修撰张公神道碑》，《朱熹集》卷八十九，四川教育出版社1996年版，第4546页。）

③ "柩出江陵，老稚挽车号恸，数十里不绝。讣闻，上亦深为嗟悼。四方贤士大夫往往出涕相吊，而静江之人哭之尤哀。盖公为人坦荡明白，表里洞然，诣理既精，信道又笃，其乐于闻过而勇于徙义，则又奋力明决，无毫发滞吝意。以至疾病垂死而口不绝吟于天理人欲之间，则平日可知也。故其德日新，业日广，而所以见于论说行事之间者，上下信之至于如此。"（朱熹：《右文殿修撰张公神道碑》，《朱熹集》卷八十九，四川教育出版社1996年版，第4554页。）

朱熹所言："使敬夫而不死，则其学之所至、言之所及，又岂予之所得而知哉！"①

第三节 张栻对后世的影响

张栻不仅在当时具有很高的地位，在后世的影响依然很大。元代诗论家方回（1227—1305）称："衣冠南渡，得其传而尤亲切者，吾晦庵与南轩尔。"② 指出朱熹与张栻是道学南传的真正代表者和传承者。元朝时对岳麓书院进行修葺，著名思想家吴澄（1249—1333）为之作记，其中云："张子（张栻）之记，尝言当时郡侯所愿望矣，欲成就人才，以传道济民也，而其要曰仁。"③ 吴澄在"记"中提到张栻，提到张栻"传道济民"的教育宗旨，由此可见吴澄对张栻"成就人才、传道济民"的办学方针和教育宗旨非常肯定，并希望将此教育宗旨继续传承和发扬下去，不要"废而莫之举也"。某种程度上，张栻与岳麓书院结下了不解之缘，以至于提到岳麓书院必言张栻，提到张栻必言岳麓书院。元顺帝时朝廷诏修《宋史》，由丞相脱脱主持编撰。《宋史》是我国最大的一部官修史书，在继承传统史书体例的基础上，又有创新，其中"列传"中又细分为"道学传"和"儒林传"便是其创新处之一。仅就"道学传"与"儒林传"而言，"道学传"的地位要高于"儒林传"，个中原因，由于其与本书主旨关联不大，笔者在此不拟涉及。在官修的《宋史》中，张栻的传记被列入《列传》之"道学传"中，与朱熹并列齐举。

明代著名理学家李贽（1527—1602）从另外一个维度对张栻的思想进行了解读："夫私者，人之心也，人必有私而后其心乃见，若无私则无心矣。……故继此而董仲舒有正义明道之训焉，张敬夫有圣学无所为而为之论焉。夫欲正义，是利之也。若不谋利，义不正可矣。吾道苟明，则吾

---

① 朱熹：《张南轩文集序》，《朱熹集》卷七十六，四川教育出版社1996年版，第3979页。
② 方回：《南轩集钞序》，《桐江集》卷一；又见《张栻全集》，长春出版社1999年版，第1236页。
③ 吴澄：《岳麓书院重修记》，《吴文正集》卷三十七，四库全书集部1197册，第392页；又见李修生主编《全元文》卷五〇二，江苏古籍出版社1999年版，第139页。

之功毕矣。若不计功，道又何时而可明也？"① 李贽充分肯定私欲和功利，认为私即是人心，私欲是人心的体现，如果没有私欲，人心便不复存在。在此基础上，李贽提出了正义就是谋利，如果不谋利，也就没有义；明道以计功为基础和前提，不计功，道焉可明？字里行间流露出对张栻以"无所为"而为判义的不满和质疑。前文已述，张栻认为有所为而为即是有私欲之为，便是利；无所为而为是无私欲之为，便是义，简言之有己私之为是利，无己私之为是义。李贽则认为谋利才能正义，有利才有义，有己私之为亦是义之举，反对"一涉于有所为"即是利的观点；提出"人必有私"，才有人心，人欲便是天理。依此，李贽对张栻重义轻利、存理去欲的观点进行了激烈的批判，成为当时社会批判思潮的重要组成部分。批判的前提毫无疑问是学习和研究该思想，从某种意义上说，批判亦是吸收和借鉴，亦是启发和创造。李贽在对张栻学说的学习和思考中，提出并明确了自己的观点和主张；在对张栻思想的反省和批判中，启发并完善了自己的思想体系。从李贽对张栻的批判中可以看到张栻对其之影响，以及张栻思想在当时的影响。

明末清初的著名思想家王船山（1619—1692）尤其推崇张栻，其思想也深受张栻的启发。船山提出："天理人欲，同行异情，异情者异以变化之几，同行者同于形色之实，则非彼所能知也。"② 又说："故终不离人而别有天，终不离欲而别有理也。"③ 认为天理和人欲既不是截然对立的，也不是截然分开的，人欲恰到好处便是天理，人欲中有天理，天理中有人欲，人欲离不开天理，天理也离不开人欲。这一点可以说其深受张栻的"天理人欲，同行异情"以及义在"饥食渴饮"④ 中观点的启发。特别是在知与行关系问题上，船山讲："知行相资以为用，唯其各有致功，而亦各有其效，故相资以为用"⑤，并强调以行为基础，重视行："凡知者或未

---

① 李贽：《德业儒臣后论》，《藏书》卷三十二，《李贽全集注》第6册，社会科学文献出版社2010年版，第526页。
② 王夫之：《周易外传》卷一，《船山全书》第1册，岳麓书社1988年版，第837页。
③ 王夫之：《读四书大全说》卷八，《船山全书》第6册，岳麓书社1991年版，第911页。
④ 张栻：《跋郑威愍事》，《张栻全集》，长春出版社1999年版，第1025页。
⑤ 王夫之：《礼记章句》卷三十一，《船山全书》第4册，岳麓书社1988年版，第1256页。

能行，而行者则无不知"①，"行可兼知，而知不可兼行，下学而上达，岂达焉而始学乎？君子之学，未尝离行以为知也必矣"②，反对离行求知，"知而不行，犹无知也"③，提出知行相资而重行的知行观。这与张栻修正片面强调知之在先而主张知行互发，针对学者游谈相夸而提倡力行的知行观在精神上是一致的。王船山生活在明末清初，时代的巨变中，他参加了当时的反清复明运动，反清运动失败后，面对亡国的愤恨与耻辱，船山过着极其困顿和艰苦的生活，但他潜心问学，寻找救国的真理。他对胡安国的《春秋传》评价非常高："尝读胡氏《春秋传》而有憾焉，是书也，著攘夷尊周之大义，入告高宗，出传天下，以正人心，而雪靖康之耻，起建炎之衰，诚当时之龟鉴矣！"④ 认为《春秋传》中的"尊王攘夷"的春秋大义精神能够激励人们收复故土，收拾山河，中兴国家。船山称赞张栻"虽将家子，尤以道学为己任"⑤，是"旷代不易见之大贤哉！"⑥ 王船山之所以景仰胡安国和张栻，究其实是他们身上体现出的华夷之辨的民族情怀，以及誓死抗金的民族精神。船山学无师承，怀揣一种道学责任和民族情感，发奋读书，在思想上却与沉寂了几百年的湖湘学派遥相呼应。盖学术的传承不仅仅是门户之间的形式上之传递，更重要的是一种精神上的传承和生命上的感召。正是船山的续起，湖湘学派的春秋大义在几百年之后、在新的历史环境下得以重新提扬。王船山是一位极具批判意识的学者，但他对张栻等湖湘学者却非常推崇，在思想上也极为默契。当然，这亦与船山本人的深厚学养及民族情怀有关。在中国思想史上，王船山是继朱熹之后又一位集大成的思想家，他的思想浩阔渊深。我们在学习和解读船山思想时，发现其在很多地方都与张栻观点相近，甚至都留有张栻的印记，这充分说明和昭示了张栻思想在几百年后的影响和提扬。

降及近代，魏源、贺长龄、陶澍等将张栻学贵力行的主张付诸实践，

---

① 王夫之：《读四书大全说》卷六，《船山全书》第6册，岳麓书社1991年版，第828页。
② 王夫之：《尚书引义·说命中二》，《船山全书》第2册，岳麓书社1988年版，第314页。
③ 王夫之：《四书训义》卷九，《船山全书》第7册，岳麓书社1991年版，第408页。
④ 王夫之：《宋论》卷十，《船山全书》第11册，岳麓书社1996年版，第234页。
⑤ 王夫之：《莲峰志》卷三，《船山全书》第11册，岳麓书社1996年版，第625页。
⑥ 王夫之：《宋论》卷十一，《船山全书》第11册，岳麓书社1996年版，第265页。

将湖湘学派经世致用的学风运用于改造社会现实。他们基本上都曾在岳麓书院或城南书院学习，不仅继承了岳麓书院和城南书院经世致用的学风，更为重要的是秉承了张栻"传道济民"的教育宗旨，以"通经学古而致诸用"作为为学旨归，将张栻的经世致用理念身体力行地付诸实践，并取得了杰出的成就。著名湘军将帅曾国藩、左宗棠、胡林翼等，著名湘军将相罗泽南、郭嵩涛、刘长佐等，都是在书院"传道济民"教育宗旨的引领下和经世致用学风的哺育下，才在政治上、军事上大有作为；包括维新志士谭嗣同、唐才常、熊希龄等，他们都将张栻提倡力行、贵在践履的知行观真切地运用到改革社会、振兴国家的实践中。近代中国，内忧外患，夷狄入侵，列强瓜分，中华民族面临着亡国灭种的危机，湖湘学子继南宋末年荷戈登陴后，再一次奋起于书室，自信而豪迈地喊出"若道中华国果亡，除非湖南人尽死"的口号，激励湖湘儿女为民族的独立而顽强斗争，谱写了中国历史上感天泣地的壮丽诗篇。由此我们可以看出，张栻的岳麓之教，在经历几百年之后，不但没有衰亡，而且重新扬起。诚如梁启超所言：湖湘学派"在北宋时为周濂溪，在南宋时为张南轩，中间很消沉，至船山而复盛……近世的曾文正、胡文忠都受他的熏陶，最近的谭嗣同、黄兴亦都受他的影响"①。

在中国现代历史上，张栻的岳麓之教仍然不衰。伟大的思想家、政治家、军事家毛泽东及其团队将湖湘学派的春秋大义再次光耀天下，并深刻地践行了张栻"传道济民"的教育宗旨。毛泽东毕业于湖南一师，其前身便是城南书院，在毛泽东身上，我们可以清晰地感受到湖湘学派的精神。毛泽东的很多观点，与张栻非常相似，如毛泽东讲："精通的目的，全在于应用"②，与张栻的"圣门实学，贵于践履"在本质上是相同的，相契相合又一脉相承。今天岳麓、城南、涟滨等湖南各地的诸多书院，都在不同程度地恪守并遵循着张栻的"学贵力行"的主张，承续着湖湘学派经世致用的学风。在"传道济民"教育宗旨的哺育下，在岳麓之教的影响下，湖南近现代史上涌现了一大批经邦济世的人才，为中华民族的独立、为中国的崛起做出了不可磨灭的贡献。

---

① 梁启超：《儒家哲学》，《饮冰室文萃》，天津古籍出版社2004年版，第169页。
② 《整顿党的作风》，《毛泽东选集》第三卷，人民出版社1991年版，第813页。

以上以"实例"的方式考察和说明张栻在中国思想史上的地位和影响，因为"实例"是最有力的证据、最好的说明。既然是"实例"，便不可能尽举。实际上亦是如此，张栻的地位和影响，张栻思想的价值和意义，远远超过本书所述之文字。总之，张栻在当时具有很高的声望，对后世的影响也极为深远。张栻将湖湘学派推至登峰造极的地步，天下学子"以不得卒业湖湘为恨"；张栻的思想对宋明理学的发展与完善具有极其重要的作用；其"足以名于一世"的学问闪烁在中国历史的长河中；其提出的"传道济民"的教育宗旨和"经世致用"的治学精神影响了近千年的湖湘历史乃至中国历史。因此，张栻的思想自成体系并富有自己的特色，已不再是一个价值判断，而是一个事实判断。

参考文献

一 原著

北京图书馆古籍出版编辑组：《北京图书馆古籍珍本丛刊》，（第77册，第88册），书目文献出版社1998年版。

晁公武：《郡斋读书志》；赵希弁续辑：《郡斋读书志附志后志》，四库全书本。

陈邦瞻：《宋史纪事本末》，中华书局1977年版。

陈淳：《北溪字义》，中华书局1983年版。

陈淳：《北溪大全集》，四库全书本。

陈傅良：《止斋文集》，四库全书本。

陈亮：《陈亮集》，中华书局1974年版。

陈骙：《南宋馆阁录》，中华书局1998年版。

陈寿撰、裴松之注：《三国志》，中华书局2006年版。

程颢、程颐：《二程集》，中华书局1981年版。

船山全书编辑委员会编校：《船山全书》（全第1—16册），岳麓书社1988—1996年版。

道诚：《释氏要览校注》，中华书局2014年版。

道宣：《续高僧传》，中华书局2014年版。

邓子勉：《宋人行第考录》，中华书局2001年版。

段玉才：《说文解字注》，上海古籍出版社1995年版。

方回：《桐江集》，上海商务印书馆1935年影印本。

富勤浑、范咸等编著：《湖南通志》，清乾隆二十二年刊本。

［日］高畑常信：《张南轩年谱》，《中京大学文学部纪要》，1974年。

胡安国：《春秋传》，岳麓书社2011年版。

胡宏：《胡宏集》，中华书局1987年版。

胡寅：《崇正辩　斐然集》，中华书局1993年版。

胡居仁：《居业录》，江西人民出版社2013年版。

胡玉缙撰，王欣夫辑：《四库全书总目提要补正》，上海书店出版社1998年版。

胡宗懋：《张宣公年谱》，胡氏梦选楼丛刊本，1932年。

黄淮、杨士奇：《历代名臣奏议》，上海古籍出版社2012年版。

黄震：《黄氏日钞》，四库全书本。

黄宗羲：《宋元学案》，中华书局1986年版。

黄宗羲：《明儒学案》，中华书局2008年版。

慧皎：《高僧传》，中华书局1992年版。

孔颖达：《周易正义》，中华书局1991年版。

李心传：《道命录》，中华书局1985年版。

李心传：《建炎以来朝野杂记》，中华书局2000年版。

李心传：《建炎以来系年要录》，中华书局2000年版。

李贽：《李贽全集注》，社会科学文献出版社2010年版。

刘昌诗：《芦浦笔记》，中华书局1986年版。

陆九渊：《陆九渊集》，中华书局1980年版。

刘时举：《续宋中兴编年资治通鉴》，中华书局2014年版。

刘壎：《隐居通议》，四库全书本。

陆心源：《宋史翼》，中华书局1991年版。

陆游：《老学菴笔记》，中华书局1979年版。

吕祖谦：《吕祖谦全集》，浙江古籍出版社2008年版。

罗大经：《鹤林玉露》，中华书局1983年版。

普济：《五灯会元》，中华书局1984年版。

契嵩：《镡津文集》，上海古籍出版社2016年版。

史尧弼：《莲峰集》，四库全书本。

束景南：《朱熹年谱长编》，华东师范大学出版社2001年版。

束景南：《朱熹佚文辑考》，江苏古籍出版社1991年版。

孙奇逢：《孙奇逢集》，中州古籍出版社2003年版。

脱脱等：《宋史》，中华书局1997年版。

王开琸：《张宣公年谱》，《沩宁汤溪张氏九修族谱》本，1924年。

王懋竑：《朱熹年谱》，中华书局1998年版。

王阳明：《王阳明全集》，上海古籍出版社1992年版。

魏了翁：《鹤山先生大全文集》，商务印书馆2006年版。

魏齐贤、叶棻：《五百家播芳大全文粹》，四库全书本。

吴澄：《吴文正集》，四库全书本。

吴乘权等辑：《纲鉴易知录》，中华书局1960年版。

吴洪泽、尹波主编：《宋人年谱丛刊》（1—12册），四川大学出版社2003年版。

吴儆：《竹洲集》，四库全书本。

夏力恕：《湖广通志》，四库全书本。

解缙等撰：《永乐大典》，中华书局1986年版。

熊节、熊刚大：《性理群书句解》，四库全书本。

许衡：《鲁斋遗书》，四库全书本。

许慎：《说文解字》，中华书局1963年版。

徐松等辑：《宋会要辑稿》，上海古籍出版社2014年版。

杨万里：《诚斋集》，商务印书馆2006年版。

叶绍翁：《四朝闻见录》，中华书局1989年版。

佚名：《南宋馆阁续录》，中华书局1998年版。

佚名：《皇宋中兴两朝圣政》，国家图书馆出版社2007年版。

佚名：《十先生奥论注》，四库全书本。

永瑢等撰：《四库全书总目提要》，商务印书馆1939年版。

尤袤：《遂初堂书目》，四库全书本。

圆悟克勤：《碧岩录》，中州古籍出版社2011年版。

阮元校刻：《十三经注疏》，中华书局1980年版。

赜藏主编：《古尊宿语录》，中华书局1994年版。

赞宁：《宋高僧传》，中华书局1987年版。

赞宁：《大宋僧史略校注》，中华书局2015年版。

张浚：《紫岩易传》，《通知堂经解》本。

张栻：《张南轩先生文集》，丛书集成本。

张栻：《南轩先生文集》，康熙四十五年（1706）锡山华氏刻本，南京大学图书馆藏。

张栻:《张南轩先生文集》,日本宽文九年(1669)刻本,北京大学图书馆藏。

张栻:《南轩集》,四库全书本。

张栻:《张栻全集》,杨世文、王蓉贵校点,长春出版社1999年版。

张栻:《张栻集》,中华书局2015年版。

张载:《张载集》,中华书局1978年版。

真德秀:《西山文集》,四库全书本。

真德秀:《西山读书记》,四库全书本。

智昭:《人天眼目》,上海古籍出版社2015年版。

中华书局编辑部:《宋元方志丛刊》,中华书局1990年版。

周敦颐:《元公周先生濂溪集》,北京图书馆古籍珍藏本宋影印本。

周敦颐:《周敦颐集》,中华书局1990年版。

周密:《齐东野语》,中华书局1983年版。

周密:《癸辛杂识》,中华书局1997年版。

祝穆:《方舆胜览》,中华书局2003年版。

祝穆:《古今事文类聚》,四库全书本。

朱熹:《朱熹集》,郭齐、尹波校点,四川教育出版社1996年版。

朱熹:《朱子语类》,黎靖德编,中华书局1994年版。

朱熹:《四书章句集注》,《四书五经》本,北京古籍出版社1993年。

朱熹、张栻、林用中:《南岳倡酬集》,四库全书本。

二 论著

蔡方鹿:《宋明理学心性论》,巴蜀书社1997年版。

蔡方鹿:《一代学者宗师——张栻及其哲学》,巴蜀书社1991年版。

蔡方鹿主编:《张栻与理学》(2013年成都国际张栻学术会议论文集),人民出版社2015年版。

陈谷嘉:《张栻与湖湘学派研究》,湖南教育出版社1991年版。

陈来:《宋明理学》,辽宁教育出版社1992年版。

陈来:《朱子书信编年考证》,上海人民出版社1989年版。

陈来:《朱子哲学研究》,华东师范大学出版社2000年版。

陈荣捷：《朱子新探索》，台湾学生书局 1988 年版。

陈钟凡：《两宋思想述评》，东方出版社 1996 年版。

邓广铭：《邓广铭治史丛稿》，北京大学出版社 1997 年版。

邓广铭主编：《中国历史大辞典》（宋史卷），上海辞书出版社 1984 年版。

杜海军：《吕祖谦年谱》，中华书局 2007 年版。

董金裕：《宋儒风范》，台湾东大图书公司 1979 年版。

方豪：《宋史》，中华文化大学出版部 2000 年版。

冯达文：《宋明新儒学略论》，广东人民出版社 1997 年版。

傅伟勋：《从西方哲学到禅佛教》，生活·读书·新知三联书店 1989 年版。

关长龙：《两宋道学命运的历史考察》，学林出版社 2001 年版。

顾吉辰：《宋史考证》，华东理工大学出版社 1994 年版。

何忠礼、徐吉军：《南宋史稿》，杭州大学出版社 1999 年版。

侯外庐、邱汉生、张岂之主编：《宋明理学史》，人民出版社 1997 年版。

洪修平：《禅宗思想的形成与发展》，江苏古籍出版社 2000 年版。

洪修平：《中国禅学思想史纲》，南京大学出版社 1994 年版。

胡昭曦、刘复生、粟品孝：《宋代蜀学研究》，巴蜀书社 1997 年版。

贾顺先、戴大禄主编：《四川思想家》，巴蜀书社 1988 年版。

姜国柱、朱葵菊：《中国人性论史》，河南人民出版社 1997 年版。

蒋维乔：《中国佛教史》，商务印书馆 2015 年版。

赖永海：《湛然》，台湾东大图书公司 1993 年版。

赖永海：《佛学与儒学》，浙江人民出版社 1992 年版。

赖永海：《中国佛性论》，中国青年出版社 1999 年版。

赖永海主编：《中国佛教百科全书》，上海古籍出版社 2000 年版。

赖永海主编：《佛教十三经》，中华书局 2016 年版。

赖永海主编：《佛道要籍》，中国青年出版社 2000 年版。

赖永海：《佛典辑要》，中国人民大学出版社 2007 年版。

李修生主编：《全元文》，江苏古籍出版社 1999 年版。

梁漱溟：《东西文化及其哲学》，商务印书馆 2005 年版。

刘述先：《朱子哲学思想的发展与完成》，台湾学生书局1995年版。

［德］马克斯·韦伯：《儒教与道教》，王容芬译，商务印书馆1997年版。

牟宗三：《心体与性体》，上海古籍出版社1999年版。

牟宗三：《从陆象山到刘蕺山》，上海古籍出版社2001年版。

牟宗三：《历史哲学》，广西师范大学出版社2007年版。

［日］楠木正继：《宋明时代儒学思想之研究》，广池学园出版部1964年版。

潘富恩、徐洪兴主编：《中国理学》，东方出版中心2002年版。

潘桂明：《中国居士佛教史》，中国社会科学出版社2000年版。

彭永捷：《朱陆之辩——朱熹陆九渊哲学比较研究》，人民出版社2002年版。

钱基博、李肖聃：《近百年湖南学风·湘学略》，岳麓书社1985年版。

钱穆：《朱子新学案》，巴蜀书社1986年版。

钱穆：《宋明理学概述》，"中国文化大学"出版部1980年版。

钱穆：《宋代理学三书随劄》，生活·读书·新知三联书店2002年版。

钱穆：《国史大纲》，商务印书馆1996年版。

任仁仁：《张栻师友门人往还书札汇编》，中华书局2018年版。

粟品孝：《朱熹与宋代蜀学》，高等教育出版社1998年版。

唐君毅：《中国哲学原论——导论篇》，台湾学生书局1986年版。

唐君毅：《中国哲学原论——原性篇》，台湾学生书局1989年版。

［美］田浩（Hoyt Tillman）：《朱熹的思维世界》，允晨文化实业股份有限公司1996年版。

［美］田浩（Hoyt Tillman）：《功利主义儒家：陈亮对朱熹的挑战》，姜长苏译，江苏人民出版社1997年版。

王立新：《从胡文定到王船山——理学在湖南地区的奠立与开展》，中国社会科学出版社2014年版。

王立新：《胡宏》，台湾东大图书公司1996年版。

王寿南主编：《中国历代思想家》（十一），台湾商务印书馆1999年版。

王育济：《天理与人欲——理学理欲观演变的逻辑进程》，齐鲁书社1992年版。

韦政通：《中国哲学辞典》，台湾水牛出版社1994年版。

吴海林、李延沛主编：《中国历史人物辞典》，黑龙江人民出版社1983年版。

吴康：《宋明理学》，华国出版社1955年版。

徐复观：《中国人性论史——先秦篇》，上海三联书店2001年版。

徐远和：《洛学源流》，齐鲁书社1987年版。

许肇鼎：《宋代蜀人著作存佚录》，巴蜀书社1986年版。

闫孟祥：《宋代佛教史》（上、下册），人民出版社2013年版。

杨渭生等著：《两宋文化史研究》，杭州大学出版社1998年版。

印顺：《中国禅宗史》，江西人民出版社1999年版。

余英时：《朱熹的历史世界》，生活·读书·新知三联书店2004年版。

张岱年：《中国哲学大纲》，河北人民出版社1996年版。

张世英：《天人之际——中西哲学的困惑与选择》，人民出版社1995年版。

赵吉惠、郭厚安主编：《中国儒学词典》，辽宁人民出版社1988年版。

曾亦：《本体与工夫——湖湘学派研究》，上海人民出版社2007年版。

郑骞：《宋人生卒考示例》，台北华世出版社1977年版。

朱汉民、陈谷嘉：《湖湘学派源流》，湖南教育出版社1992年版。

朱瑞熙等著：《辽宋西夏金社会生活史》，中国社会科学出版社1998年版。

祝尚书：《宋人别集叙录》，中华书局1999年版。

H. C. Tillman: *Utilitarian Confucianism Ch'en Liang's Challenge to Chu His*, Harvard University Press, 1982.

James T. C. Liu: *China Turning Inward: Intellectual – Political Changes in the Early Twelfth Century*, Harvard University Press, 1988.

Peter K. Bol: *"This Culture of Ours": Intellectual Transition in Tang and Sung China*, Standford University Press, 1992.

三 论文（及其他）

蔡方鹿：《朱熹和张栻关于仁的讨论》，《江西社会科学》1989 年第 2 期。

陈代湘：《朱熹与张栻的思想异同》，《湖湘论坛》2010 年第 1 期。

陈来：《论朱熹淳熙初年的心说之辩》，载钟彩钧主编《国际朱子学会议论文集》，"中央研究院"中国文化研究所筹备处 1993 年版。

陈来：《论宋代道学话语的形成和转变——以二程到朱子的仁说为中心》，载刘东主编《中国学术》第 8 期，商务印书馆 2001 年版。

陈廷湘：《中国文化两种信仰体系的冲突——论宋代理学家的排佛及其目标的落空》，《宗教学研究》2001 年第 2 期。

程元敏：《张栻洙泗言仁编的源委》，《孔孟学报》1966 年第 11 期。

成中英：《朱熹与张栻的论学：性体情用心统与性体心用导向心之九义》，《四川师范大学学报》2014 年第 5 期。

戴君仁：《涵养与察识》，《宋史研究集》1971 年第 5 辑。

邓广铭：《谈谈宋史研究中的几个问题》，《社会科学战线》1986 年第 2 期。

龚建平：《从儒家的宇宙观看礼的内在根据》，《孔子研究》1999 年第 2 期。

何锡蓉：《从"入静"到"主敬"的转变——看中国哲学对佛学的吸收与整合》，《社会科学》2002 年第 7 期。

洪修平：《儒佛道三教关系与中国佛教的发展》，《南京大学学报》2002 年第 3 期。

胡昭曦：《论张栻的学术源流》，载邓广铭、漆侠主编《国际宋史研讨会论文选集》，河北大学出版社 1992 年版。

胡昭曦：《朱熹与谯定张栻的学术联系》，《中国哲学》1993 年第 16 期。

黄甲渊：《朱子"格物致知"工夫论的义理背景与其过程》，《鹅湖》1994 年第 10 期。

戢斗勇：《张栻与朱熹》，《天府新论》1992 年第 2 期。

金春峰：《朱熹仁说剖析》，《求索》1995 年第 4 期。

漆侠：《宋学的发展和演变》，《文史哲》1995年第1期。

卿三祥：《张栻的世系》，《天府新论》1992年第2期。

沈治宏：《张栻著述考》，《天府新论》1992年第2期。

舒金城：《周敦颐思想体系与"无极""太极"之辨》，《孔子研究》1999年第3期。

[韩]苏铉盛：《论二程之"仁"思想》，《国际儒学研究》2001年第11期。

[韩]苏铉盛：《张栻早期仁学思想考》，《孔子研究》2003年第5期。

[韩]苏铉盛：《朱子与张南轩的仁说论辨》，《湖南大学学报》2012年第11期。

[美]田浩（Hoyt Tillman）：《朱熹与张栻、吕祖谦互动述略》，《湖南大学学报》2018年第1期。

王立新：《南轩的理学思想》，《船山学刊》2016年第3期。

王立新：《胡宏论性的层次和特点》，《湘潭大学学报》2004年第9期。

王丽梅：《张栻对周敦颐的肯定与推尊》，《哲学与文化》2009年第11期。

王丽梅：《张栻与朱熹的太极之辩》，《孔子研究》2016年第5期。

向世陵：《张栻论天人合一的主体实现》，《孔子研究》1990年第4期。

向世陵：《张栻"实"学浅论》，《天府新论》1992年第2期。

向世陵：《张栻的仁说及仁与爱之辨》，《学术月刊》2017年第6期。

向世陵：《理学流派与性学的价值》，《哲学研究》1999年第9期。

谢仁真：《析论朱熹与张栻的仁说及其论辩》，"国立台湾大学"1990年哲学研究所硕士学位论文。

杨世文：《张南轩著作整理的几个问题》，载徐希华主编的《第二届巴蜀·湖湘文化论坛论文集》，四川大学出版社2014年版。

杨世文：《读南轩集·劄记》，《蜀学》第8辑，巴蜀书社2014年版。

杨泽波：《释仁》，《哲学与文化》1995年第1期。

[日]永富青地：《张栻与同时代的学者们》，《天府新论》1992年第2期。

曾亦:《张南轩与胡五峰之异同及其学术之演变》,《湖南大学学报》2009年第11期。

钟雅琼:《张栻对胡宏思想的传承与调整》,《孔子研究》2014年第3期。

周景耀主编:《斯文——张栻、儒学与家国建构》(2015年德阳国际张栻学术会议论文集),光明日报出版社2016年版。

[日]佐藤仁:《关于朱熹敬说的一个考察》,载钟彩钧主编《国际朱子学会议论文集》,"中央研究院"中国文化研究所筹备处1993年版。

跋

张栻作为"东南三贤"之一,在历史上的地位和影响是不言而喻的,但是由于种种原因,后世对于张栻的研究与其在历史上的地位是不相匹配的。出于对中国哲学的兴趣,本人多年来一直耕耘于宋明理学领域,本书即是笔者多年来研究张栻的一个系统的梳理和集结。

性格即是命运,性格决定我与中国哲学有不解之缘。当我迷茫于自己,迷茫于社会时,她给了我一个深刻的解读。当脆弱的生命漂泊于他乡,飘零于天地时,她给了我一份厚重的慰藉。在她的保护下,轻薄之生命逐渐厚重起来;在她的滋养下,孱弱之生命渐渐成长起来。多年以来,自己一直在苦苦地思考和寻找,思考和寻找一个生命的形而上的根据。面对自强不息的儒家生命哲学,她给了我一个感性的先天的答案。

本书的资料收集、整理和分析花费了大量的时间和精力,以至于中途曾经几次想过放弃;之所以能够"固执"地走下去,是因为在实际中真真切切地感受到了中国文化的精神与品格,以及诸位前辈和同仁的鼓励与扶持。四川大学古籍所的杨世文老师得知我在研究张栻,无偿地寄来了极为宝贵的文献资料;清华大学的陈来老师百忙中复函为我指点迷津,解决我资料上的困惑;为了我能更充分地占有资料,四川大学的粟品孝老师则将仅存的一本大作给予了我。偶然悉知我在苦苦寻找一种资料时,台湾高苑科技大学的陈立骧老师毫不吝惜地将其赠送给了我;台湾佛光山的挚友满升法师不仅协助我查找资料,更是无偿地为我提供各种资料,可以说,她为我了解和获取港台方面的相关研究资料提供了一个"捷径";以至于他日韦政通先生光临寒舍时,看到我书架上如此多的台湾方面的书籍和资料,都感到非常惊讶。韩国的苏铉盛老师不仅给我寄来了相关的研究资料,还有自己的研究成果,而且每次电话交流请教时，苏老师都说："你打过来，话费很贵的，我打给你。"然后便挂断电话，立刻给我打过来，点滴中折射出其为人为学的平实谦逊。另外，北京师范大学的马永翔老师、韩国的智俨法师等都在资料方面给我提供了无私而又无偿的帮助。在此，对诸位前辈和同仁的帮助与关爱由衷地道声"谢谢"！

在本书的结构及运思等方面，南京大学的赖永海老师给予我诸多指导，先生高尚的人格和洒脱的气度所折射出的丰厚的学养深深地影响了我，并将成为我人生中最为珍贵的财富，成为我生命中永恒的激励。洪修平老师、徐小跃老师以及李书有老师都提出了极其宝贵的意见和建议。尤其是台湾的韦政通先生给予了很大的启发和帮助，平生有幸与韦先生交往，先生极其平和，极其严谨，对拙稿的立意、构思、运笔以及参考文献等各方面一一指点。在此，向各位前辈真诚地说声"谢谢"！

另外，特别感谢深圳大学的王立新老师。王立新老师是我本科和硕士的指导老师，更是我学问和生命的领路人。正是在王老师的引领下，我跟跟跄跄却毅然决然地迈进中国哲学的大门，从此点燃了我对中国哲学和中国文化的热情。一路走来，先生的影响无处不在，时时刻刻都在激励着我，推助着我……

感谢中国社会科学出版社，感谢韩国茹编辑的辛勤付出。韩编辑既有学者的眼光，又有编审的智慧，为本书的出版从内容到形式严格把关，令我既感动又佩服。

感谢湘潭大学哲学系及其诸位同仁，正是因为有你们的关爱与帮助，正是得益于哲学系这个温暖的大家庭，使我勇敢地成长和前行。最后，感谢我的父母，父母是我人生的启蒙老师，是我前行的直接动力，正是父母无私的付出和殷切的希望照亮了我前行的道路。

本书的脱稿，本身并不是收获，我收获的是在写作过程当中，学到了很多东西，尤其是得以有机会聆听先贤的教诲，与先贤进行一次心灵上的交流。正是在这个过程当中，使自己真正地成长起来，并坚强起来！在漂泊的凄凉中，感受着天地的洒脱；在善良的选择中，享受着孤独的意境。正是这种情感，激励着我，成长着我，使我走向哲学之智慧和天地之大美。

如果张栻的研究能够被重视，并使之深入和系统，挖掘中国文化的深厚资源，以中国文化滋养吾人，涵养吾人之生命，树立中国文化的自信与自豪，使中国文化的精神永垂帛书，这将是我的心愿和期望。

王丽梅

2019 年 2 月 16 日